野火之后

当代台湾新闻业观察、反思与批判

向芬 著

九州出版社 JIUZHOUPRESS | 全国百佳图书出版单位

图书在版编目（CIP）数据

野火之后：当代台湾新闻业观察、反思与批判／向芬著. --北京：九州出版社，2017.9

ISBN 978－7－5108－5819－2

Ⅰ.①野…　Ⅱ.①向…　Ⅲ.①新闻事业－研究－台湾－现代　Ⅳ.①G219.275.8

中国版本图书馆 CIP 数据核字（2017）第 231416 号

野火之后：当代台湾新闻业观察、反思与批判

作　　者	向　芬 著
出版发行	九州出版社
地　　址	北京市西城区阜外大街甲 35 号（100037）
发行电话	（010）68992190/3/5/6
网　　址	www. jiuzhoupress. com
电子信箱	jiuzhou@ jiuzhoupress. com
印　　刷	北京九州迅驰传媒文化有限公司
开　　本	720 毫米×1020 毫米　　16 开
印　　张	18.25
字　　数	293 千字
版　　次	2017 年 9 月第 1 版
印　　次	2017 年 9 月第 1 次印刷
书　　号	ISBN 978－7－5108－5819－2
定　　价	54.00 元

序一　公共服务媒体必须是领头羊

冯建三（台湾政治大学教授）

前辈作家、媒体人王鼎钧几年前写了一本书《文学江湖》。读过之后，有一则故事让人印象深刻，与蒋介石有关。

当时，蒋介石七十岁。好事者要祝寿，提口号，说“人生七十才开始”。这则新闻四处飞传，进入了国民党党营事业“中国广播公司”。任职新闻部，也曾经在台湾政治大学任教的王大空看到新闻报道后，很快接了一句话：“才开始生病。”

作者没有多说。但是，在1957年的台湾，何以比他资深的王大空不但安然无恙，而且还先后担任了新闻部与节目部主任，个中必有蹊跷。个人的故事，往往可以反映，或者折射社会历史。《文学江湖》留下的空间，就是来者发挥的余地。

向芬博士的访谈，同样具备这层用心。其中，从事调查报道成绩斐然、目前主持评论园地的何荣幸，有个看法，值得凸显与追问。他说，有为的当局“应该带领人民建立对公共媒体的认识，去制定政策、移拨资源……让它不断壮大……（才）不至于担心整个媒体的生态被商业媒体牵着鼻子走。”国民党当局在台湾的经济建设，是有成绩，特别是在20世纪90年代以前，呈现高度成长而分配相对平等。

然而，如果国民党的经济成绩可观，何以传媒与文化的建设，乏善可陈？台湾当局有没有建设公共媒体的认知呢？多数学界与政界人士，可能会说，没有。

不过，颜色固然有黑有白，却也有中间色带。同理，人生与事理不乏黑白分明之际，但更多时候，会有深浅不一的灰色。当局是否有建立公共媒体的认知，同样可以作此考察。

早在1955年，台湾政治大学新闻研究所第一任所长，同时是中央社社长、担任国民党文宣工作第二把手的曾虚白，衔蒋介石之令考察西方电视回台后，写了一篇《迎头创建电视事业的重要》。娱乐在任何时候都很重要，政治高压年代也是如此，曾虚白并不否认。但他显然希望，若要发展电视，必须兼顾“新闻与教育节目”，因为台湾当年的各级教师都不够，通过电视教学，“一人上课，上万学生同时听课……解决了师资的问题”。如果娱乐、新闻与教育，缺一不可，那么，电视的财政来源，就不能依靠广告而走商业路线。

天不从人愿，台湾的电视从一开始，就是商业挂帅，收入只靠广告，教育电视聊备一格。何以蒋介石倚重的幕僚，建言未见采纳？关于台湾当局是否认知公共电视体制的意义与重要性，这可能是第一个重要，但还没有答案的问题。

到了1965年，当局开始要制订第一部“广播电视法”，各方开始跃动。曾氏在1968年再写《三民主义大众传播制度的研究》，强调“大众传播事业皆应公营……切勿误会公营是‘国营’或政府营。这个公，是不带政治色彩的社会大众，故其权力的构成重心于民意代表，地区人民代表，职业团体代表以及最孚众望的社会名流及法学权威。政府代表亦应参加，但不处指导地位，只作联系与疏导解释工作……先进国家除美国外电视皆为公营。”

时代进入求变的阶段，更弦易辙、重拾公共精神并且付诸实践的呼声，已经增加。1967年，由政大转身，出掌首任“文化局长”的王洪钧，以及负责担任“广电法”起草召集人的李瞻教授，无不推崇公共体制。诡异的是，“文化局”在1973年寿终正寝。广电“立法”工作顿失文化的奥援，继起主导的机构，是职司政经宣传的“新闻局”，公共媒体无枝可栖。公共媒体再次获得正视，已经到了1980年。孙运璇以“阁揆”的身份，在台北市木栅主持第一梯次中小学教师座谈会时，“主张设公共电视台”。但四年后，孙氏中风，人一违和，政策跟着歇息。

如果当年的“文化局”没有遭到意外裁撤，假使孙运璇身体康健再有十年，台湾的公共媒体是不是可能会更早诞生，从而就有更好的机会，成为传媒的市场领导者，不但拥有消极自由，从事报道与评论而不会动辄得咎，同时拥有积极自由，凭借比较充分的资源，稳定地生产质量俱佳的传媒内容？探索台湾当局与公共媒体关系之时，这是第二组让人悬念的疑惑。

解严之后，台湾从1990年起，第三度要创设公共电视，规模不小。当局的原始构想，是要让这家公共媒体与当时三家商业无线电视台，分庭抗礼，年度预算设定在60亿新台币。让人费解的是，1997年入春，国民党突然宣布，停止建台。直到现在，国民党都能控制民意机关半数以上的代表，彼时更是强大。何以满朝权在手，偏偏不把令来行，丰富文化的建设？行政权与立法权都能稳稳掌握的执政者，竟然不顾责任与社会颜面，公然违反自己的施政允诺。更离奇的是，不说废台则已，休字方甫出口，社会各个角落支持公共媒体，平日难见身影的多方力量，却在顷刻之间，倾巢而出，有如排山倒海的压力，致使国民党当局不单收回成命，并且快马加鞭，仅用了不到两个月，就已通过“公共电视法”，公视并在次年（1998 年）开播，但预算减少为 15 亿。

国民党是想要缩小公视规模，故意以退为进，宣布废台是为缩小公共媒体所做的策略准备吗？若真如此，为何又要缩小其规模？这是第三组有待厘清的问题。

进入 21 世纪以后，情势再见变化。民进党当局发现，根据其竞选蓝图的承诺，必须扩大公共媒体的规模。既有这个格局，民进党当中具有公共媒体认识的人，就与媒体改革团体有所呼应，进而寻求跨党派有识之士的支持，最终在 2006 年初“修法”后，扩大了公共媒体的规模，有了公共电视集团的骨架，虽然纳税人通过当局提供的经费，不能说有大幅增加。持平回顾，直至 2008 年再次政党轮替之前，台湾公共广电集团即便前进的速度太过缓慢，仍然走在正确的道路。其后至今，台湾的公共媒体进入不进则退的窘境。个中究竟是哪些道理，才能解说过去七年以来，台湾公共媒体的困局？又怎么评价民进党在执政五年多之后，才能启动了扩大公共媒体的步伐，完全只是因为民进党未能掌握立法权吗？

向芬博士说，本书受访者的“共同期待”，就在追求“有序合理的新闻传播政策与良性理想的媒体环境”。确实，如果容许附丽，我们应该说，合理政策所要形塑与凸显的媒体环境，就在公共服务媒体（public service media，PSM）必须壮大，成为台湾传媒的领头羊。

2015 年 6 月 2 日

走政大山·猴山 796 次翌日

序二　我们找到星星了吗？

何荣幸（台湾资深媒体人）

如果说，台湾民主化的过程，是在漫漫长夜中辨认、追寻星星的方向。那么，解除戒严将近三十年的今天，我们找到星星了吗？

二〇〇八年一月，我和台湾大学新闻研究所师生合作，出版了《黑夜中寻找星星——走过戒严的资深记者生命史》一书。以“黑夜”比喻戒严时期，“星星”则代表对于民主的渴望，此书从资深记者的角度，观察台湾迈向民主化的轨迹。

当时，我们聚焦的关键词是“管制”与“自由”。新闻自由如何在威权管制中萌芽？台湾媒体又如何在民主化过程中扮演推波助澜角色？是一九九〇年代台湾告别黑夜、拥抱星星的重要过程。

然而，从二十世纪末狂飙年代迄今，台湾媒体发展与政治民主化的辩证关系中，更加入了“市场”与“责任”这两个关键词。

不少人认为，台湾民主化已过度自由而缺乏责任；在此同时，台湾社会对于市场与管制的界限仍争论不休。无论如何，“星星”的亮度会持续闪闪发光或逐渐黯淡，已取决于对这四个关键词的深度探讨与持续思辨。

向芬的这本书在此时提醒两岸读者，重新思考自由、责任、市场、管制这四个关键词的连带关系与交错作用。

对台湾新闻工作者而言，此书无异再度提问：我们真的找到“星星”了吗？或者更精确地说，当年隐藏在庞大乌云背后最亮的那一颗星星，在新世纪能够指引台湾找到民主深化的新方向吗？

当局对媒体乱象难辞其咎

《黑夜中寻找星星》书中，资深记者江春男（笔名司马文武）曾经描述，在一九七九年美丽岛事件发生前，台湾党外杂志与“警总”玩“捉迷藏”的故事。

江春男指出，在那段充满肃杀气息的日子，“警备总部”每回都拿着盖好“影响民心士气”“违背发行旨趣”的公文来查禁党外杂志。但党外杂志编辑无法理解的是，为什么杂志还没印出来，情治人员就已经“未卜先知”知道内容会影响民心士气、违背发行旨趣？

久而久之，江春男等人逐渐与情治人员形成“共生关系”，在“捉迷藏”中发展出一套游戏规则。他们会先印出两千本党外杂志用来“被查禁”，等到印刷厂拿到检举奖金、“警总”也完成查禁任务后，他们才开始印出真正要发行的分量。到最后“皆大欢喜”，情治人员、印刷厂都可以交差，发行达一两万本的党外杂志则营运蒸蒸日上。

上述当局管制言论自由与新闻内容的情况，如今早已不复见。台湾解除戒严至今，当局已难以直接控制、干预新闻内容，这无疑是民主化的重要进展。本书则进一步描绘了党政军控制“从硬到软”的过程：

> 就深度访谈结果总体而言，台湾媒体在民主转型中所起到的推动作用是有限的，在戒严时期党政军特一条鞭式地严密控制媒体。伴随民主转型的进程，党政军对媒体的控制由硬转软，报禁解除只是台湾民主的自然产物。民主转型实现后，昔日高高在上的政治领袖走下神坛沦为媒体新闻报道的“资本”，当局相关部门的管理政策则采取自由放任的态度。台湾新闻传播总体而言是基于自由化、市场化的意识形态建立起来的，这一点几乎所有受访者均能达成共识。

也就是说，当局逐渐把钳制媒体的手拿开之际，却以自由化、市场化为名，放弃对于健全多元传播生态的努力，更放弃对于媒体产业的合理管制。久而久之，如同台湾民主在建构制度后尚无法深化质量，媒体发展也在当局无能与失职下，出现全台有线电视系统遭到极少数集团垄断、过多电视台恶性竞争形成社会乱源等结构性乱象。

证诸欧美民主国家的媒体发展经验，电波带宽属于稀有财及全民公共财，媒体质量更攸关民主能否健全发展，因此，“尊重市场机制”与“采取合理管制”绝非两条并行线，负责任的当局，必然会在两者之间求取最大平衡，而不会以市场机制为名行完全放任之实。

如果台湾在漫漫长夜费尽千辛万苦追寻的“星星”，只是“完全顺应市场机制的民主化与媒体发展”，这样的星星虽然有其在特定时空下的价值，却无法健全台湾多元民主与传播生态，更难以协助媒体产业健全发展而提升民主质量。这样的星星，无法引领台湾民主与媒体发展继续前行。

公广集团如何在困境中突围

香港城市大学传播研究中心主任李金铨在2008年曾以“自由化，而非全面民主化——台湾的游击媒介与政治运动”为题指出：

解严不可能解决所有的问题……自由化把政府控制送进历史废堆，媒介从检查制度的桎梏中解放，这是不可轻易抹煞的成就。可惜台湾未进一步建构全面民主的媒介秩序。市场在戒严时期抗衡政府的媒体控制，解严后却逐渐取代政府成为媒介自由的羁绊；市场控制比政府控制较不着痕迹，后果却一样不可小觑。目前，任由这许多媒介在扭曲的市场秩序中厮杀，个个都是财务的输家，但最大的牺牲者莫过于“公共领域”。

对于台湾当局应该扮演的角色，本书提出了几个疑问：社会大众需要的自由社会应该是怎样的景象？自由与秩序的边界究竟应该划在何处？这仍是值得深思的问题。如何能避免市场之虞带来的极端商业主义和垄断控制？台湾当局如何能在管制的同时仍能尊重新闻自由？如何能在自由和管控的悖论中找寻到适当的新闻传播政策，或许是未来需要长远考虑和规划的。向芬认为应“长远规划符合本土的新闻传播政策”，并且对此予以了完整说明：台湾在报禁解除之初，欢欣鼓舞地迎接全面的自由开放，时过境迁，在反思之时不断提到台湾当局传播政策的失误，即“没有采取优先发展和壮大公共媒体的政策，而是迎媚地按照自由主义市场机制开放”。以电视为例，台湾让第四家无线电视台出现，并把所有的电台、频道释出，让有线电视台蓬勃发展，等到商业竞争到一定程度才来开始推公共媒体。可是，在这样顺序颠倒的情况之下，台湾民众对公共媒体并没有清楚的认识，在漫长的戒严时期对于公共媒体始终缺乏应有认知和支持，在解除报禁后民众也没这方面认知。在这种情况下，如果一个比较有担当和方向感的当局，应该带领人民建立对公共媒体的认识，去制定政策、移拨资源，支持类似BBC、NHK这样的公共媒体，让它不断壮大，接着才开始发展商业媒体。如果按照这样的顺序发展，就会比较可能对公共媒体有认识、有支持，公共媒体有影响力，就不至于担心整个媒体的生态被商业媒体牵着鼻子走。

我个人长期参与台湾的媒体公共化运动，了解公共广播电视媒体集团

（简称公广集团）在台湾“先天不足，后天失调”的困境，但正因台湾媒体发展已在市场竞争下饱受抨击，台湾当局更应拿出魄力制定长远传播政策，对公广集团投入更多资源与支持，才能在市场机制与行政管制间找到着力点与平衡点。

就此而言，当前台湾民主化与媒体发展需要的“星星”，已经跟戒严时期的追求大不相同。不论是否支持“壮大公广集团”策略路线，台湾当局必须提出具有前瞻视野的传播政策以促进民主深化，已是台湾当局无可回避的时代课题。

迎向新时代挑战

透过本书回顾台湾民主化历程与新闻传播制度变迁，读者更可了解，新闻自由不会从天而降，必须一步一个脚印努力争取；健全的媒体环境也无法一蹴可及，当局订定前瞻性传播政策、媒体善尽社会责任、公民社会的成熟壮大都是重要配套条件。

我在担任《天下杂志》总主笔期间接受向芬访问，对于她的事前周全准备、深入提问与追问都留下深刻印象，更欣见本书的深度访谈成果，为台湾新闻发展经验留下重要记录（必须提醒的是，本书判定受访者的政治光谱归类，未必精准公允，但不致影响其受访内容的参考价值）。

本书出版之际，我已创办台湾网络新媒体《报道者》，致力于以网络新科技、数字叙事工具呈现深度调查报道。我深信，无论媒体形式如何变迁，媒体在民主生活中都将持续扮演举足轻重的角色，期待社会各界珍惜与呵护得来不易的新闻自由，并在此基础上迎向媒体新时代的更大挑战。

2015 年 11 月 2 日

目　　录

第一章　通天塔与不归路：从报禁到解禁

台湾在戒严时期实行“限张、限印、限证”的报禁政策；在“白色恐怖”时期，媒体有两大报业集团的蓬勃发展，有老三台的垄断经营，也有党外杂志和异议报刊对国民党当局的抗争。伴随民主转型，台湾媒体走过报禁时期，迎来了全面自由开放，同时也出现了媒体政治光谱的明显分化、商业势力的极端垄断、新闻品质下降和媒体视野狭小等现实问题。通过一系列深度访谈，我们可以通过一个世代的集体记忆，看到一个更加真实、全面和透彻的台湾民主转型中新闻传播的历史过往和现实状况。

本研究基于以下研究问题展开：台湾媒体在民主转型中是否起到推手的作用？报禁解除是否是民主转型的必然产物？民主转型前后当局对媒体的控制与管理发生了哪些变化？民主转型过程中裹挟而来的西方自由主义思潮对台湾媒体政策的影响力如何？为了解台湾新闻传播与民主转型的关系，笔者对新闻传播学界、业界和管理界核心群体进行了深度访谈。所谓深度访谈，学界所指的主要就是半结构式的访谈，其两个最重要的特征，一是它的问题是事先部分准备的（半结构的），要通过访谈者进行大量改进；二是要深入事实内部。① 因此笔者围绕上述研究问题在访谈前给被访者事先通过邮件发送了访谈提纲，希望被访者回答如下问题：

1. 提到报禁给您印象最深刻的事情是什么？
2. 报禁时期，当局管控媒体的方式和手段主要有哪些？
3. 报禁时期，政治领袖对媒体的影响如何？
4. 您认为是什么促成了报禁开放？请列举具有代表性的事件和人物。
5. 您认为台湾媒体在民主转型中扮演了什么样的角色？
6. 解禁后，台湾媒体与当局之间的关系有些什么变化？
7. 解禁后，台湾政治领袖对新闻媒体的影响如何？

---

① Wengraf, Tom 2001, “Qualitative Research Interviewing Biographic Narrative and Sem - istructured Methods.” London: SAGE Publications. P3.

8. 有一种说法认为，解禁后的台湾媒体陷入新的政商关系之中？您怎么认为？

9. 现在的新闻传播主管单位与报禁时期相比有哪些变更？他们的管理方式有哪些变化？

10. 您认为台湾现行的新闻法规为新闻自由提供了制度性保障吗？

11. 您认为台湾现行的新闻传播制度是基于什么价值观建立起来的？

12. 您认为台湾民主转型后，现行新闻传播制度还有哪些需要改善的地方？

以上半结构式的访谈只确定主要的问题和框架，访谈问题内在的逻辑是第 1 至第 4 个问题为报禁时期主要情况、第 5 至第 8 个问题为解禁后主要情况、第 9 至第 12 个问题是对新闻传播制度的总体性评述。在正式访谈前，访谈者再结合被访者的背景资料和实际情况在上述 12 个问题基础上因人而异地做部分修改，在访谈过程中，被访者对事先准备好的问题的回答和随之而来的问题都是研究者无法预知的，访谈者根据实际情况改进随之而来的问题，同时探究意义以及出现的兴趣领域。在事先确定主题和话题领域的情况下为被访者提供足够的自由，听取被访者的叙述。①

在访谈的一开始以“提到报禁给您印象最深刻的事情是什么？”这样的问题开场，用“渐进式聚焦法”（progressive focusing），从一般化的日常领域入手，逐渐发现被访者的兴趣点，然后再逐步展开，使被访者对他自己感兴趣的话题有更多的叙述和表达。被访者所得心应手的日常生活是达至理解的重要途径，也是访谈研究得以更进一步的基础。访谈者在访谈的开始阶段与被访者共同建立地方性文化的情境，将话题更多地引向被访者的生活史。这不仅因为生活史一般都是被访者的兴趣所在，更重要的是，生活史的叙述有助于我们达到对被访者行动的理解，达到深度访谈之深度，因为生平阐释的一个优点是它能够探寻个人意义的深度层次。②

但是访谈的目的还不止于此。在对被访者的意义研究中，我们还希望能够将个体生活与更广阔的思考范畴关联起来，能够达到一种普遍化的认识。虽然在代表性上仍有缺陷，但是所获得资料的有效性较高。对个体的理解

① Hakim, Catherine 1987, Research Design: Strategies and Choices in the Design of Social Research. London: Allen& Unwin. P27.

② Chamberlayne, Prue, Joanna Boornat & Tom Wengraf 2000, The Turn to Biographical Methods in Social Science—Comparative Issues and Examples. New York: Routledge. P9.

包括了意义的归置、因果关联、类型化，而不仅仅是细节性的描述，而这正是研究者期望通过深度访谈所能达到的目的之一，即发展出关于社会及其构成结构与过程、发展的概化知识，对于个体的理解也一直服从于这一目标，了解社会结构与社会过程的原始知识可以来自于对个人生活故事的研究。①

对于个体经验的研究，同样能够考察到更广范围的社会变迁历史进程。在这些试图将分析的宏观和微观层面联系起来的研究中，个人生活史能将一定时期内的前后衔接起来，所以能够体现出社会变迁的过程及经验。因此，以个人生活史为切入点的深度访谈隐含了这样的假设：宏观的社会变迁以及社会文化会以不同的方式投射到不同的个人身上，从而影响个人的生命历程。由此，个人的生命历程就获得了一种共性。对于个人生活史的访谈本身就显现出一种社会意义，我们可以由此去透视社会变迁对个体的影响，通过被访者的讲述去进一步发现这样的社会变迁最后在个人身上留下了什么。我们也可以通过个体的叙述来发现地方性资料，从而达到对地方性社会的了解。由此，以个人生活史为切入点的深度访谈就充分显示了其口述史特征，从而可以"小中见大"做出有意义的研究。②

台湾新闻传播学界、业界和管理界相关人士对访谈提纲中所提到的问题最有发言权。2013 年 8 月至 2014 年 4 月，笔者对相关人士进行总计约 26 个小时的深度访谈，每位受访者的采访时间约为一个半小时，为确保完整准确记录访谈内容，采访全程录音，随后逐句听写录入电脑。

受访者的共同特征体现研究对象的代表性：有多年教学、研究或新闻实务经历；供职于高校、新闻机构或行政部门；深谙台湾新闻传播业发展状况的资深人士。其详细信息如下（见表一）：

为保证研究对象的多元平衡，在政治倾向、年龄段和职业等方面，受访者的不同特征体现了研究对象的多样性。以受访者的政治光谱来分析，偏蓝的有 5 位，偏绿的有 6 位，居于中立的 5 位，选取受访对象的时候基本考虑到政治倾向的平衡问题，以使多元的观点能够在访谈中得以充分体现。

---

① Rustin, Micheal 2000, "Reflections on the Biographical Turn in Social Science, The Turn to Biographical Methods in Social Science Comparative Issues and Examples." (eds.) by Prue Chamberlayne, Joanna Boornat & Tom Wengraf. New York: Routledge. P42 - 45.

② 以上对于深度访谈方法的讨论部分，均转引自杨善华，孙飞宇：《作为意义探究的深度访谈》，《社会学研究》，2005 年第 5 期，第 58—60 页。

表一　受访者简介（以访谈时间先后排序）

姓名	年龄	性别	所属党派及政治倾向①	供职单位及职务职称	访谈时间
林丽云	1965	女	无党派；中立。一般不会投国民党，但也不等于投给民进党。	现为台湾大学教授，媒体改造学社召集人。	2013年8月1日
苏蘅	1955	女	偏蓝。曾任政务官，理论上应该有国民党党籍。	现为台湾政治大学教授；曾任“国家通讯传播委员会”（“NCC”）“主任委员”。	2013年8月7日
冯建三	1959	男	无党派；中立。一般不会投国民党，但也不等于投给民进党。	现为台湾政治大学教授，媒体改造学社理事长；曾任台湾媒体观察基金会董事长。	2013年8月9日
林元辉	1954	男	无党派；偏绿。不会投国民党。	现为台湾政治大学教授。	2013年8月13日、2013年8月19日
程宗明	1964	男	中间偏绿。一般不会投国民党，但也不等于投给民进党。	现为“公共电视”研究员及工会理事。	2013年8月14日
邱家宜	1964	女	偏绿。	现任卓越新闻奖基金会执行长。	2013年8月14日
陈国祥	1953	男	国民党；蓝。	现为中央通讯社董事长，“中央选举委员会委员”；曾任《自立晚报》总编辑、《中国时报》总编辑、《中时晚报》社长。	2013年8月15日
尤英夫	1939	男	无党派；偏绿。不会投国民党。	现为世界联合法律事务所律师，赛珍珠基金会董事长；曾任台北律师公会、比较法学会理事，曾创办《中外法学》杂志。	2013年8月16日
陈百龄	1958	男	中立。不会投国民党，但也不等于投给民进党。	现为台湾政治大学教授。	2013年8月16日

① 关于“所属党派及政治倾向”一栏，是笔者征求了多位相关人士的意见综合得来，其中有人在回信中写道“我猜，除了出任政府官员之外，多数人都没有加入政党”。还有人回复：“所属党派因台湾已实施个资保护法，除非从政自然曝光，否则当事人多讳莫如深，不易查证；政治倾向，除非确属党人，否则主观论断易有失。”关于党籍信息的查找，得到的回复则有“估计不太好查，或说我不知道可以在哪里查到。因为一般登记数据时，没有这个栏目需要填写。”“党籍讯息除非这人有参选公职一般而言不容易查”。从这些回复信息中，可以大致了解到台湾政治和党派的一些基本情况。笔者本人对受访者及治光谱归类未必准确，仅作学术研究参考之用。受访者的意见不代表笔者本人的意见。

续表

姓名	年龄	性别	所属党派及政治倾向	供职单位及职务职称	访谈时间
何荣幸	1966	男	无党派；中立。不会投国民党，但也不等于投给民进党。	现为网络媒体“报道者”创办人；曾任《天下杂志》总主笔兼“独立评论@天下”网站主编，《自由时报》市政组组长，《中国时报》副总编，台湾新闻记者协会创会会长，媒体改造学社执委。	2013 年 8 月 19 日
苏正平	1950	男	无党派；偏绿。不会投国民党。	现为“新头壳网”董事长；曾任《台湾日报》总主笔，台湾记者协会会长，“行政院新闻局局长”，中央通讯社董事长。	2013 年 8 月 28 日
郑贞铭	1936	男	国民党；蓝。	文化大学新闻学系教授（退休）；曾任文化大学新闻系主任，新闻研究所所长，《香港时报》董事长，英文《中国邮报》副社长兼总编辑，台湾大众传播教育协会副理事长兼秘书长。	2013 年 10 月 22 日
邵玉铭	1938	男	国民党；蓝。	现为“公共电视”董事长；曾任“行政院新闻局局长”，《中央日报》董事长。	2013 年 11 月 27 日
倪炎元	1957	男	偏蓝。	现为台湾铭传大学教授；曾任《中国时报》总主笔。	2014 年 4 月 3 日

（备注：以上个人信息更新截止时间为 2015 年年底）

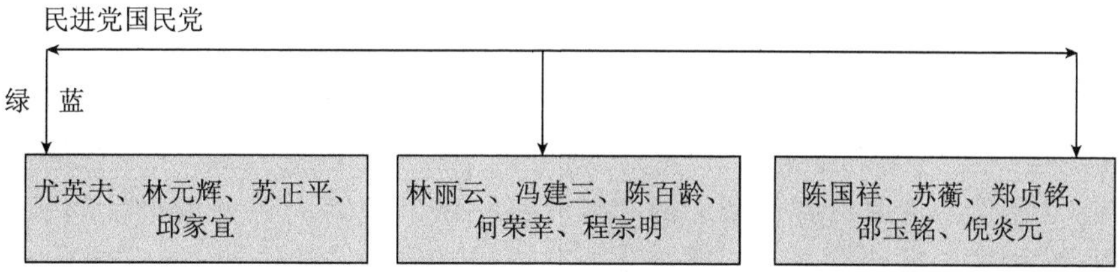

图一　受访者政治光谱

就受访者年龄来看，30 年代 3 位，40 年代 1 位，50 年代 7 位，60 年代 4 位，50 年代的人士占总数的 47%，是因为这一年龄段的人士大部分目前正居于学界和业界的重要岗位，是目前该领域具有较大影响力和发言权的一批人。就受访者现在从事的职业来看，学界有 7 位，实务界有 7 位。

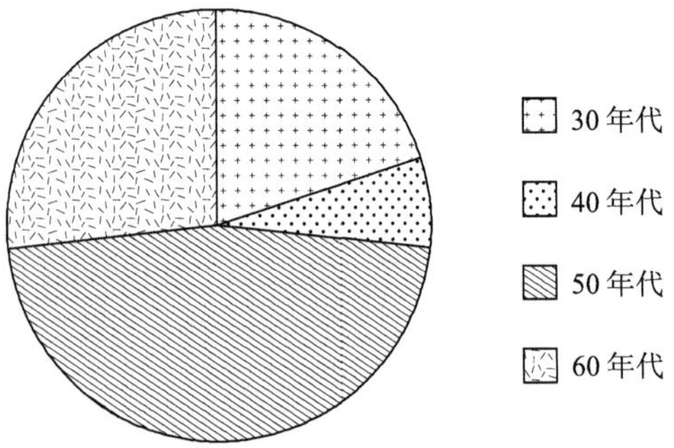

图二 受访者年龄段分布图

一、行政管制与自由市场

（一）党政军控制媒体和高校内化教育

在谈到报禁给人最深刻的印象时，很多受访者的第一反应就是报禁“三限”中的“限张”使得报纸只有三大张，文字非常的小。报禁时期，两大报系“联合报系”和“中时报系”二分天下，但一般而言，军公教系统的人都更倾向于看《联合报》。①

国民党一党独大，对社会实行威权的控制，对媒体外在的控制主要通过国民党文工会、“行政院的新闻局”和军方的“警备总部”。文工会和“新闻局”是体制上面的媒体主管机关，“警备总部”是军方的单位，虽然不是体制上的主管机关，但是它当时握有权力进行报刊的查禁和思想审查，这是媒体外部的控制力量。② 每周“警总”召集“调查局”、文工会、“新闻局”、宪兵单位来开会、决策和处置，不过处置的时候并不是“警总”与报社直接联络，而是由文工会或者“新闻局”出面，表面上还是由当局出面，但是“警总”在取缔党外杂志的时候是在一线，只是对于一般报社的管控，通常都是透过文工会，打电话的人是文工会的总干事甚至主任，打给总编辑，他就会有压力，上面压下来的事情通常都是叫记者配合修改。③

在媒体内部同样存在着控制。早期当局的控制是在各个媒体尤其是比较

① 陈百龄访谈录，访谈日期2013年8月16日。
② 何荣幸访谈录，访谈日期2013年8月19日。
③ 林元辉访谈录，访谈日期2013年8月13日、8月19日。

大的媒体都设置新闻党部，比较大的媒体像《中央日报》本身就是国民党的党营媒体，即使是非党营的媒体，党部同样都有书记或主委对媒体内部进行政治指导。[①]“《联合报》是民间报纸，并不是党和政府的，但党部就在报社里，并不是每个记者都懂，有的记者比较天真，跑的路线可能跟这个无关，就不太理会。越资深的记者就越懂办公室里头哪个人是什么角色”。[②]

以思想左倾入罪是戒严时期最常见的，但其中也不乏被硬扣帽子的事例。陈百龄谈到《新生报》的编辑童轩荪“抗战期间曾参加过一个儿童团的组织，有次在编报的时候被警察带走，在保安处关了很久，最后以思想左倾、意志不坚判他感训七个月。其思想左倾是因为从他那搜出了一本书叫作《顽童历险记》，这本书的作者是马克·吐温，情治人员以为跟马克思是一家人。当时的军队确实有这样的人，用各种方法入人于罪。可在那个时候谁敢讲这些情治人员的不对，如果你那样讲，你就是诋毁政府，你也会被抓进去的”。陈百龄本人也曾因在“新闻局”工作期间偷印机密文件泄露给党外人士被情治单位带走，他这样回顾亲历过程，“那些人在我的书架上把所有的书都看了一遍，看到一本李金铨写的传播理论的书，居然找出一段是谈新马克思主义的内容，他们如获至宝”。[③] 他最初被认定为叛乱，随后定性为泄露军事机密，最终以公务员泄露“国家”军事以外的机密定刑 10 个月缓期执行。他能如此幸运躲过一劫，一方面是外部有党外人士的活动与抗议，另一方面也是因为整个社会环境的转变，“我就是运气好，因为再早 20 年，我的罪行就是叛乱罪，再早 10 年就是妨碍军机罪，到我那个时候是因为其实到最后是蒋经国拍板定案，不知道为什么他对这几个案子都说不要大办了”。[④]

当然还有传媒高等教育，也是很重要的内化部门。传媒教育从一开始就训练记者怎么样去体认他自己的工作？邱家宜曾经研究过曾虚白在台湾报业和传媒生态中是一个什么角色，以及他在高等教育人才培训里面是怎么理解记者的自我角色的。曾虚白曾经做过诸葛亮和阿斗的比喻，当局就好像诸葛亮，人民是阿斗，你要怎么让人民能够了解当局？人民是不知不觉的，记者要去做一个沟通的桥梁，记者是后知后觉的，统治者是先知先觉的，记者就

---

① 何荣幸访谈录，访谈日期 2013 年 8 月 19 日。
② 林元辉访谈录，访谈日期 2013 年 8 月 13 日、8 月 19 日。
③ 陈百龄访谈录，访谈日期 2013 年 8 月 16 日。
④ 陈百龄访谈录，访谈日期 2013 年 8 月 16 日。

是要做好不知不觉者和先知先觉者的沟通，使得当局的美意能够让人民了解。[①] 曾虚白所言并非其创见，早在1924年11月19日孙中山在上海招待新闻记者的演说中就已有此说。[②]

作为老一辈新闻人郑贞铭则提供了另外的历史观察，“要知道台湾讲报禁讲报业发展的时候，必须讲到我们台湾早期负责新闻宣传政策的几个重要的人，都了不起”，“这些人一方面当然要遵从蒋公的管制路线，但是另一方面都受过西方民主自由思想的教育，如马星野毕业于密苏里新闻学院的，谢然之毕业于明尼苏达大学和密苏里新闻学院，他们都做过第四组主任，也是宣传部长，他们都直接负责宣传政策的。另外还有曾虚白、董显光”。郑贞铭认为“这些人个人受教育的背景和他所了解的新闻传播观念的东西，今天中生代的这一批台湾新闻学研究者从来没有去考虑这几位先生对台湾新闻事业走向的贡献，一方面他们要尊重蒋公的意志，一方面他们要在各种场合展现应该走向何处”。以谢然之老师为例，他就曾讲过：新闻教育我们今天用的主要理论还是根据英美的，他曾做第四组主任、宣传部长，他也在日本留学过，他比较研究了日本跟美国对新闻事业的两种思想和态度，他觉得确实英美的思想是比较优秀的，所以就大量引进西方的新闻思想和理论。基本上像谢然之，还有讲“中国新闻史”的曾虚白，他们当时都是党的重要文宣政策的制定者，在政治上会为党实行的报禁找出很多的理由。不过，对郑贞铭真正产生思想影响的倒反而是他们在谈西方新闻学的概念的时候，不露痕迹地让学生知道自由民主是会还是不会？新闻自由是会还是不会？他们会为党的政治辩护，但是更让学生去追求一种对未来的向往。[③]

（二）由硬转软的控制

到70年代国民党政权逐渐失去统治正当性，所以更倚重软性控制。[④] 陈百龄讲述了70年代后期一个比较有趣的现象——“选举假期”，就是说在选举期间警员不敢随便抓人，“卖香肠、卖录像带的等等都会聚集到选举的场子里面去，其实不是真正的放假，而是原来紧缩的法律制度在那个时候不会积极运作，而让自由和权利有一点喘息的空间，所以假期是相对于人权

---

① 邱家宜访谈录，访谈日期2013年8月14日。

② 孙中山：《孙中山全集》（第十一卷），中华书局2006年版，第332页。

③ 郑贞铭访谈录，访谈日期2013年10月22日。

④ 林丽云访谈录，访谈日期2013年8月1日。

而言的，是一个比喻”。“那个时候平时在书店不敢随便卖的禁书，会推到选举的场子里面，你看不见的录像带和书也都会出现，80 年代很多人对大陆的山川风光蛮向往的，有些美国人日本人的旅游片在台湾是被禁掉的，所以有人就会推到那边去卖，还有台湾看不到的有些书如《李宗仁回忆录》，在那个场合就能够看到。”①

有学者将 1979 年 12 月 10 日的台湾“美丽岛事件”与 1980 年 5 月的韩国“光州事件”相比，认为相对而言台湾当局的处理更为缓和，台湾只是把一些党外异议领袖抓起来而已，过几年又放掉，采取的是比较软性的控制。后来更多的是怀柔政策，把更多的资本家、台湾年轻人和社会团体纳入到国民党的体系里面，如果看国民党中常会委员的变化，就可以看出来国民党当局越来越怀柔了。②

当台湾不再具有戡乱的事实情况，就不得不面对现实，停止戒严。在讨论报禁开放的时候很多的学者也认知到如果“国家”完全都不管，很可能就是媒体大财团吃掉小报纸，因此也在思考是不是实行有条件的开放，维持某种程度上的管制？学界对此发表意见的代表学者有李金铨教授、郑瑞城教授等等，他们认为应该有条件的开放。③ 是否需要限制大报的快速扩张？大报当时已经占据三分之二的市场，如果完全不管势必形成垄断市场的局面，像《自立晚报》这样的小报就会死掉。④ 那么结果当局为什么选择完全开放不管呢？有学者认为当局便利他的好朋友即两大报，两大报与国民党有着盘根错节的关系，两家报老板都是国民党的中常委，与其让利给前程未卜的小报，远不如顺水推舟让两大报渔翁得利。⑤

报禁开放前大报的形态是一种新的权力、新的霸权，像《联合报》是用一种精英的角度来教训、领导民众，这种所谓的文人办报在林丽云看来是很糟糕的，“我并不是说完全支持市场，但是它那个概念跟我们后来所提倡的公共新闻学是不一样的，其实它应该是聆听民众，跟民众对话。台湾民主化，公民社会兴起，所以会期待媒体是具有公共性的，是能跟公众对话，呈

---

① 陈百龄访谈录，访谈日期 2013 年 8 月 16 日。
② 林丽云访谈录，访谈日期 2013 年 8 月 1 日。
③ 林丽云访谈录，访谈日期 2013 年 8 月 1 日。
④ 林丽云访谈录，访谈日期 2013 年 8 月 1 日。
⑤ 林丽云访谈录，访谈日期 2013 年 8 月 1 日。

现不同公众的声音，是一个发声平台而不是少数的精英领导”。[①] 不过90年代初，台湾两大报的衰退速度加快，主要的原因是它们的定位和言论的判断不是纯粹跟着市场走，不是人们喜欢什么就提供什么，它们有很强烈的意识形态，即使读者抗议它也还是坚持它的意识形态。“它们会讲‘国家’民族的使命，但是与台湾的主流民意已经越来越背离，特别当社会独立团体在抗议的时候，《联合报》根本不理会，没有遵循市场机制、没有经过民主程序，报业秩序也没有建立起来，不是透过真正卖好的报纸赢得读者的喜欢，不是依靠报纸内容竞争，而是通过吃掉别的报纸或者削价竞争”。[②] 结果1992年发生一个很重要的事件就是针对《联合报》的“退报运动”。[③]

（三）自由市场的媒体乱象

报禁开放，媒体业蓬勃发展，与此同时，媒体新闻品质下降、新闻内容同质化、政治光谱分野明晰、媒体诽谤等现象日渐突出。“对于解严后的媒体来讲，政府没什么可怕的，如果媒体不批评政府就太逊了，媒体都有自己的立场，比如《自由时报》和《联合报》厮杀非常明显，《自由时报》在李登辉时代非常拥护李登辉，李登辉说什么都是对的，后来李登辉结束任期后，进入民进党时代，《自由时报》对民进党也很捧场，本土的、绿的基本上都是它挺的；《联合报》刚好相反，是对立面，李登辉是千古罪人，是最可恶的国民党内部的叛徒，出卖国民党的、罪大恶极的人，《联合报》讨厌李登辉、痛恨陈水扁。如果一个报团是拥护李登辉、支持陈水扁，另一个报团就是在批判李登辉、反对陈水扁。媒体就是用这种方式，跟政府的关系就是爱恨交织，看你的媒体本身是什么立场，台湾媒体的立场非常清楚。面对同样的事件，你去看他们所出的社论就很清楚反映出他们的立场”。[④]

不过对于这样的蓝绿分野，邵玉铭则不以为然：“现在大家对我们的报纸还是有些批评，但是我要反问一句，有这么严重吗？现在《联合报》、《中国时报》是蓝的，《自由时报》是绿的，《苹果日报》是娱乐性的，哪有不对呢？因为台湾本来就有蓝绿，你不能说你这个绿的讲话不负责任就怎么的。那报纸你可以不买、你可以不看，比如我就有很多报纸不看、不买，

---

① 林丽云访谈录，访谈日期2013年8月1日。
② 林丽云访谈录，访谈日期2013年8月1日。
③ 林丽云访谈录，访谈日期2013年8月1日。
④ 邱家宜访谈录，访谈日期2013年8月14日。

但你不能不让人家出版”。可见，现在是一个非常混乱的过渡期，“很多人都觉得没希望了，他们觉得不会更好只会更坏，就是走回头路了。我们碰到一个最恶质的媒体环境，特别是广电媒体这一块，全世界都有一个共同趋势，就是媒体越来越走向政党化，本来就是多党制，媒体各自拥护它的政党，这在欧洲很严重，美国没有那么严重，但是也越来越严重。台湾也是多党之后媒体政党化日趋严重，欧洲人也在想怎么办”。①

其实，对于大部分的媒体乱象相关规定均有限制，却从来没有落实、没有执行。“广电三法”，卫星电视、有线电视跟无线电视都有规范，“比如媒体不能随便乱讲别人，你如果讲错要更正，还规定了要多少时间、多少次的更正，但是法都有却没能执行，也没有处罚，就容易新闻自由泛滥，等于是白立法”。② 行政单位执行也存在问题，一些老百姓受到损伤、欺负以后，提起诉讼走司法程序，但是判决结果媒体一般为什么不会输？林元辉做的相关研究发现，是因为“司法体系的人基本上不大敢动新闻自由，他们很尊重新闻自由，新闻自由好像是现代人的常识，司法体系的人能少碰就少碰，司法单位把新闻自由当成圣牛。我觉得他们对新闻自由尊重过了头，不愿意去触犯。诉讼案到最后受处罚的都不是媒体，新闻来源是某一个人，他讲错了被媒体全部报，媒体不报大家都不知道，媒体这样报其实应该要负责任的，可是整个官司打下来媒体都没受处罚，只有讲错话那个人受处罚，我后来归纳就是对源头处罚很重，对过程轻轻放过。为什么放过？因为不敢惹新闻自由。我们司法界的人对新闻自由很尊重，如果媒体很自爱，人家尊重你这很好，是良性的循环；媒体不自爱，司法圈又很尊重，这样就出问题了，社会上没有哪个地方能处罚媒体，怎么办？法律圈不能投鼠忌器”。③

一般民众如此，公权力机关也是这样的境况，即使媒体“常常乱写我们政府机关，我们一般都是算了，因为不想跟媒体交恶”。④ 媒体自由似乎无限扩张，“作为读者要求你更正，你拿新闻自由的盾牌出来抵挡，说新闻自由不允许干涉，可是老百姓的正当利益被伤害了，老百姓能不能有新闻自由？老百姓能不能从新闻播报过程中得到一个真正的、自由的环境？这也属于新闻自由。新闻自由过去都是模糊概念，其实新闻自由有老板的新闻自

---

① 苏蘅访谈录，2013 年 8 月 7 日。
② 林元辉访谈录，访谈日期 2013 年 8 月 13 日、8 月 19 日。
③ 林元辉访谈录，访谈日期 2013 年 8 月 13 日、8 月 19 日。
④ 邵玉铭访谈录，访谈日期 2013 年 11 月 27 日。

由、有主管的新闻自由、有基层员工的新闻自由，也有读者的新闻自由。新闻自由是广义的，各种层面的角色都在里头，新闻自由只有符合共同的利益的时候才值得我们保护”。[①] 这种说法对应了霍布豪斯的观点：以牺牲他人为代价获得的自由不是好的自由，所有生活在一起的人都能享有的自由才是好的自由。[②]

也有学者提出在台湾存在一个生态，“官怕‘立委’，‘立委’怕媒体，可是官又咬住媒体”。官就是行政部门，行政部门被“立委”牵着鼻子走，“立委”被媒体牵着鼻子走，可是媒体又不能不顾及行政部门，但媒体并不是被行政部门管得死死的，三者之间有这样的一个循环，只要媒体控制“立委”，“立委”再控制官的话，在这个循环里面媒体就可以活得下去。这三个环节一环扣一环，假如行政部门要做一件危及媒体利益的事，媒体就会利用“立委”去逼迫行政部门，让他们不要去做这件事，“立委”是仰赖媒体的，通过一种间接的反作用来牵制对方。[③]

台湾在解禁之时放手让市场去引导，当局只做最少的管制，无为而治。[④] 但后来发现就传媒的部分来说其成效往往是相反的。[⑤] 解严后，台湾都是自由主义为主，对抗威权主义，“自由主义的概念就是政府不要管，民进党的反对运动一直都是从自由主义的概念出发希望政府不要管，但是政府不要管就是财团来管”。[⑥] 因此，在管制媒体方面内容不能管几乎是大家的共识，但媒体结构还是应该管，例如说有没有对大财团管制，大财团媒体太大没有办法促进市场竞争，小的媒体就不能进入。[⑦]

台湾媒体人最常主张的就是编辑自主、民众有知的权利。可是，知的权利不是无限上纲的，编辑自主也不是无限上纲的，“现在媒体人对于自己拥有的权利意识高涨，但是对于自己怎么好好运用却所知有限。所以就会有很多侵犯隐私、随便给人家戴帽子、标题审判这样的问题存在”。[⑧] 台湾基本上是一个自由主义的社会，可是“自由不是完全可以放纵的，自由和责任

---

① 林元辉访谈录，访谈日期2013年8月13日、8月19日。

② 霍布豪斯著，朱曾汶译：《自由主义》，北京：商务印书馆，1996年9月版，第45页。

③ 陈百龄访谈录，访谈日期2013年8月16日。

④ 林丽云访谈录，访谈日期2013年8月1日。

⑤ 冯建三访谈录，访谈日期2013年8月9日。

⑥ 林丽云访谈录，访谈日期2013年8月1日。

⑦ 林丽云访谈录，访谈日期2013年8月1日。

⑧ 苏蘅访谈录，访谈日期2013年8月7日。

是相对的，可是台湾对自由和责任的分寸掌握得不好，用政策上的设计来掌握自由和责任一向都做得不好”。①

在尝过自由的滋味后，规制的问题重新回到大家的视野中来，经过这么多年，学者发现“像广电这样的东西不能完全由市场决定，你完全由市场决定的时候你会发现其实是恶质的。美国早就发现了，美国的地方电视台新闻的研究就看得出来，当地方电视台增加的时候整个新闻品质就下去了，我们说开放竞争是往上走的，不！美国已经有一个讲法叫‘市场失败论’，美国也一样，从最近几年 FCC 的政策上可以看出来，市场是资本主义的核心价值，所以他们就要用别的方式来矫正所谓的市场失败的东西”。② 有人甚至对于记者的任职资格也提出了更为严苛的要求。

过去有一个误区就是认为民主社会的新闻自由就是放任不管，但其实以美国为例，“美国管得才厉害，美国的宪法里面大法官就解释过了，广电媒体没有宪法里面讲的第一修正案的言论自由，讲得非常清楚。没错，你有言论自由，但为什么广电媒体没有？因为你是一个公共信托你才可以有广电，因为广电媒体影响太大，报纸的影响还小一点。台湾是自由开放了，但是付出很多代价，这是难免的”。③

二、侍从媒体与政治合谋

（一）强人阴影下的侍从媒体

报禁时期是强人政治，从蒋介石到蒋经国，强人政治的特色是党、政、军、特一把抓，一条鞭式的，对媒体的掌控几乎没有什么漏洞和空隙，强人决定这段时间他的言论尺度是宽一点或松一点，基本上一个口令就可以贯彻到党政系统、军情系统和媒体内部的党部系统，命令都不会打太多折扣，并在不同的地方得到同样的落实。④ 强人政治时期，政治领袖对媒体能够控制、管制、限制。⑤ 国民党 1947 年以后就掌握了局势，“白色恐怖的时候谁也不敢讲话，根本没办法讲话，因为媒体是他操控的，军队是他操控的，情

---

① 林元辉访谈录，访谈日期 2013 年 8 月 13 日、8 月 19 日。
② 苏蘅访谈录，访谈日期 2013 年 8 月 7 日。
③ 苏蘅访谈录，访谈日期 2013 年 8 月 7 日。
④ 何荣幸访谈录，访谈日期 2013 年 8 月 19 日。
⑤ 苏蘅访谈录，访谈日期 2013 年 8 月 7 日。

治单位也是他操控，没有人能够反对，所以整个白色恐怖时期他要抓谁就抓谁，抓的目的就是排除异议，蒋经国就是执行者，一路上他就是蒋家真正的执行者”。[①]

到了戒严后期，党外政论杂志和少数属于党外的报纸似乎难以控制，真正反抗比较凶的也是党外政论杂志，“虽然有报纸标榜不是国民党办的，可是基本上也逃不开管控，比如说《自立晚报》，今天去回看它的言论，会发现其实它在如来佛的掌上，基本上也没有什么弹跳机会，都遵守了国民党的言论底线，不会逾越。只是遇到有一些新闻的时候，国民党把所有报纸掐死了不准报，可是《自立晚报》敢报，但只是报新闻，言论方面还是中规中矩的，当时国民党的几个底线一个是不能主张‘台独’，一个是不能亲共，这些底线报纸一般都不会逾越”。[②] 这一时期，媒体传声筒的性质很明显。[③]当时不管是在《联合报》还是在《中国时报》担任总编辑的人都跟党政军有些渊源，也懂得媒体需求跟党政军需求之间的相互应和。[④]

对蒋经国本人媒体还有造神运动。他 1972 年担任“行政院长”，“十大建设”是其主要政绩，此时也是媒体蓬勃发展的阶段，蒋经国每次下乡媒体都有大篇幅报道，“他下乡访问的行为是没有错的，这是某种普罗大众型的政治策略，是一种苏联民粹型的做法。某种程度上说，针对蒋经国的造神是很成功的，媒体就是配合这种方式。总体来说，报纸还不够明显，电视比较明显，晚间第一则新闻就是蒋中正、蒋经国到哪里去访问、去讲话，三台已经内化成常规了，一律知道蒋中正和蒋经国的讲话一定要放在头条，开会讲话、接见外宾都要放在头条，这已经是很清楚的共识。三台的机构更强势地被掌控，它们跟报纸不一样，老三台是党政军背景，政治领袖希望媒体配合造神运动”。[⑤]

（二）台湾媒体是民主的推手还是权力的跟从?

有学者肯定报禁时期主流媒体在民主转型中扮演了民主推手的角色，“媒体在平常所灌输的自由民主思想慢慢深入到民间，深入到老百姓的心

---

① 林元辉访谈录，访谈日期 2013 年 8 月 13 日、8 月 19 日。
② 林元辉访谈录，访谈日期 2013 年 8 月 13 日、8 月 19 日。
③ 苏蘅访谈录，访谈日期 2013 年 8 月 7 日。
④ 苏蘅访谈录，访谈日期 2013 年 8 月 7 日。
⑤ 程宗明访谈录，访谈日期 2013 年 8 月 14 日。

中，培养人民的人格基础”。[①] 也有学者觉得虽然媒体在民主自由中扮演了重要的角色，但是两大报业不是冲锋陷阵的。[②] 有一种观点认为报纸一直是政党的工具，比较偏向政党，这有一定的解释力，“比如两大报的创办人都是国民党的中常委，他的确是跟统治势力结合在一起的；但是另外一方面，也没那么简单一分为二，主要的逻辑是媒体要继续赚钱，民营报纸如果只是像党报《中央日报》，它也没办法竞争，所以它会利用缝隙偷渡一些独立的、自由开放的声音，取得市场的竞争优势”。[③]

主流媒体在民主转型中的催化作用还是普遍得到认可的。不过“还没有到领航者的地步，不是领头羊。有些人把主流媒体贬低为只是纯粹的追随者，我觉得这又过度贬低了大众媒体的角色。主流媒体有扮演催生、催化的角色，这样说算是比较适切的，它虽然没有办法引领潮流，但它的确在强人决定开放之前就已经有不一样的声音，譬如说当时被认为比较独立自主的媒体《自立晚报》。总体看，强人决定之后媒体在敲边鼓，在推波助澜”。[④]

当然，也有人对主流媒体所能起到的作用表示怀疑。“我必须诚实地说台湾的民主转型不是靠媒体在冲撞”。[⑤] “冲得最勇猛的是党外的政论杂志，绝对不是《联合报》和《中国时报》，党外杂志最勇敢、最激烈，给你抓、给你关都在所不惜，是那一批把控制冲破了”。[⑥]

（三）新政商关系——合谋的伙伴

报禁解除后，媒体与当局的关系从侍从关系转变成政治结盟的关系。报禁时期，因为侍从报业的关系，政治领袖就好像是分配资源的，报禁是一个分配资源的工具，他可以决定把执照给谁不给谁，所以报禁是一个分配执照的工具；李登辉90年代刚上台时报禁已经解除，没有了报禁之后，其实侍从报业的关系就已经结束了，之后的影响比较偏向忠诚度或者派系之间的政治结盟，比如说《联合报》跟国民党特定的派系特别是比较保守的派系是结盟的，《自由时报》是与李登辉结盟的。到陈水扁时期，陈水扁或者是民

① 郑贞铭访谈录，访谈日期2013年10月22日。
② 林丽云访谈录，访谈日期2013年8月1日。
③ 林丽云访谈录，访谈日期2013年8月1日。
④ 何荣幸访谈录，访谈日期2013年8月19日。
⑤ 倪炎元访谈录，访谈日期2014年4月3日。
⑥ 林元辉访谈录，访谈日期2013年8月13日、8月19日。

进党一直以来跟媒体的关系就非常不好，从党外时期媒体就把他当作“暴民”，所以《中国时报》《联合报》一直对反对势力都是非常不友善的。

政治领袖在报禁时期运用和集合媒体作为社会资源、社会力量为己所用，台湾媒体与当局的关系在蒋经国时代本来是很稳定的，解禁后“媒体老板自身就是政治领袖，他甚至可以运作、掀起政争。台湾的媒体不听政府的，传统媒体跟李、连时期的政府打对台，所以以前很多手法慢慢也没再用了，很多渠道基本上也用不上了”。① “李登辉跟媒体是什么关系？李登辉起来以后是党主席，党的机关报《中央日报》掌握在他手里，这是天经地义的。所以党的报纸抓在李登辉和连战手里，就算内部有人不以为然，但是上面的头头、人事是他们派来的，他们是掌握得住的。可是《联合报》《中国时报》是民间报老板的，后来多了一家《自由时报》，是挺李登辉、连战的。党体系所有的报纸都在李、连手里。所以，一面来讲报老板就是政治领袖，报纸就是战争的道具，媒体被当作了武器”。②

正因为此，促成了新政商关系的形成。《自由时报》和李登辉、连战的关系就是一种政商关系，《自由时报》支持他们，他们则给《自由时报》商业上的好处。过去老三台或者有线电视台现在全部都在商人手里，“比如说中广的董事长赵少康，他以前是政治人物，是跟陈水扁竞争选台北市市长的，可是他现在不想当政治人物，更加聪明了去当媒体老板，媒体老板玩得比政治人物还多。现在，他是中广董事长、飞碟电台的老板。现在所有的有线电视台老板都是商人，都在豢养政治人物，很多‘立法委员’可能都是他们养的。他们支持‘立法委员’出来选举，需要经费就给予支持，选上以后各种政策都能够照顾到他媒体的环境以及政策设计”。③

政治领袖走下了神坛。“政治人物已经变成是媒体的资本和资产，像李登辉、宋楚瑜、林洋港这些政治明星，对《新新闻》这种政论杂志来讲非常重要。因为写这几个重要的政治人物的话，那一期的销路就比较好，政治人物变成很重要的报道对象，即使没什么事情也最好找他们来做文章”。④

有学者以“真小人”和“伪君子”比喻来形容媒体与当局的关系——“在解严之前政府是真小人，他会用很多强硬的手段恐吓你，把你关起来，

① 林元辉访谈录，访谈日期 2013 年 8 月 13 日、8 月 19 日。

② 林元辉访谈录，访谈日期 2013 年 8 月 13 日、8 月 19 日。

③ 林元辉访谈录，访谈日期 2013 年 8 月 13 日、8 月 19 日。

④ 邱家宜访谈录，访谈日期 2013 年 8 月 14 日。

把你杀掉；到了解严以后这些权力随着解严慢慢消失，这个时候就是用伪君子的方式，用各种软性手段收买你和你的老板，用各种暗地里的方式利用你”。报禁后已经不是强人政治，权力的来源多元分散，来自于相关部门和比较有影响力的个别政治人物，在解除报禁后力量比不上强人政治的时候那么强，但变得多元，更多人可以影响媒体，“总统可能、宋楚瑜当省长的时候可能、现在的市长也有可能影响媒体，而报禁时期的强人政治使得其他的政治人物相较之下影响力都不大”。①

除了延续过去用政治的手段和影响力来影响媒体，现在更常惯用的是经济手段，提供广告或者以置入性行销的方式来影响媒体，“假使媒体有骨气、不收钱、保持独立也就罢了，但看谁给钱就报道的时候的媒体是很悲哀的。置入性行销就是一个例子，去年通过一个政府采购法的修正案，里面就规定政府不得做置入性行销，可是他们还是用各种方法去回避”。② 解禁以后政治人物甚至学会表演去迎合媒体的需要。

三、西化影响与本土意识

（一）自由主义思潮对解除报禁的影响

台湾从 1950 年后，就唯美国马首是瞻，在政治宣传上宣称自己站在民主自由阵营，从学校教育到社会教育都在讲民主是好的，专制是不好，民主当然包括新闻自由。

报禁开放前夕，有一个典型的例子是 1985 年亚洲基金会③（它早期是美国 CIA 外围组织，执行美国文化利益的先驱者的角色）资助了“中国比较法学会”，在台湾大学开了一个所谓世界级的言论自由的法学探讨会，这次会议有点指标性意义，代表了美国人对言论自由这个问题的态度，这是第一次也是唯一的一次。会议请来了美国专家和台湾法学界的专家，一起探讨言论自由的当代思潮和法学概念，报禁也是他们主要的批判对象。美国的势

---

① 何荣幸访谈录，访谈日期 2013 年 8 月 19 日。

② 陈百龄访谈录，访谈日期 2013 年 8 月 16 日。

③ 70 年代末，卡特政府上台以后推行人权外交，美国官方与半官方机构积极关注台湾政治异议分子的人权问题，特别是美国亚洲基金会（Asia Foundation）、国务院，以及美国众议院外交委员会亚太小组委员会。引自朱云汉等著：《台湾民主转型的经验与启示》，社会科学文献出版社，2012 年 1 月版，第 196 页。

力一直存在，希望能促使国民党改变。“所谓美国人的看法一直在压迫蒋经国做出改变。美国的力量在背后作用，绝对不是那么单纯。为什么后来蒋经国会跟《华盛顿邮报》的发行人 Graham 讲要开放媒体？美国是其中重要的一环”。①

报禁时期，在新闻传播理论中会谈到台湾是基于“三民主义“的新闻传播思想，跟自由主义、独裁主义、集权主义是有区别的。但郑贞铭坦言，“有一段时期还真有这个想法，那我们真的做到了吗？也没有。并没有真的有所谓的三民主义新闻传播，到现在更不用谈了。有部分学者特别是李瞻教授，喜欢谈三民主义新闻思想，也没有其他教授附议。事实上，三民主义新闻传播思想的内涵到底是什么，也没人说得清楚。按我的感觉，现在的新闻价值观算是比较接近英美自由主义，学者会呼吁加强社会责任，在自由主义之中加强社会责任这一部分”。过往的遗绪依旧存在。

有学者说台湾是一个价值观非常混乱的地方。台湾在解严以前是以国民党意识形态维持安定为主，之后各种不同的利益就开始交战。某种程度上来讲国民党长久建立的文官制度，保障了事务官在安定的制度下面工作，不可否认这些事务文官受到了国民党意识形态的影响，他们对新闻的执行是按照国民党的意思在走。经过政党更替以后，这个东西慢慢在改变，但是改变多少不知道。举个例子来说，“在扁当局的年代，扁当局选上以后精英不多，只能任命一些所谓的高级政务官，这些政务官在贯彻他的政策的时候，必须要跟底下的事务官同心协力，但在这过程里面大体上有两种现象，有些人很快就投靠了，有些人是抗拒的，心想民进党八年以后就下台了，等着国民党回来。所以，在这个过程中是很混乱的。等到国民党再接续的时候，他们发现又不一样了，因为老的人退掉了，有些人已经看不惯国民党的做法。不断的政党轮替，里面的这群人是‘国家’机器的一部分，不管谁上台它都能顺利地运转。国民党固有的意识形态其实已经遭到破坏，现在还没有建构出新的结构来，新的结构要有效地运行其实是需要一段时间的，所以国民党的秩序破坏掉了，它的价值观没有办法贯彻了，经过几次的政党轮替现在还在慢慢地调整当中”。②

台湾的新闻传播是基于的自由化、市场化的意识形态建立起来的，这一

① 程宗明访谈录，访谈日期 2013 年 8 月 14 日。
② 陈百龄访谈录，访谈日期 2013 年 8 月 16 日。

点基本所有受访者均能达成共识。①

（二）新闻传播政策制定中的唯西方论

有学者认为台湾新闻传播所基于的价值观，“讲穿了就是美式的价值观，美国资本主义社会的缺点也都是真的，美式的社会是一个个人主义、自由主义的社会，可这个社会自己也会调节，会有社会责任论出来与自由主义对话，同时也有管制，FCC 就是管制。人家的 FCC 管制有效用，我们的 NCC 画虎不成反类犬。FCC 是这样的：媒体可以自由发展，都可以去办媒体，但是媒体表现好不好，执照是要更新的，更新的时候就要算账，媒体过往三年有没有符合之前提出的宗旨，有没有给社会带来有益的东西，如果是在及格线以上，执照就会继续发给你”。②

对于台湾当局对媒体相当不负责任的放任，对此程宗明认为是台湾错解了自由主义和市场经济，所以这个制度本身是有缺陷的。③ 问题的根源还是建制的时候很多的地方学美国。“这是台湾知识结构的偏差，都在学美国，什么都是美国，包括执政的国民党和那些留美的‘立法委员’都影响力太大了”。其实“美国虽然联邦政府要极小化，可是它的经济管制是超强的，美国联邦贸易委员会权力多大，为了维系自由市场对很多东西都下重手。它的 deregulation（放松管制）叫 reregulation（再管制），所有的学者都承认它在 1980 年后搞 deregulation 本质是 reregulation，它要重新管制才能让它解禁，不是因为放手它才能解禁”。④

四、新闻传播政策与良性媒体环境

就深度访谈结果总体而言，台湾媒体在民主转型中所起到的推动作用是有限的，在戒严时期党政军特一条鞭式地严密控制媒体。伴随民主转型的进程，党政军特对媒体的控制由硬转软，报禁解除只是台湾民主的自然产物。民主转型实现后，高高在上的政治领袖走下神坛沦为媒体新闻报道的“资本”，相关部门的管理政策则采取自由放任的态度。台湾新闻传播是基于自

① 冯建三访谈录，访谈日期 2013 年 8 月 9 日。
② 林元辉访谈录，访谈日期 2013 年 8 月 13 日、8 月 19 日。
③ 程宗明访谈录，访谈日期 2013 年 8 月 14 日。
④ 程宗明访谈录，访谈日期 2013 年 8 月 14 日。

由化、市场化的意识形态建立起来的，这一点几乎所有受访者均能达成共识。

（一）以“非无限”的自由与合理的管制去除市场之虞

新闻自由经常被视为维系民主政治于不坠的重要基础之一。[①] 不过，笔者采访中多位受访者均言及当局在媒体管制方面的无所作为会导致媒体乱象日趋严重，从业者和管理者都将无所适从，而这也正是对作为受众的普通民众其自由权利的侵害。“新闻自由不是没条件的，当你有无限度的新闻自由的时候你就会影响到他人自由，公共媒体有很多新闻自由，可是你要善用，你要让社会能够对话，如果你滥用新闻自由，是我的朋友我就说他好、不是我的朋友我就忽略他，你就没办法成为社会尊重的媒体”。[②] 一定的经济调控也是必须的，新闻市场不能有太多的无序竞争者，“对新闻自由最大的伤害是太多的竞争者，会造成薄利多销、狗血竞争”。[③]

媒介学家雷吉斯·德布雷在《两面之词》中所说的一段话或许能给我们一些启示：“在民主的西方，原则上新闻是自由的。脱离了国家机构的媒体（仍然有多种多样的补贴和补助）却还是通过广告业务而被金融界的封建主控制了。最使人惊奇的是从下而来的无意识和自发的查禁，我是指来自平均舆论的查禁。当年美国对伊拉克发动战争的时候，《纽约时报》，一般被认为是自由派和独立性的，却自发地踩上了白宫的步伐（它曾经向我要了一篇自由舆论，一篇批评这场帝国侵略的文章，登在它的评论版上，我的文章旁边被加上了一个嘲笑我的漫画和标题）。在这个独立的刊物里，爱国的共鸣压倒了地缘政治学和法律的思考。我们自己的报刊当年在阿尔及利亚战争中也曾经同样如此。一个自由报刊的编辑部，其实无须受到压力就会自己主动地替它的客户服务，就跟有些人乐意替政府服务一样（而且很容易这样做），因为它跟顾客的想法和感觉并无差异。”[④]

当我们在谈论和向往新闻自由的时候，更应该透过民主的光环看到自由

---

① 《新闻自由》（二）（《战后台湾民主运动史料汇编》第八册），台北：“国史馆”，2002 年版，编序第 1 页。

② 倪炎元的访谈录，访谈日期 2014 年 4 月 3 日。

③ 程宗明的访谈录，访谈日期 2013 年 8 月 14 日。

④ 赵汀阳，德布雷（法）：《两面之词：关于革命问题的通信》，中信出版社，2014 年 6 月，第 127—128 页。

的阴影，从而避免唯西方论。如今在新自由主义意识形态主导下所理解的新闻自由被视为占据宪法和道德制高点的当然原则，其包含的言下之意一是新闻报道不受政府管制，二是允许私人资本参与媒体市场，否则，就是没有新闻自由。① 其实，这只是自由的一面即消极的新闻自由，自由的另一面即积极的新闻自由，还包括媒体内部新闻从业者的自由（良好的媒体生态和资源、深度报道和国际采访等等）、受众的自由（更广义的说是人民的表达权利也应该得以保障）等等。新闻自由这一权利概念倾向于消极还是积极，涉及更广泛而一般的权利性质的争议。②

随着媒体商业化和媒体自身集团化，媒体从事商业牟利活动，使得所有制和经营权、编辑权问题变得复杂起来。媒体名义上并非私人性质，但媒体的商业化、市场化操作也如同西方媒体一样主要以广告为支撑、以营利为主旨。对于无法成为广告商或是拥有媒体所有权的广大民众来说他们几乎没有通过媒体实现表达权利的可能性，甚至媒体所雇佣的新闻工作者的表达权利也从属于媒体实际运营者手握的实际权力。媒体一旦被纳入市场化和资本运作的轨道，传媒资本和广告商不会倾向于给劳工和农民阶层的媒体挹注和投入，权贵阶层则正是通过媒体的商业化和市场自由化，来巩固其话语权，实现意识形态领导权，最终的结果是媒体为某一派别或某些利益集团所操纵和垄断。

就新闻自由而言，并不是不要管制，而是如何管制的问题。台湾的实例告诉我们，“其实台湾对自由主义一知半解，这些留美人士不负责任只讲一半，只讲自由经济的手会自己动起来，而不讲前面做了多少的行政手段，美国联邦政府做了很多事，对媒体而言你不可以越雷池一步，自由竞争是铁律，管制很强。而台湾的放任是真的放任，完全没有做经济评估”。③ 社会大众需要的自由社会应该是怎样的景象？自由与秩序的边界究竟应该划在何处？④ 这仍是值得深思的问题。如何能避免市场之虞带来的极端商业主义和垄断控制？政府如何能在管制的同时仍能尊重新闻自由？如何能在自由和管

① 赵月枝：《被劫持的“新闻自由”与文化领导权》，《经济导刊》，2014 年第 7 期，第46 页。

② 艾伦·德肖维茨著，黄煜文译：《你的权利从哪里来》，北京：北京大学出版社，2014 年 1 月版，第 154 页。

③ 程宗明的访谈录，访谈日期 2013 年 8 月 14 日。

④ 安东尼·刘易斯著，徐爽译：《言论的边界　美国宪法第一修正案简史》，北京：法律出版社，2010 年 5 月版，第 3 页。

控的悖论中找寻到适当的新闻传播政策，或许是未来需要长远考虑和规划的。

（二）长远规划符合本土的新闻传播政策

台湾在报禁解除之初，欢欣鼓舞地迎接全面的自由开放。时过境迁，在反思之时不断提到当局传播政策的失误，即“没有采取优先发展和壮大公共媒体的政策，而是迎媚地按照自由主义市场机制开放”。以电视为例，台湾让第四家无线电视台出现，并把所有的电台、频道释出，让有线电视台蓬勃发展，等到商业竞争到一定程度才来开始推公共媒体。可是，在这样顺序颠倒的情况之下，台湾民众对公共媒体并没有清楚的认识，在漫长的戒严时期对于公共媒体始终缺乏应有的认知和支持，在解除报禁后民众也没这方面认知。在这种情况下，如果一个比较有担当和方向感的当局，应该在带领人民建立对公共媒体的认识，去制定政策、移拨资源，支持类似 BBC、NHK 这样的公共媒体，让它不断壮大，接着才开始发展商业媒体。如果按照这样的顺序发展，就会变得比较可能对公共媒体有认识、有支持，公共媒体有影响力，就不至于担心整个媒体的生态被商业媒体牵着鼻子走。①

对于未来媒体环境的设想，多位受访者提到通过发展公共媒体以化解市场竞争带来的负面影响，在台湾媒体改革中应注重以“在地社会”为主体，② 以削弱利益集团对媒体的垄断，以保障更多民众实现自由表达的权利，以达成良性媒体环境的建构。

---

① 何荣幸的访谈录，访谈日期 2013 年 8 月 19 日。

② 林丽云：《台湾传播研究史——学院内的传播学知识生产》，台北：巨流图书公司，2004 年 9 月版，第 215 页。

第二章 野火之后：台湾媒体市场、行政管控与新闻自由

新闻自由是人们“民主想象”中的重要一环，在政治论述与学理研究中也占有一席之地，但是“一向偏向于西方化、美国化的台湾学术界，尽管李瞻教授早在1972年初版的《新闻学》即曾指出‘新闻自由是新闻哲学的中心议题’，但相关文献至今有限；既有研究则多属应用性分析，并非哲学性讨论，遑论批判或反思。……检视台湾各界对此概念的有限论述，远不及其被宣称的看重程度”。[①] 关于这一概念，在台湾新闻界、法学界以及媒体实践、司法实务等方面的确存在较大认识落差。

以不同“民主理论”所对应的“新闻自由”图景作为基本的分析框架，来尝试厘清新闻自由的意涵，或许能够分析出台湾新闻自由的多个面向：新闻自由一说为何难以达成共识？台湾新闻自由基本框架的形成与发展，受到怎样的结构性因素影响？解禁至今台湾学界与业界仍诟病媒体并不自由的症结何在？[②] 台湾媒体若要真正走向自由，途径为何？

一、何谓新闻自由？

（一）欠缺共识的新闻自由

新闻自由的定义因涉国际社会的意识形态对立，在联合国历经争辩，至今仍然未能得出一套公认可用的定义。1946年新闻自由的讨论就曾列入联合

---

① 赖祥蔚：《新闻自由的临摹与反思》，《新闻学研究》（第八十七期），2006年4月，第100页。

② 虽然以2015年最新发布的新闻自由指数排名来看，台湾位居亚洲前列，在“记者无国界”（Reporters Without Borders）180个国家和地区中排名51位；在“自由之家”（Freedom House）198个国家与地区中排名49位。两项排名主要从法律环境、政治环境和经济环境考量，仅具部分参考。相形之下，台湾学界与业界仍对台湾媒体新闻自由现状抱有强烈批评之声，立足改进之道。详见http：//index. rsf. org/#！/index – details；https：//freedomhouse. org/report/freedom – press/2015/taiwan

国议程。1948 年，多国代表在日内瓦提出三个《国际新闻自由公约草案》，涉及新闻自由定义的是《新闻自由公约草案》，该草案内容主要关切个人权利而非媒体特权。之后，由于冷战时期社会主义国家阵营认为前述草案某些条款侵犯内政而坚决反对，草案历经二十年争辩仍无法被联合国采纳。70 年代，美国学界为改善新闻乱象进而提出新闻自由的“社会责任论”以修正原有“自由放任论”，此一论述旋即遭到非西方国家的扩大解释，甚至高举社会责任之名拒斥西方新闻自由，成为此一时期新闻自由定义纷争的主要特点。① 1980 年联合国“国际传播问题研究委员会”提出《多种声音一个世界》的报告，强调公民的传播权，意指公民应有获得新闻与传递新闻的权利；至于新闻工作者更应享有便于进行新闻工作的基本条件。② 这份报告对新闻自由不再寻求共同定义，同时则强调新闻工作者应享有的新闻工作权益。

目前西方较常提及的新闻自由解释，应属“国际新闻学会”（IPI. International Press Institute）的四项新闻自由衡量标准，即采访自由、传递自由、出版自由、表达自由。国际组织“记者无国界”（Reporters Without Borders）曾提出“新闻自由测量指标”，针对新闻媒体与记者享有的自由及国家尊重与保障新闻自由的努力等列出几十项评分项目，却未定义新闻自由。学者塞尔（John Searle）对新闻自由的阐释认为新闻自由是源自集体谈判意义的一项社会建构。韦弗（David Weaver）和维尔纳特（Lavs Willnat）强调新闻自由这个抽象概念的意义是不固定也不通用的，它受到文化传统、历史经验和政治价值的影响。③

由上简述可知，关于新闻自由的定义不只在资本主义国家与社会主义国家之间，或是在西方社会与非西方社会之间难以达成共识，即使西方社会内部也欠缺共同定义。被推崇为普世价值的新闻自由，其内涵不论是在国际社会或学界均犹未能取得一致观点。④

---

① 季燕京：《自由主义新闻理论的国际斗争》，载于徐耀魁编《西方新闻理论评析》，北京：新华出版社，1998 版，第 192—202 页。

② United Nations. Many voices, one world: Communication and society, today and tomorrow: Towards a new more just and more efficient world information and communication order. N. Y. : Unipub. 1980.

③ Katrin Voltmer. Journalistic Norms between universality and domestication: Journalists' interpretations of press freedom in six new democracies, Global Media and Communication. August 2014, Vol. 10 (2). P178.

④ 赖祥蔚：《新闻自由的临摹与反思》，《新闻学研究》（第八十七期），2006 年 4 月，第 101—102 页。

（二）作为制度性权利的新闻自由与言论自由的区别和重叠

以司法操作中新闻自由内涵的不确定性为例，仍然存在新闻自由与言论自由应否区分的问题。林子仪认为新闻自由是一种工具色彩较浓的制度性权利，因而有别于言论自由。就是说，言论自由的主体是一般人，新闻自由的主体则为专业的新闻组织。同时，在“知情权”的概念下，援引“第四权”的观点作为新闻专业组织何以能享有新闻自由的基础。不同基本权利间难免发生矛盾，此时究竟如何求取适当的范围，便是过去相关研究着墨最多的议题。例如，隐私权与新闻自由之间的矛盾；侦查不公开与新闻自由之间的分寸拿捏；拒绝证言权与旨在发现真实；公平审判与保障人权的司法权相冲突时如何取舍；新闻自由所标榜的知的权利与“国家”安全两者间该如何平衡等等。①

实践中，新闻自由在操作内涵上仍然相当不稳定，常与言论自由重叠，或被认为包含在言论自由中。譬如，在司法实务上拒绝给予新闻媒体机构有别于一般人的特权，认为新闻自由应该是公民的基本权利而非媒体的制度性权利。因此，新闻自由的内涵会多样化地表现在立法与管制政策上。结果，使得关于“新闻自由”难免出现作为“宪法上的权利”和作为“立法与行政指导理念”的交叉论述。

（三）媒体的自由与民众的自由

新闻自由是媒体的特权，还是可以延伸至一般民众？美国大法官斯图尔特（Potter Stewart）的“监督政府说”将新闻自由当成制度性权利，视其为新闻媒体专属。霍根（William Hocking）认为，人人可享言论自由，但新闻自由必须以享有或使用相关设备为前提。② 仅此，能够说明新闻媒体的地位果真有别于一般公民吗？关于新闻自由一词多有争议，比如媒体可否全凭己意决定新闻产制内容就曾引发讨论。对此，巴隆（Jerome Barron）曾强调“媒体乃公共论坛”，公民有媒体近用权。台湾“大法官会议”也支持公民享有媒体近用权，并在“释字第364号解释”指出：人民“接近使用传播

---

① 陈鸿嘉、蔡蕙如：《新闻自由文献在台湾：书目分析，1987－2014》，《新闻学研究》（第一二三期），2015年4月，第215—216页。

② Hocking, W. E. Freedom of the press, a framework of principle. Chicago: University of Chicago Press. 1947. P80－81.

媒体”之权利，应在兼顾传播媒体编辑自由原则下予以尊重。媒体近用权涉及新闻媒体如何成为社会公器的问题。当媒体产权过于集中或垄断，新闻产制将被少数人控制，新闻自由可能只是少数人享有的自由。

陈雅慧认为过往只有传播资源丰厚的新闻组织有能力扮演监督的角色，但如今网络科技普及发展，使大多数人有机会发声制衡，因此新闻自由不该专属于媒体机构，而须扩及每个个人。更进一步地说，新闻自由与言论自由的界限模糊，扩大了两种自由的权利主体，让监督制衡的职责以及伴随着这个责任而来的一些权利，属于所有能发挥此功效的主体。① 哈希顿（William Hachten）则以美国宪法第一修正案中“事先不受检查、报刊监督批评政府、表达自由、知情权与报刊独立性”等内容强调新闻组织的新闻自由。② 对此黄旦认为这是“一厢情愿的学究式演绎”，③ 因第一修正案提出的年代只知摆脱国家干涉，未及于知的权利，扩张解释实已超脱史实。何况，就算扩张解释也未能解决新闻自由遭遇的问题，且知的权利之内涵也有待商榷。如媒体常诉诸知的权利以对抗国家的信息保密法案，但人民该知道的信息难道以政府信息为主？果真如此，知的权利的关切核心将是国家而非人民。人民应该享有知道何种信息的权利？知的权利有无目的？如果有，又是什么？此一权利如何结合新闻自由概念？这些疑虑都尚待学界深入讨论。④

（四）消极的新闻自由和积极的新闻自由

台湾报禁解除至今已近30年，但新闻自由的论述仍以消极意涵居多，积极意义的陈述寥寥无几，至于对具体做法的可能性设想更是较少着墨。目前，以当局与新闻自由及其他基本权利产生冲突时的角色出发来探讨时，一般更倾向以赛亚·柏林（Berlin）所说的消极自由。消极的自由是“免于如何的自由”（回答“我在什么范围内是主人?”），强调的是一种权利；积极的自由是“如何去做的自由”（回答“谁是主人?”），相对强调的是一种

---

① 陈鸿嘉、蔡蕙如：《新闻自由文献在台湾：书目分析，1987—2014》，《新闻学研究》（第一二三期），2015年4月，第P217页。

② Hachten, W. The troubles of journalism: A critical look at what's right and wrong with the press. Mahwah, N. J.: Lawrence Erlbaum Associates. 2001. P34 -39.

③ 黄旦：《从新闻职业化看西方新闻自由思想的历史演变》，《浙江大学学报》（人文社会科学版），2004年第1期，第110—115页。

④ 赖祥蔚：《新闻自由的临摹与反思》，《新闻学研究》（第八十七期），2006年4月，第110页。

能力。[①] 对照台湾新闻自由的论述，正因为媒体第四权很自然地赋予媒体避免被干预的自由，也就是“免于如何的自由”，同时市场自由化的观念和实施也扩大了媒体免于干预的“消极自由”。当然，因为台湾经历了戒严时期，对当局或政党限制民主发展仍疑虑重重、保持警惕，即便在解严后，新闻自由的论述仍多倾向消极描述。

二、台湾媒体解严后仍被诟病缺乏新闻自由的症结

（一）第四权的适用与局限：媒体的特权与限权

1. 精英民主理论与第四权

台湾新闻自由的理念、论述与司法实践，深受美国的影响。一般而言，台湾法学界林子仪援引斯图尔（Potter Stewart）大法官“第四权”理论所提的“新闻自由”概念在台湾法学界与新闻传播界被广泛运用。斯图尔特大法官认为，新闻自由的主要目的“并不在保障新闻媒体称为一个公众讨论的中立性论坛，一个言论自由的利伯维尔场，[②] 也不是要将新闻媒体作为提供社会大众一个类似英国海德公园的言论广场，不是要将新闻媒体当成是政府与人民间一个中立的讯息沟通管道”。[③] 其主要目的在于维护新闻媒体的自主性，以保障新闻媒体监督制衡政府。林子仪据此把“新闻自由”的基本目的界定为“监督政府”，台湾新闻媒体常常以“第四权”作为其享有新闻自由特权的依据。林子仪指出“新闻自由”是一种“制度性”或“结构性”的基本权利，其基本性质是“工具性”的。这种工具最基本的目的是以“视听大众实践民主理念的利益为中心”。[④] 在对新闻自由的专属论述中，脱离了与出版自由的过往传承，使新闻自由成为制度性权利，因而不再是公民的个人权利。[⑤] 此主张后来由伯雷西（Vincent Blasi）[⑥] 以及贝克（C. Ed-

---

① 参考以赛亚·柏林著，陈晓林译：《自由四论》，台北：联经出版事业公司，1986 年版。原著 Isaiah Berlin，Four Essays on Liberty，Oxford：Oxford University Press. 1969. ；以赛亚·柏林著，胡传胜译：《自由论》，译林出版社，南京：译林出版社，2013 年版。

② 利伯维尔场即自由市场。

③ Potter Stewart. Or of the press. The Hastings Law Journal. 1975（26）. P631 –637.

④ 林子仪：《言论自由与新闻自由》，台北：元照出版社，1999 年，第 75、67、82—84 页。

⑤ 赖祥蔚：《新闻自由的临摹与反思》，《新闻学研究》（第八十七期），2006 年 4 月，第 106 页。

⑥ Vincent Blasi. The checking value in first amendment theory. American Bar Foundation Research Journal. 1977.

win Baker)[①] 在理论上做了重要的补充，而成为新闻自由一支重要的理论。

在台湾解构威权体制迈向民主的过程中，监督功能论顺理成章成为理解新闻自由最重要的理论。此说不只对于一个想要极力摆脱威权体制的新兴民主地区有其重要性，即便在一个稳定的民主体制中，其重要性仍然不减。第四权理论彰显在“调查新闻”中，则是透过新闻工作者积极地收集、挖掘政府信息，以穿透统治精英基于自利心构筑起来的信息屏障，以及因为不透明的政治决策过程所包含的腐败与错误决策风险。为达到这样的目标，新闻媒体对政府必须维持高度的自主性，甚至认为媒体任何形式的政府补助都是可疑的，类似政府的置入性行销也是绝对不应容许的。但同时，鉴于私营媒体机构在本质上也是商业组织，必须面对市场的竞争与挑战，若要维持新闻媒体的自主性，则保持一个不会过度竞争的市场结构有助于健全媒体的财务，好让媒体不会因为过度激烈的竞争而屈服于市场影响力，甚至必须仰赖政府补助或者置入性行销。因此，媒体的“多元性”不是重要的考虑因素，反而媒体产业会呈现某种寡占市场的状态，以保障媒体机构能够有财务能力雇佣更多的调查记者，完成成本高昂的调查性新闻实务。在媒体跨界结合的管制上，政府原则上也不采取太严格的措施，除非该结合在媒体市场上导致近乎独占的状况。[②]

2. 媒体新闻自由太多还是太少？

民主政府的官员经常指责媒体享有太多权利，却没有承担相应的责任。其中最戏剧性的指控，莫若1969年美国副总统安格纽（Spiro Theodore Agnew）在共和党大会发表演讲时所言：“今晚，我想要请各位将注意力对准眼前这一小撮人，无论是哪一位总统在讲演，他们都手握权柄，可以决定是否驳斥一国之尊，非但如此，他们在报道我们国家大事时，可以任意选择、呈现与解释……他们决定了千万美国人对于国事与世界局势的认识……但这是公平的事吗？这一小撮人、未经选举，却掌握了如此巨大的权力，足以影响得有民意托付的政府，难道不是应该质疑的现象吗？”[③]

对于台湾目前的媒体生态，笔者访谈的大部分人持有“目前媒体新闻

---

① C. Edwin Baker. Human Liberty and Freedom of Speech. New York：Oxford University Press. 1989.

② 许家馨：《什么样的民主？什么样的新闻自由？——从民主理论视野分析美国新闻自由法制》，《政大法学评论》，2011（124）：12-1，第5—7页。

③ 冯建三：《“国家”解放媒体，市场束缚新闻?》，《新闻学研究》，2003年1月，第74期，第154页。

自由不是太少而是太多”的观点，有学者用“圣牛”对新闻自由做出形象比喻，即司法体系的人把新闻自由当成圣牛，不敢惹新闻自由。[①] 公权力机关也是这样的境况“不想跟媒体交恶”。

虽然近几年来，台湾主流媒体受到公权力管制时（譬如撤照）总大喊“新闻自由受到迫害”，在新闻内容表现上出现商业置入与过度腥膻的问题时，却又说“这是你们（指阅听人）自由选择的结果”，显示新闻媒体的新闻自由实际上想溜进二不管地带（政府和公民）的论述。[②]

媒体自由似乎无限扩张，精英民主论者本意是强调新闻专业群体的自主性与独立性以“监督政府”。希望新闻媒体与政治领域不要有任何新闻报道之外的纠葛，包括轻易地在政治与媒体之间转换职业生涯跑道，或者介入政治事务太深。因为新闻工作者若牵扯到政治精英间的竞争，甚至分享其歧义的意识形态时，则无法对人民发出一致的警讯，也就无法凝聚足够的力量制裁失格的政治人物。[③] 但是，与精英民主论者相对应的第四权理论，使得新闻自由作为媒体制度性特权产生有如史福林（Steven Shiffrin）所认为的结果，即“特权容易独厚特定精英，形成一种‘新闻媒体政治’而非民主政治”。菲利普（Kevin Phillips）亦对此早有洞见，指出新闻媒体将偏袒有权有势以及擅长操弄媒体的社会顶层人士。[④] 新闻自由逐渐演变为少数权贵阶层或利益集团的自由。

相对台湾媒体太多的新闻自由，一般民众的新闻自由则不被看重。“作为读者要求媒体更正，媒体拿新闻自由的盾牌出来抵挡，可是老百姓的正当利益被伤害了，老百姓能不能有新闻自由？老百姓能不能从新闻播报过程中得到一个真正自由的环境？这也属于新闻自由。”[⑤] 基恩（John Keane）认为，制度性权利的新闻自由只有新闻媒体可享，不再属于一般公民，其目的也不是为了个别公民，因此将变成“代表制”，且是欠缺民主的世袭代表

---

① 林元辉（台湾政治大学教授）访谈录，访谈日期2013年8月13日、8月19日。

② 陈鸿嘉、蔡蕙如：《新闻自由文献在台湾：书目分析，1987－2014》，《新闻学研究》（第一二三期），2015年4月，第212页。

③ 许家馨：《什么样的民主？什么样的新闻自由？——从民主理论视野分析美国新闻自由法制》，《政大法学评论》，2011（124）：12－1，第8页。

④ Shiffrin. The First Amendment, democracy, and romance. Princeton: Princeton University Press. 1993; Phillips. Mediacracy: American parties and politics in the communications age. Garden City, N. Y.: Doubleday. 1975. 载于赖祥蔚《新闻自由的临摹与反思》《新闻学研究》第八十七期，2006年4月，第112页。

⑤ 林元辉（台湾政治大学教授）访谈录，访谈日期2013年8月13日、8月19日。

制。基恩批判市场使媒体成为少数人的工具，新闻自由宛如少数人的制度性权利，公民的新闻自由只剩虚名。如果真将新闻自由解释为制度性权利，将使公民连享有新闻自由的虚名都失去。就此而论，新闻自由似应人人可享，而非专属媒体，更不该成为特定人士才能享有的特权。① 林元辉在访谈中则谈到，“新闻自由过去都是模糊概念，其实新闻自由有老板的新闻自由、有主管的新闻自由、有基层员工的新闻自由，也有读者的新闻自由。新闻自由是广义的，各种层面的角色都在里头，新闻自由只有符合共同的利益的时候才值得我们保护。”②

3. 外部新闻自由和内部新闻自由

台湾媒体在威权时代，是掌握在“党国”机器手中的政治和利益工具。80 年代台湾开启民主化进程之后，当局对媒体的管控逐渐放松，媒体的外部新闻自由基本上得以实现。但与此同时，政党或利益集团对媒体的操纵却日趋明显，加上商业力量在资本主义市场化的推动下堂皇进驻媒体，甚至主控一切。③ 媒体内部自由问题和矛盾凸显。

关于“自由”的古典哲理付诸实践后颇具落差，尤其是媒体所有权在市场中趋于集中，引来美国学者席勒（Herbert Schiller）讥嘲媒体成了忠于资本家的“思想管理者”。英国学者威廉斯（Raymond Williams）也认为商业体系中的媒体自由是受到控制的自由。美国学者菲利普（Kevin Phillips）则认为新闻自由是神话、谎言，因为媒体是所有者与广告商的“人质”，倚赖官方与特定团体等新闻来源提供偏袒讯息，也常避免得罪具有权势者。④

为保障公共意见形成过程中，任何意图透过经济手段压制意见竞争的行为都是不被允许的。为达成媒体的公共职能，一方面政府公权力通过行政手段防止媒体集中化垄断，以形成所谓意见市场的外部新闻自由，建立一个多

---

① 林子仪：《言论自由与新闻自由》，台北：元照出版社，1999 年版，第 82—83 页；谷继红、刘士军译：《媒体与民主》，北京：社会科学文献出版社 2003 年版（原书：John Keane. The Media and democracy. Cambridge：Polity Press. 1991.）转引自赖祥蔚：《新闻自由的临摹与反思》，《新闻学研究》（第八十七期），2006 年 4 月，第 112 页。

② 林元辉（台湾政治大学教授）访谈录，访谈日期 2013 年 8 月 13 日、8 月 19 日。

③ 罗世宏：《自由报业谁买单？新闻与民主的再思考》，《新闻学研究》（第九十五期），2008 年 4 月，第 215 页。

④ 王怡红译：《思想管理者》，台北：远流出版社，1996 年版。（原书：Schiller. H. The mind managers. Boston：Beacon Press. 1991.）；Williams. R. Communications. London：Chatto & Windus. 1966；Phillips. Censored：The news that didn't make the news. N. Y.：Seven Stories Press. 1998. 转引自赖祥蔚：《新闻自由的临摹与反思》，《新闻学研究》（第八十七期），2006 年 4 月，第 108—109 页。

元竞争的媒体市场。而内部新闻自由，则是希望媒体内部也能形成民主结构。同时，媒体的内部新闻自由涉及媒体经营者的基本权益，也就是他们的私有财产独立性保障，媒体经营者既须完全而独立地负担媒体经营的经济责任，当然也相应地拥有权责相符的决定新闻产品内容、样式和方向的决定权。这种说法成为反对内部新闻自由者最主要的也是唯一的理由，被视之为资本主义经济体制下的结构性必然。①

同样，在台湾因为提供新闻商品的媒体是私有财产的这项性质，规定了要如何去影响消费者的需求，最终是由媒体老板而不是员工所决定。而引导媒体老板做其决定的，主要还是他个人或者其企业集团的利益，只有在不违背媒体拥有者个人精神和物质利益的前提下，媒体的社会公益性才有机会体现出来。② 苏正平在访谈中提到，“外部新闻自由是针对媒体以外的干预，媒体从业者不受干预就争取到了外部新闻自由，这主要是针对政治干预；内部新闻自由就是说记者会被媒体内部干预，像‘旺中’的案例，记者明明不是这样写的，报社的长官把稿子修改了，然后还挂上记者的名字发表，长官就是在体会老板的心思来帮他修改的。”③

在私有财产制的市场经济底下，新闻报道的公正性面临遭受制度性扭曲的威胁，但是通常这个威胁还是会维持在一定的范围之内，前提条件是社会存在多元、分属不同雇主、不同利益的媒体，以及一群高水准具有鉴赏能力而能发挥监督功能的读者群。一个对媒体的公益性具有高尚使命感而又能够在经营上获取经济成就的资本家，是社会非常难得的幸运，但并不常有。④ 内部新闻自由的取得，是否只能有赖媒体老板的善意和较强的社会责任感呢？这是值得存疑的。如果老板的善意不可依靠，那么，内部新闻自由如何取得？

对于媒体从业者的内部新闻自由，杨汝椿也另有看法，“在现阶段的体制中，记者相对其他弱势者，是站在相对优势的位置；如果记者只争取本身

---

① 林佳和：《内部新闻自由的几点法学观察》，《新闻学研究》（第五十二集），1996 年 1 月，第 5 页。

② 苏正平：《新闻自主的理论和实践》，《新闻学研究》（第五十二集），1996 年 1 月，第 22 页。

③ 苏正平（曾任“新闻局长”）访谈录，2013 年 8 月 28 日。

④ 苏正平：《新闻自主的理论和实践》，《新闻学研究》（第五十二集），1996 年 1 月，第 23 页。

在媒体内部的权益，很可能使记者组成的团体成为新的利益团体”。[①] 可见，内部新闻自由直接关涉媒体精英宰制与特权结构的问题。

（二）自由放任论的终点：媒体所有权与多元化市场

1. 媒体所有权的独占与寡占

在一项调查中大多数韩国记者认为，在 20 世纪 80 年代，限制新闻自由最有影响力的因素是政府，而在 90 年代，则演变为市场压力，特别是媒体主和广告赞助商成为最有影响力的因素。其中又以报刊媒体的记者受到媒体所有者影响和业务限制为最强，广电记者则指出政府的影响仍然是限制他们自由的最显著的因素。[②] 同一时期，台湾的媒体与韩国的情况大致相同。台湾媒体所有权过于集中的现状，是因为报禁开放之初媒体政策方面即奉行自由放任的自由主义，古典自由主义信奉有限政府论，反对政府干预社会生活，尤其反对经济的干预。古典自由主义坚持自由的绝对优先权，即自由至上主义。自由是不可剥夺的天赋权利，这种权利不容置疑，否则，一切政治的正当性都无从说起。在自由主义指导下的媒体政策最终导致私营媒体垄断，并使得媒体所有权集中。[③] 媒体放松管制的政策使得企业趋向合并，并由此产生跨媒体企业集团在全球范围扩张。[④]

有学者以 97 个国家与地区的媒体所有权模式为研究对象，发现一般而言，大型媒体公司的所有权普遍被政府或私人家族所控制，控制媒体能够带来政治影响或者荣誉声望等福利，而政府对广电媒体的控制力度要大于对印刷媒体的控制。那么，到底什么样的媒体架构是最优的？报纸和电视台应该国有还是私有？媒体行业应该是垄断经营还是竞争经营？公共利益理论认为政府的适当介入能够将媒体消费者的福利最大化，国家控制媒体可以向社会公众提供比私人媒体更公正、更客观和更全面的信息。因此，慈善的政府应该拥有更大的媒体控制权，这样媒体、经济和政治的自由度会更高；相反，公共选择理论则认为政府控制媒体时会曲解甚至操纵信息来为执政的政治群

---

① 杨汝椿：《另类记者的媒体改造经验》，《新闻学研究》，第 52 集，1996 年 1 月，第 87 页。

② Hun Shik Kim. Media, the public, and freedom of the press. Social Indicators Research. 2003. 62. 63. P357.

③ Nicholas Garmham. Captialism and Communication. London: Sage. 1990.

④ Graham Murdock. Redrawing the Map of the Communication Industries: Concentration and Ownership in the Era of Privatisation. Public Communication: The New Imperatives, ed. Marjorie Ferguson. London: Sage. 1990. P1 – 15; Ben Bagdikian. The Media Monopoly. Boston: Beacon Press. 1992.

体服务，使选民和消费者很难在完备信息条件下做出决策，并最终对民主和市场造成损害。由于私人且独立的媒体为公众提供了另一种信息途径，所以选民和消费者在为政治候选人投票、挑选商品和证券时，不太用担心会受到道德不好的政客、厂商和理财顾问等的糊弄。一般来说，媒体之间的竞争会使选民、消费者和投资者获取较为公正和准确的消息。①

以美国学者 Baker 对媒体所有权的研究结果来观察台湾近年来争论不休的媒体所有权管制争议，不难发现台湾或有过度陷溺于“市场”迷思之嫌，相对忽略了民主理论对媒体所有权集中化规范体系的期许。Baker 从媒体在民主社会里应该扮演的角色出发，说明媒体所有权集中化会限制了媒体在民主社会里应该发挥的功能，因此必须加以规范。他主张，社会上每个群体都应该实质分享媒体的权力，任何群体或个人都不该享有过度强大的媒体权力，因此，媒体所有权必须尽量分散，才能使得任何人都不会觉得其认同的观点被排除或遭忽视。其次，媒体所有权分散才能有效监督政府权力运作及避免权力滥用，并借此防止媒体本身滥权，亦即媒体所有权分散的目的，是要避免任何政治权力和经济势力因不受监督而导致不负责任的结果。这一观点是将典型的权力分立制衡理念运用到被称为第四权的媒体。再者，大型媒体集团因多半过于重视获利的多寡，极可能因而牺牲掉公民真正的需要和其所欲看到的新闻和节目。亦即，媒体所有权的集中化，将造成媒体内容质量下降，透过媒体所有权分散此一手段，才能维持新闻的质量。② Baker 不断重申，虽然“市场”是大家耳熟能详甚至理所当然的资本主义精髓之一，但在媒体产业脉络下，对“市场”却尤需谨慎对待。

“市场”鼓励媒体所有权集中，一方面原因是进入媒体产业成本较高，另一方面是因为大企业四处渗透和协同效应的能力较强，还因为媒体研究和发展的成本高。以美国为例，几家大公司控制了国家广电市场，媒体垄断是常态而不是例外。这样的结果只不过表明，放松管制的支持者主要关心的是限制所有权，而不是增加内容的多样性。③ 如果坐视市场机制弱肉强食，则

---

① Simeon Djanko、Caralee McLiesh、Tatiana Nenova and Andrei Shleifer. Who Owns the Media? Journal of Law and Economics. October 2003 Vol. 46, No. 2. P342.

② 刘静怡：《不是绝响：媒体、市场与民主理论的恒久辩论》，《新闻学研究》（第一〇七期），2011 年 4 月，第 330、325、326 页；参考【美】查尔斯. 埃德温. 贝克著，冯建三译：《媒体、市场与民主》，上海世纪出版集团，2008 年版。

③ Iosifides、Petros. Diversity versus concentration in the deregulated mass media domain. Journalism and Mass Communication Quarterly. Spring 1999. 76. 1: P160.

当私有财产神圣不可侵的观念随着市场茁壮而日渐兴盛，私有化的新闻媒体也会有如产权所有者的私产，不容他人置喙。媒体乱象与媒体在市场中的营利密不可分，因此必须反思如何摆脱市场机制的弊端，让其真正成为社会公器。[①]

2. 媒体多元化有利于新闻自由吗?

媒体多元化已经成为民主社会发展中一个不可或缺的概念，巴尔赞蒂(Fabrizio Barzanti）指出“媒体多元化的精髓与民主的本质息息相关。”[②] 也可以说，媒体多元化与新闻自由密切关联，这两个概念经常被描述为在建立和维持一个民主的社会中相互补充。新闻媒体的作用是强调新闻自由提供了“表达自己和获取信息的可能性”，并在媒体多元化方面推广这种自由，“结果是社会中的每个群体均可以享受这种自由。”新闻自由被描述为一个多元化的媒体系统正常运行的必要先决条件。[③]

多元民主论者认为媒体最重要的任务就是反映甚至协助形塑社会的多元利益与价值。因此，不带立场、强调客观的新闻并不是多元民主论者强调的新闻价值。媒体反而应该提供给特定社会群体与其利益、价值、观点一致的信息，告诉该群体何事与其利益相关，同时其价值受到威胁，或者按照其观点应该支持什么样的政策。多元民主论者的理想媒体不只应该提供事实性的信息，以供其所服务的社会群体所需，甚至应该扮演“动员”的角色，促进相关群体的政治参与，以确保该群体的利益与价值能够成功进入政治领域，改变政府与舆论的议程设置，确保其利益与价值被重视。多元民主论者认为除了政府和统治精英，市场中大型企业或财团的力量，对于多元社会的威胁同等严重。在多元民主论者的民主想象中，如果政府的补助有助于扶助不同利益与价值的媒体发出声音，比如对工会的刊物或者代表劳工阶级的媒体加以补助，则是可以容许的。多元民主论者最惧怕的，就是独占或寡占的

---

① 赖祥蔚:《新闻自由的临摹与反思》，《新闻学研究》（第八十七期），2006 年 4 月，第 118 页。

② Fabrizio Barzanti. Governing the European Audiovisual Space: What Modes of Governance can Facilitate a European Approach to Media Pluralism? . EUI Working Papers RSCAS 2012/49; Robert Schuman Centre for Advanced Studies. 2012. accessed Aug. 6. 2014. http: //cadmus. eui. eu/bitstream/handle/1814/23914/RSCAS_ 2012_ 49. pdf? sequence = 1.

③ Carles Llorens and Andreea Madalina Costache. European Union Media Policy and Independent Regulatory Authorities: A New Tool to Protect European Media Pluralism? . Journal of Information Policy, 2014 Vol. 4. P399.

媒体市场，因其从根本上无法反映社会的多元利益与价值，反而只能代表少数人或少数权势群体的利益。所以，高度的媒体结构管制是必要的，不仅仅限于从反垄断法的考虑才能管制，即便单纯为了多元价值，也需要政府强力介入。[①]

布鲁默（Jay Blumler）这样看待媒体多元化：第一，媒体多元化是一个多面向的宽泛概念，包括内容的多元化、允许不同观点并存、提供广泛的选择、地域的多样性等。因此多元化与区域、语言、政治、文化和品味层次等相关；第二，媒体多元化是最脆弱的价值，在所有权集中与放松管制传媒产业的关系中，多元化会威胁还是会增强媒体所有权的集中这本身就是个问题？第三，媒体多元化不仅是民主国家一个长远目标，而且它统合了许多思想流派。[②] 麦奎尔（Denis McQuail）则认为，媒体多元化的概念超越了政治理论：这是一个普遍的原则，可以代表被忽视的小众，反映消费者选择的利益，反垄断和其他限制。[③] 也有媒体专家认为媒体多元化的举措在本质上是软调控的，这是讨论如何避免硬监管举措的思想根源。同时，媒体多元化的重点将是保证国家监管机构的独立性，这种独立性即为摆脱国家的政治控制和媒体老板的经济控制，以维护社会发出多元的声音、保障新闻自由。[④]

3. 从自由主义到新自由主义

一项对“媒体民主化的社会建构过程”进行理论探讨的研究显示，以韩国和台湾为代表的东亚国家或地区的受访者仍主张自由主义的理念，他们呼吁新闻报道除了受到儿童保护法、隐私权等方面的法律限制之外应该是没有任何限制的。[⑤] 现实则是，台湾报禁解除至今，新闻工作者仍在呼吁捍卫

---

① 许家馨：《什么样的民主？什么样的新闻自由？——从民主理论视野分析美国新闻自由法制》，《政大法学评论》，2011（124）：12－1，第10—11页。

② Iosifides, Petros. Diversity versus concentration in the deregulated mass media domain. Journalism and Mass Communication Quarterly. Spring 1999. 76. 1：P154.

③ Dennis McQuail. Media Performance：Mass Communication and the Public Interest. London：Sage, 1992. P142.

④ Carles Llorens and Andreea Madalina Costache. European Union Media Policy and Independent Regulatory Authorities：A New Tool to Protect European Media Pluralism. Journal of Information Policy. 2014 Vol. 4. P417.

⑤ Katrin Voltmer. Journalistic Norms between universality and domestication：Journalist's interpretations of press freedom in six new democracies. Global Media and Communication. August 2014, Vol. 10（2）. P187.

新闻自由。

这说明新闻自由的定义并非一成不变，其定义反而随着社会脉络与历史情境改变，并且对不同时代的新闻工作者产生不同的意义。在探讨新闻自由意义时，更多着重结构管制问题、新闻自由界线与再现之间的问题。特别是当今的新闻自由的意义与问题，已不再是1988年报禁解除时，欢庆政治束缚的松绑、迈向自由主义式的新闻自由而已。一路发展至今所展现的恶果，让人重新思考新闻自由在新自由主义的氛围下仍受控制。① 自由主义影响虽大，却非无懈可击，其"功利取向"将人当成工具，导致其后由新自由主义取代，且各家自由主义的个人主义基础均曾被"社群主义"斥为"错误的理论"。②

古典自由主义的定义在于从制度上区分市场与国家，强调建立在无约束基础上的自动调节。新自由主义可以被定义为将市场原则和技术评价提高到国家认同规范的水平。有学者将新自由主义视为一个社会过程，他的说法也可以应用于更为具体的媒体领域。虽然在媒体政策中市场和非市场部门之间曾经有一个相对明确的区分，现在我们越来越多地将媒体市场作为一个通用的术语来谈论，它涵盖了所有的媒体机构及其活动。在媒体和传播政策中使用"市场"一词也蕴含着正面和负面的意识形态内涵。特别是"自由市场"这个概念的意识形态建构为捍卫者和批评者所熟知。当从意识形态的角度或从市场化及市场驱动的政治角度讨论市场这一术语，应该意识到复杂的矛盾以及围绕这些概念的规范性假设。当批评市场作为一个抽象的逻辑时，也应该寻求定义的原则和标准，并找到一个好的解释框架。③

（三）社会责任论的乌托邦？——人民利益、政府作为与媒体操守

1. 公共利益

在当代，台湾新闻媒体日趋向新自由主义靠拢下，新闻自由的意涵产生

---

① 陈鸿嘉、蔡蕙如：《新闻自由文献在台湾：书目分析，1987—2014》，《新闻学研究》（第一二三期），2015年4月，第212页。

② 赖祥蔚：《新闻自由的临摹与反思》，《新闻学研究》（第八十七期），2006年4月，第107页。

③ Kari Karppinen and Hallvard Moe. What We Talk about When We Talk about "The Market": Conceptual Contestation in Contemporary Media Policy Research. Journal of Information Policy, 2014 Vol. 4. P334. P336. P339.

了转变。[①] 正如哈林（Daniel Hallin）所说，“新自由主义的胜利表示自由派观点渐失意义。”[②]

台湾完成了缺陷的民主转型，媒体新闻自由一如新自由主义的国家及地区，可以批判执政当局及其领导人，但对私人资本比较宽厚。[③] 新闻自由最初立基于自由主义，主要看重新闻工作者的权利，希望摆脱国家与政府干涉，至于受众权利却常遭忽视，于是才会酝酿出社会责任论加以补强。小野秀雄曾从“目的论”指出，新闻自由只有在确保使命可以完成时才为必须，而其“使命”就是维护与捍卫公益；格拉瑟（Theodole Glasser）也认为，新闻应对公众利益负责。从目的论检视新闻自由，衬托出自由主义只知摆脱国家、倚赖市场，但对新闻自由之目的是什么，前述主张只泛论公益。[④] 不过，“社会责任”模式严格地说不能独树一帜，顶多是自由主义模式的旁支，代表温和的自由主义者肯定市场的运作，但也抨击市场运作过程中所造成的偏差。[⑤] 一般将自由主义的发展路径概括为：古典自由主义、主张国家干预的自由主义、主张回复古典自由主义的新自由主义。“社会责任论”可视为第二种自由主义形态的产物，主张新闻自由应该是制度框架内的自由，而不是放任自流，新闻传播政策仍需倚重政府的规划部署与行政能力。以台湾“NCC”为例，虽然维护“公共利益”这个由“立法者”授权给“NCC”去追求的管制目标，历来无人会加以否认，然而，究竟“公共利益”的内涵为何，以及透过哪些管制手段，才能达成“公共利益”的要求，却往往是论者争议不休的焦点所在。在过去“NCC”为了追求符合“公共利益”这个管制目标而执行的种种媒体所有权管制措施，几乎都与意见市场难脱干系，然而，意见市场这个隐喻似乎无助于达成“NCC”在民主社会中被赋予的管制使命，亦即无助于民主的促进。[⑥]

---

① 陈鸿嘉、蔡蕙如：《新闻自由文献在台湾：书目分析，1987—2014》，《新闻学研究》（第一二三期），2015 年 4 月，第 195 页。

② Daniel Hallin. Media, Political Power, and Democratization in Mexico. De - Westernizing Media Studies. ed. James Curran and Myung - jin Park. London: Routledge, 2000. P97 - 100.

③ 李金铨：《政治经济学的悖论：中港台传媒与民主变革的交光互影》，《二十一世纪》，2003 年 6 月号，第 15 页。

④ 赖祥蔚：《新闻自由的临摹与反思》，《新闻学研究》（第八十七期），2006 年 4 月，第 110 页。

⑤ 李金铨：《跟随权力结构起舞的传媒》，《二十一世纪》，1995 年 4 月号，第 16 页。

⑥ 此处借用刘静怡对 FCC 分析的观点。刘静怡：《媒体所有权、观点多元化与言论自由保障：美国法制的观察》，《台大法学论丛》，2011 年 9 月，第 40 卷第 3 期，第 1160 页。

2. 制造共识

共和民主论者认为多元利益与价值可能在政治过程中被改变或被重塑。有些共和民主论者比较乐观地认为大多数时候，“共识”是可能的，也应该以之为政治过程的目标。有些理论家认为很多时候共识不可得，但透过沟通与审议，立场不同的各方能够了解而彼此尊重。[①] 由于对话与审议乃是多元社会得以维系共同体的关键，而共和民主论者相信“共善”或者“共同福祉”可以在此过程中被发现，或者起码应被当成一个规范性的理想，即便现实中不见得总能达成，但是政治审议活动本身必须以之为目标，以指导所有的共同讨论，因此，共和民主论者相当强调“公民德性”的重要性。[②] 这可视为“社会责任论”的理论来源。

共和民主论者心目中理想的媒体，其重要的功能在于作为公共事务的理性讨论的平台。同时，媒体应该提供客观翔实的公共事务信息，平衡地报道重大政治与社会事件。共和民主论者并不乐见彻底多元化、各自为特定社会利益价值发声的媒体占据整个媒体产业。一方面共和民主论者支持公共媒体，另一方面对于商业媒体，共和民主论者不一定反对寡占，甚至独占。因为广泛的公共讨论与审议需要公民有共同的知识基础与可以互通的关心对象，独占或寡占的媒体能够让大多数公民可以阅听相同信息，使得公民彼此之间有共同议题与关心对象。当然，前提是独占或寡占的媒体必须有相当强的新闻专业。如果缺乏社会责任，独占或寡占的媒体只会造成更严重的社会冲突。也因此，对于媒体跨业结合的管制，共和民主论者比起多元民主论者，认为媒体所有权结合的管制不需要太激烈。[③]

社会责任论首倡于美国“新闻自由委员会”1947 年发表的《一个自由而负责任的新闻界》报告，强调媒体需对社会提供重要且确实的讯息，新闻自由不能滥用。该委员会成员霍根（William Hocking）指出，传统立论认为新闻自由是与生俱来的自然权利，社会责任论则强调新闻自由是附有义务的道德权利；传统立论认为新闻媒体不受限制，社会责任论则指出对不能享

---

① Amy Gutmann & Dennis Thonpson. Why Deliberative Democracy? . 2004. 11; Amy Gutmann & Dennis Thonpson. Democracy and Disagreement. 1996.

② 许家馨：《什么样的民主？什么样的新闻自由？——从民主理论视野分析美国新闻自由法制》，《政大法学评论》，2011（124）：12－1，第 11 页。

③ 许家馨：《什么样的民主？什么样的新闻自由？——从民主理论视野分析美国新闻自由法制》，《政大法学评论》，2011（124）：12－1，第 13 页。

用新闻媒体的人来说新闻自由乃系空洞用语。此外，传统立论认为新闻媒体的自由与公众自由一致，社会责任论则指出两者不一致；传统立论认为政府做的越少越好，社会责任论认为政府是剩余责任的承担者。[①] 社会责任论虽然指出传统立论的问题，却只申论自由与责任的关系，期盼新闻媒体发挥道德自律，最终收效不大。

3. 政府角色

台湾在威权时期，媒体政策采取林茨（Juan Linz）所说的“有限多元”，[②] 媒体在政治上的限制很严，在非政治领域则有相当的自主权，行政部门“并不事无巨细地全面决定它的内容”。[③] 台湾报禁解除之时，力求挣脱行政部门管制和干预媒体，选择让“市场”这双“看不见的手”帮助媒体逃脱行政部门控制，结果却也使得媒体受制于商业竞争的疯狂利益逻辑。

媒体市场的弊端促使一部分人主张以政府力量介入新闻媒体的内部关系以确保新闻自由得以充分体现。一方面，透过立法手段去校正市场机能的失灵，也可以进一步定义宪法所保障的新闻自由的主体（至少包括媒体所有者、新闻工作者、媒体受众），并规定不同主体间的分工，以体现真正的新闻自由；另外还可以从媒体企业民主的概念出发，规定媒体内部新闻工作人员在新闻相关决策的参与程度。但是，政府对于媒体内容与结构管制的正当性基础何在呢？反对政府力量以任何形态介入媒体的中心思想则是：以保障新闻自由为名的政府介入，最终终究是要摧毁新闻自由。媒体作为私有财产，且新闻工作者又被视为是生产流程中的生产因素，而完全接受生产工具拥有者的支配时，媒体公共性质的体现就受到很大的障碍。主张政府介入的学者则讥称其为保守的不作为主义者，其目的或结果都是在保障既得利益并维持残缺的现行媒体体制。但是，台湾媒体的市场竞争所造成的媒体所有权集中甚至垄断的现象，则限制了媒体的多元发展。新闻报道尺度和言论取向掌握在少数的几个人手里，这种发展基本上是违反新闻媒体私有化的存在理

---

① 赖祥蔚：《新闻自由的临摹与反思》，《新闻学研究》（第八十七期），2006 年 4 月，第 109 页。

② Juan Linz. Tatalitarian and Authoritarian Regimes. Handbook of Political Science, Vol. 3, ed. Fred I. Greenstein and Nelson W. Polsby. Reading, MA: Addison - Wesley. 1974. P175 - 411.

③ Martin Staniland. What is Political Economy?: A Study of Social Theory and Underdevelopment. New Haven: Yale University Press. 1985. P75.

由的。①

有效的媒体政策的制定仍是被关注的话题，有些传媒政策研究者认为处于技术变革时期会促进媒体政策变革。② 然而，尼尔森（Rasmus Kleis Nielsen）对芬兰、法国、德国、意大利、英国和美国进行比较研究发现，以媒体津贴的形式来巩固媒体组织，强化其公共机构的作用，这种情形在20世纪末已基本固化，此后多年几乎没什么变化。虽然各个国家可能有着不同的政治制度、监管传统和产业结构，但是，当国家给予媒体津贴的媒体政策多年未有大的变动时，媒体政策的变革将鲜有发生的可能。批评者认为政府以津贴方式干预直接威胁到新闻机构的独立性。另外，政府传媒政策总是向传统业者倾斜，这牺牲了创新者和新入者的利益。如今，一贯沿承的传媒政策管理已经过时了。对媒体政策的现有干预形式，其有效性越来越差，并且只是继续保护现有既得利益者，以防新入者争夺利益。一些站在产业利益角度的人们呼吁更进一步放松媒体所有权的管制，允许更多产业经营者跨媒体经营，并允许媒体产权更为集中。可见，既得利益者总是意图主导传媒政策的进程。③

该项研究访谈了政治家、监管者和产业利益相关者，他们认为六个国家在传媒改革方面面临三大障碍：一是政治关注度低，政治精英对媒体改革缺乏兴趣。政治家自身一般都回避这个问题，而将其推给一般政客、公务员及产业利益相关者；二是既得利益者的自我保护。现有业者保护自身利益，反对新入者，害怕在潜在改革中失去的将大于获利，既往根深蒂固、盘根错节的利益关系使得改变异常困难；三是缺乏清晰准确的改革方案。这一障碍主要与政治、知识和意识形态相关，对于目前的发展和转变过程缺乏认知能力，这也是为什么政治家们都无法讨论这些问题的原因。总体来说，缺乏理

---

① 苏正平：《新闻自主的理论和实践》，《新闻学研究》（第五十二集），1996年1月，第28—29页。

② Bar F and Sandvig C. US Communication Policy after Convergence. Media, Culture &Society. 2008. 30（4）：P531－550；Freedman D. The Politics of Media Policy, Cambrige：Polity. 2008；Just N and Puppis M. Communication Policy Research：Looking Back , Moving Forward. In：Just N and Puppis（eds）2008；Trend in Communication Policy Research：New Theories. Methods and Subjects. Bristol, UK：Intellect, P9－29.

③ Rasmus Kleis Nielsen. Frozen media subsidies during a time of media change：A Comparative analysis of media policy drift in six Western democracies. Global Media and Communication. August 2014 Vol. 10（2）. P122－123. P125. P130. P132. P134. P135.

想的、低成本的、有明确治理方案的传媒政策。① 这三大障碍同样适用于台湾媒体政策和媒体改革的现状，并在相当程度上影响到台湾新闻自由的水平。

三、寻路台湾：新闻自由如何构建？

随着民主的全球传播，新闻自由与媒体独立已经获得广泛认同，新闻自由模式的全球传播基于市场竞争原则。② 但许多后威权主义及地区的媒体往往呈现出缺乏规范和理想的特点，这有别于西方一些老牌民主国家自由媒体所呈现出来的样态。新兴民主及地区媒体独立的建立发展缓慢，原因并不在于缺乏监管保护，或是既得利益群体的紧抓不放。而是因为，为新闻自由所做的斗争同时也是为争夺对新闻自由的“诠释权”所做的斗争。这种斗争即是为一种理想而战也是一种专业实践的行动。③ 这也是为什么“新闻自由”意涵难以厘清，众说纷纭，更难以在达成共识的基础上指导媒体实务、传媒政策和司法实践。在台湾，为构建规范而理想的保障新闻自由的媒体政策，或许可以从结构性管制、合理的社会结构、媒体内生性制度的建立及媒体资源多元化等方面着手。

（一）结构性管制：以权力的制衡来保障新闻自由

不少人对政府并不信任，对政府媒体政策的正当性也有怀疑。政府控制媒体的阴影仍在，但商业资本控制报业的现实却更为迫切与真实。而且，媒体市场在商业运作下的失灵状态很少能够透过市场机制自动矫正。台湾现有媒体市场已经是行政部门缺乏适当媒体政策，或是政策实施不当的结果。真正能确保自由媒体的称职政府，并非放任媒体、不管媒体；相反地，政府有

---

① Rasmus Kleis Nielsen. Frozen media subsidies during a time of media change: A Comparative analysis of media policy drift in six Western democracies. Global Media and Communication. August 2014 Vol. 10 (2). P121 - 138. P122. P133.

② Katrin Voltmer. Journalistic Norms between universality and domestication: Journalists' interpretations of press freedom in six new democracies. Global Media and Communication. August 2014. Vol. 10 (2). P179.

③ Katrin Voltmer, Journalistic Norms between universality and domestication: Journalists' interpretations of press freedom in six new democracies, Global Media and Communication, August 2014. Vol. 10 (2). P178.

责任，也应积极促成运作良好的媒体市场。[1] 符合民主社会与公共利益需求的政府介入与管制，不仅不会是自由媒体的威胁，反而是自由媒体亟须的运作基础。

由政府之力直接介入——无论是透过直接的经费补助或是间接的置入性行销——促成观点多元化的管制模式，依然让人存在重重疑虑。但是，正如Baker的理论所倡导的，结构性管制依旧是不可或缺的一环，亦即媒体所有权规范仍是结构管制的必要手段之一。媒体市场管制措施所追求的目标，是确保视听大众可以近用多元且有助于思辩和公共参与的信息和内容。换言之，媒体所有权规范所牵动的正是民主程序能否健全发展此一终极的“公共利益”。[2] 透过“内容管制”的管制手段来达成观点多元化的目标，会遭遇比较高的“违宪”疑虑，而“结构管制”相对是比较适当的管制手段。采取结构管制的模式追求观点多元化的目标，除了可以避免政府直接干预言论内容的“违宪”疑虑之外，由于其在管制性质的定位上，通常是被认定成经济管制手段，而无政府直接剥夺人民“宪法”上言论及新闻自由之虞。只要行政管制机关在实行促进观点多元化的结构管制措施时，已经明确指出如果放任媒体所有权由“自由市场”决定，极可能会无法达成观点多元化的预期目标，因而有介入管制的必要，那么，司法便似乎不该予以否定。[3] 亦有学者[4]提出“协商对话的共管机制”，在结构管制和内容管制中利用政府、媒体与社会团体的角力发挥监督作用。

（二）合理的社会结构促进媒体多元化和自由度

正如冯建三所说，台湾媒体的现实说明政治解严并不能确保新闻自由有发展的空间，在缺乏政策规划的前提下，新闻自由面对的是更隐微的控制。特别是早期国民党掌握公权力机关，原是台湾最大的跨媒体集团（“中影”、“中视”、“中广”、央报等），最后却在解除管制的传媒政策下逐一变卖，丧

---

① 罗世宏：《自由报业谁买单？新闻与民主的再思考》，《新闻学研究》（第九十五期），2008年4月，第229页。

② 刘静怡：《媒体所有权、观点多元化与言论自由保障：美国法制的观察》，《台大法学论丛》，2011年9月，第40卷第3期，第1160页。

③ 刘静怡：《媒体所有权、观点多元化与言论自由保障：美国法制的观察》，《台大法学论丛》，2011年9月，第40卷第3期，第1155—1157页。

④ 洪贞玲、刘昌德：《商业媒体内容管制：从“国家”权威到社会共管》，载于媒改社：《丰盛中的匮乏》，巨流图书股份有限公司，2012年6月版，第140—141页。

失当局整合媒体资源为公共资源的可能性。[①] 因此，对于媒体新闻自由而言，需要当局出台结构性改造媒体的政策，包括壮大公共媒体、规范商业媒体，并以财政手段积极维持非营利的小众媒体等等；受众的媒体近用权也要能够自主，不被有权无责的媒体所惑；媒体则应停止将新闻自由工具化。[②]

"媒改团体"是保障新闻自由的不可或缺的微弱力量。"媒改团体"对于改变台湾媒体环境功不可没，如媒体改造学社、公民媒改盟、台湾新闻记者协会、台湾媒体观察教育基金会、传播学生斗阵等媒改团体，在历次媒改运动中都主动发声、及时声明，关注传媒与社会发展议题，提出自己的媒改倡议，以促进媒体的公共性和公益性。

公民力量的崛起也不容忽视。自1999年发展至今，各种公民力量已逐渐多元、成熟，其中包括媒体监督机制、公民媒体、公民记者等，都在充实当代新闻自由意义的可能性。[③] 以公民新闻为例，传统的新闻媒体是以商业目的建造的层级组织，而公民新闻既挑战了传统媒体霸权，也在一定程度上改变人类的沟通模式与社会文化，甚至培育了公民新闻参与者更深刻的公民意识，让他们感觉到自己对信息通达的民主负有责任。参与到新闻作业流程的阅听人会比新闻的被动消费者有更高的自我要求，但他们亦会感到被赋权而与众不同。已有研究者将传统新闻组织的运作型态比拟为代议民主，专业记者替公众掌握世事并化身为公众代表，形成所谓的代议新闻。公民新闻则类似市民大会中的公民，不再透过代议进行公共事务的决策，而由自己直接参与市政的讨论，乃是直接民主的实践。直接民主与审议民主未必取代代议民主，却是弥补或制衡代议民主失灵的重要武器。同样的，无法反映公民心声且响应公民需求的代议新闻，就需要公民与公共新闻的补充或抗衡。在某个意义上，传统新闻、公共新闻与公民新闻分别相当于代议民主、审议民主与直接民主，彼此虽具独立存在的价值与需要却是相辅相成亦相互制衡。特别是在传统代议新闻已背离公共利益失去公共精神的今日，公共新闻与公民新闻就更值得重视与支持。但台湾公民新闻仍缺乏促成公共讨论的公共空

---

① 陈鸿嘉、蔡蕙如：《新闻自由文献在台湾：书目分析，1987—2014》，《新闻学研究》（第一二三期），2015年4月，第210页。

② 罗世宏：《自由报业谁买单？新闻与民主的再思考》，《新闻学研究》（第九十五期），2008年4月，第233页。

③ 陈鸿嘉、蔡蕙如：《新闻自由文献在台湾：书目分析，1987－2014》，《新闻学研究》（第一二三期），2015年4月，第213页。

间，亦未产生促成公民团体整合的民主环境，即使就新闻的对话意涵而言，亦存在力有未逮的困局。①

媒体内生性制度的建立体现新闻自由是权利和责任的对等。媒体工作者应坚持自律，而媒体老板的权力也应在媒体内部得到制度性的控制与约束。关于内部新闻自由的取得，冯建三认为可能需要两方面的配合：一是记者的自觉。比如成立跨媒体的工会组织；二是媒体产业的规范。如果公权力不介入管制私人部门，听任财阀继续或放纵财团进入媒体遂行垄断或寡占，则亦无法有新闻自由。因此，借用公权力的管理和介入力量掣肘对业主善意的依赖，为内部新闻自由所欲达成的“公共托付”提供基本的动力。②

（三）偏重公共媒体的多元资源

柯伦（James Curran）设计了一套民主的蓝图，兼容并蓄民间、专业、社会市场和私人企业各领域的媒介。③ 他在一篇关于媒介与民主的文章里，呼吁让自由派的概念“安息”，因为旧理念“与当代现实没有太大关系”。为批判自由多元主义引入马克思主义的媒介政治经济学的视角，也对认识民主社会的媒体不无裨益。马克思主义者抱持激进的人文主义理想，批判自由资本主义的市场背叛民主的理想，特别是“军事与工业复合体”肆无忌惮地追逐经济利益，制造文化霸权，导致“不完全的解放”和资源分配失衡，以至于扭曲“公共领域”。马克思主义者谈到国家政权时立场迥异：工具派学者席勒认为国家权力径自为大公司的利益服务，国家与资本同床同梦；其他人认为国家与资本也有紧张的一面，国家是民主斗争的中心场域，只有国家足以挑战大公司的利益，只有国家才能促成社会财富的公平再分配。为此，后者鼓吹国家应该站在公共利益的立场，矫正市场对公共表述所产生的扭曲，例如汤普森（John B. Thompson）主张国家干预媒介的产权秩序，以营造“管制的多元”。莫斯可（Vincent Mosco）呼吁批判派学者要分析国家如何干预传播工业的市场化、私有化和国家化。耶鲁大学媒介法学者费斯

① 胡元辉：《更审议的公民，更开放的公共——公共新闻与公民新闻相互关系的思考》，《新闻学研究》（第 119 期），2014 年 4 月，第 112、114 页。

② 冯建三：《关于“内部新闻自由”的两点感想》，《新闻学研究》（第五十三集），1996 年 7 月，第 2—4 页。

③ James Curran. Mass Media and Democracy: A Reappraisal. Mass Media and Society. 1990. P82 - 117.

（Own Fiss）认为政权与民主亦敌亦友，政权补充市场的缺陷，却不能取代市场的力量。①

台湾历尽筚路蓝缕，得到了外部新闻自由，但如何善用辛苦获得的自由？时过境迁，李金铨在90年代初所指出的台湾媒体四大挑战“媒介集中化；科技模糊了‘国界’、颠覆了政府权力；外来文化的溢播、‘国家’认同等问题”仍未得到根本性解决。② 同时，“台湾的民主受到敌我型政治观的诅咒较深，直接妨碍了公共性的发展，因此还未能容许公共领域有所成长，出面扮演较为积极的角色”。③ 这种敌我型的政治观也直接影响到媒体实践和管理。但总体而言，在笔者访谈中，台湾新闻传播学界与业界人士对于民主社会中新闻自由、媒体市场与当局管控等诸多问题均认真反思、自省与寻路。

为改变“媒体日趋琐碎，向商业压力低头，制造无知，让大众滋生失落感”的现状，学界和业界对于公共媒体的倡导声此起彼伏，俨然成为他们追求理想的“第三条道路”。④ 通过公权力干预建立起公共媒体，弥补市场集中垄断和不公平竞争带来的缺陷，以图借此达到“既反抗资本主义的经济控制，又反抗威权主义的政治控制”的目的。在笔者访谈中大部分人主张由行政部门出面，编列预算或公共基金提供资金，成立并运作更多非营利性的公共媒体，对冲“自由市场”的商业逻辑和利益意图，制作和播放更多公共政策的讨论、文教艺术或知识性节目为主，以求促进民众公共参与政治决策，提升民众知识水平和人文素养，建构如同巴隆（Barron）所提倡的“为人民而自由的传媒”。⑤

---

① 李金铨：《政治经济学的悖论：中港台传媒与民主变革的交光互影》，《二十一世纪》，2003年6月号，第5、6页。

② 李金铨：《星星之火，可以燎原：台湾报业与民主变革的崎岖故事》，载于《超越西方霸权》，牛津大学出版社2004年版，第163页。

③ 钱永祥：《公共领域在台湾：一页论述史的解读与借鉴》，载于李丁赞主编，《公共领域在台湾：困境与契机》，台北桂冠图书公司，2004年版，第111—146页。

④ 李金铨：《政治经济学的悖论：中港台传媒与民主变革的交光互影》，《二十一世纪》，2003年6月号，第4页。

⑤ 参见Jerome Barron，Freedom of the Press for Whom? The Right of Access to the Mass Media，Bloomington：U. of Indiana Press，1973.

第三章　台湾新闻学界访谈录

一、郑贞铭访谈录

郑贞铭简介

文化大学新闻学系教授（退休）。1936 年出生，曾任文化大学新闻系主任，新闻研究所所长，《香港时报》董事长，英文《中国邮报》副社长兼总编辑，台湾大众传播教育协会副理事长兼秘书长。代表作有《新闻原理》《新闻学与大众传播学》《新闻采访的理论与实际》《世界百年报人》等。曾荣获“中兴文艺奖”、“五四文艺奖”（台北）、“新闻教育终生成就奖”（纽约）、“美国新闻教育特殊贡献奖”（纽约）、“文化交流贡献奖”（香港）。

访谈时间：2013 年 10 月 22 日

访谈地点：咖啡厅

自由与控制永远是在拉锯当中

苏惠群（以下简称苏）：提到报禁给您印象最深刻的是什么事情？

郑贞铭（以下简称郑）：我想在进入这个主题之前，我有两个基本的观念跟认知说一下：第一点是从两三百年英美新闻史的发展与新闻自由的发展，以及我们台湾六七十年来的发展，要知道一件事情，就是自由与控制永远是在拉锯当中，从两三百年的历史去看是处于拉锯之中，不只是台湾，从整个人类新闻史来看，过去英美报人多少人为了新闻自由，向政府争取自由，而牺牲生命，后来英美新闻自由的思想观念普遍走入民间。我想这个前提的意思不是说自由就是好的，控制就是不好的。其实自由也好，控制也好，都是中性的名词。我们一方面当然要追求自由，可是你能够永远不受控制吗？父母对你的教育是一种控制，对你行为的管制也是一种控制。我今天坐在这儿，我有伸个懒腰的自由，可是伸出去的手不能碰到别人。所以，西方说自由是以自由观的鼻子为界，你不能碰到他的鼻子，去侵犯别人的自由。其实自由也好控制也好，都是要去追求“为什么要传播”这样一个理想，我们人类为什么要传播？传播最重要的就是要沟通、要增进了解。如果说你自由过度，侵犯别人隐私权，你是不是就侵犯到别人了呢？这是我首先要提的一个很重要的观念。

第二个对这个议题很重要的观念是，所有的自由包括新闻自由都不是天上掉下来的，也不是有权力的人赏赐给你的，永远都要争取。所以当自由和控制在对抗的时候，自由退一步、控制就进一步，控制退一步、自由就进一步。所以，我第二个观念，自由是要争取来的，不是政府赏赐给你，或者有权力的人赏给你的。对新闻自由的争取永无陨时，你不要认为我现在已经够了，因为你说够的时候就是退的时候，控制的力量又过来了。

苏：这种对抗是永远会持续下去的？

郑：对，要用历史的观点去看。也不只是看台湾的历史，要看整个人类新闻传播的历史，新闻自由的历史。以上是我的两个很重要的基本观点。

台湾报禁的问题，老实讲也是当局控制和新闻界争取自由的对抗或者是斗争的结果，为什么有报禁？就是当局要控制新闻界，当局控制新闻界确实也是有当时的背景、理由以及需要的。但是，新闻界争取自由，台湾能够变成今天这样也是多少人付出的努力，不过我自己个人认为，时空背景的转变也是一个因素。首先要了解当时台湾的社会背景，台湾被日本统治了 50 年，日本对台湾也是实行控制，思想控制包括学日文、办日文报等等。本省的老一辈的人还有人会很怀念日本，这一方面也是受了日本思想、精神控制的结果。

结合台湾当时的背景，我们要思考一个问题，台湾今天新闻自由的环境真是得来不易，可是台湾为什么会变成自由民主思想为主流的一个地方？当时台湾当局要实行报禁，还有当时时局的关系，比如与中共之间的对抗，我们那时也觉得中共对台湾的渗透无孔不人，对不对？新闻界的渗透也是其中最重要的渗透之一，后来因为“匪谍”之类的，新闻界也被抓了很多人。在这种情况之下，从蒋公时期有报禁，这有其时空环境和背景，一方面为了保持台湾的安全，跟中共对抗；另一方面，日本奴化思想还没有去掉，需要把它去掉。

苏：我们一般会想到第一个，第二个想得比较少。

我们今天用的主要理论还是英美的

郑：台湾从那样一个社会走到今天这样的自由民主真的是得来不易。第三个是难免的也是事实，就是蒋公个人的威权思想，从他的个人性格还有过去他在大陆的统治等等，我们也可以看出他的威权性格。他当然比较没有西方的自由民主思想，他是日本受的教育。在这样的一个情况之下，讲台湾报禁、报业发展的时候，必须讲到台湾早期负责新闻宣传政策的几个重要的人，都了不起，这些人刚好都是我们这一辈的人，他们一方面当然要遵从蒋公的管制路线，但是另一方面这几个人都是受西方民主自由思想的教育，像马星野是密苏里新闻学院的，谢然之是明尼苏达大学和密苏里新闻学院，他们都做过第四组主任，也都是宣传部长，都是直接负责宣传政策的，还有曾虚白、董显光。这些人个人受教育的背景和他所了解的新闻传播观念的东西，今天老实讲，中生代的这一批新闻学研究者从来没有去考虑这几位先生对台湾新闻事业走向的贡献，一方面他们要尊重蒋公的意志，一方面他们要在各种场合展现应该走向何处。

我在谢然之老师 90 岁的时候在美国去看过他很多次，有一次他亲自跟我讲过：一方面蒋公的意思他不能违背，另一方面他要去发展新闻教育的原因是什么？新闻教育我们今天用的主要理论还是根据英美的，他说他做第四组主任、宣传部长，他也在日本留学过，他比较研究了日本跟美国对新闻事业的两种思想和态度，他觉得确实英美的思想是比较优秀的，所以就大量引进西方的新闻思想和理论。曾虚白、董显光这些人其实贡献很大。马星野主办的党报《中央日报》在发展的过程中有一个时期很有名，叫作“政策的辩论”，就是到底应该“先中央后日报，还是应该先日报后中央”，这是《中央日报》党报两大政策辩论。一开始主张国民党办的《中央日报》当然要宣传国民党的政策、国民党的思想、总裁言论，当时提出这个主张的代表人物是陶希圣。陶希圣是《中央日报》董事，马星野是社长，他们两个就是两派，马星野主张“先日报后中央”，你要办报，你要使你这个报纸被读者接受，读者喜欢看你的报，相信你的报，在报纸的公信力建立之后，所登的东西读者才会相信。

苏：陶希圣与马星野的观点刚好相反？

郑：陶希圣是党中央思想的重要管制者，为什么马星野会提出这个呢？那时候想要求变不是很容易的事，他是忠于自己的理想、自己所学和自己的信念。谢然之为什么说日本那套不行，还是美国这套好？他在日本和美国都有留学经历，他对日本奴役台湾50年后遗留下来的问题是高瞻远瞩的。

苏：在我的印象中陶希圣不是学新闻的。

郑：对，他没有学新闻的背景，也不是留学美国的，所以他是传统的党的思想管制者。现在中年学者，都不太了解这一段历史和这些人物，我早期比较幸运的是在马星野身边做了三年多的事情，他在中国大陆办《中央日报》，任中央政治学校新闻系主任，在台湾没有教过一天书，但是我为什么对马星野思想那么了解？我们办了一个"中华民国大众传播教育协会"，他众望所归担任理事长，他提名我做秘书长，后来过了三年，他又提名我和徐佳士做副理事长，我跟了他三年，真正比较了解。谢然之老师，在政大时是我们第一任系主任，后来到文化大学又创办新闻系，我到美国曾多次和他深入的切磋思想。

追求一种对未来的向往

苏：您当时以第一名考上新闻研究所，大学部是第二名考上，请问当时台湾政治大学新闻教学理念是怎样的？像王洪钧、曾虚白，这些前辈是怎样讲述报禁的？提到的时候他们的观点是怎样的？

郑：基本上像谢然之老师，还有讲"中国新闻史"的曾虚白老师，他们当时都是党的重要的文宣政策的制定者，尤其是他们在宣传部的角色，在政治上会为党实行的报禁说很多的理由，讲当时不得已的原因，比如"国家"安全。其实，真正影响我思想的反而是他们在谈新闻学概念、西方概念的时候，不露痕迹地让你知道自由民主是会还是不会？新闻自由是会还是不会？意思就是说他也为党的政治来辩护，但是他更让你去追求一种对未来的向往。因为他们预计当时实行报禁的这几个政策，可能慢慢随着时光都会转变，为实行报禁而具备的理由都不是永恒的真理，只是因为当时客观的情况而不得已。

苏：他们在基本的讲法上面还是维护报禁这个政策，但区别是不露痕迹的还是明确新闻自由的这种讲法。他们自己本身认不认同报禁？他们受过现代化的教育，在学校教书，当时的环境是这样，他们公开当然要讲报禁的理由，但是跟同学们私下是什么态度？

郑：在我的印象中，私下很少谈这么敏感的问题，毕竟环境不一样，他们也是要慎重，但是后来特别是王洪钧老师从美国回来，他就比前面几位老师讲得更多。王洪钧写的第一篇文章结果引起轩然大波，叫作《如何使青年接上这一棒》，那时候很多上一代的老人家怪他：你在鼓动青年抢饭碗。

苏：他是有理想性的人。

郑：你去看一看他们过去的文章，不止是对新闻自由的问题，就是对整个“国家”的走向，他们都还是非常有理想的，而且敢讲话。王洪钧是受到胡适之的影响，他做记者时经常访问胡适之，非常有理想。徐佳士老师是第一个翻译西方大众传播理论的学者，他写的那本《大众传播理论》风靡一时，非常深入浅出。这种传播理论里面启发我们人类传播的目的到底是什么？

苏：也让我们反思我们所处的社会环境到底是什么样子的。就像您刚才讲的自由和控制是中性的名词，尤其是在大学院校里面看到报禁，其实也是一个中性的名称，应该是用这种态度去看。

郑：对，我觉得应该是这样。

从“蒋公的人”走向“专家”时代

苏：您当时在中央文工会担任副主任，您担任副主任那个阶段还是报禁时期，当局在具体的管控媒体的方式和手段方面有哪些？

郑：我的印象就是我在文工会负责的时候，其实这种演变已经慢慢开始了，过去的宣传主体，像宣传部长、副部长基本都是“总统”最信任的、过去在新闻界任职的人士，而且还有一个很有趣的特色，他们几乎都是从哪里来的？秦孝仪、楚崧秋、宋楚瑜，这些人都是新闻秘书出身，他们都是深得蒋公信任的人，专门派他们出来做党营媒体的社长或负责人。我是那个年代在李登辉任内任命的第一批，我在蒋经国时期在青工会是专任委员兼总干事。我在青工会 11 年，后来才到文工会，从青工会调到文工会的时候我不是李登辉派任的，是李焕派任的。其实客观地讲，从那个时候开始，对宣传部主管人员的任命开始走向“专家”时代。我一直都是学新闻、教新闻的，不是过去传统那种在“总统”身边做新闻秘书多少年然后任命的人士。我个人的体会是过去文工会对媒体的控制非常厉害，不过报禁还没有解除时，我们对于媒体的管制已经逐步放松了。

说到管控手段和方法还是有好几种：第一个，媒体主要还是党营媒体较多，有八大党营媒体，如中央社、《中央日报》、《中华日报》、“中视”、

“中影”等等，而《联合报》、《中国时报》都是后来发展起来的。所以第一个很简单，就是人治派任，用人治来控制。你看那时候，文工会的副主任都是“中视”总经理，总干事起码也是个副社长。

第二个，新闻协调。重要的事情，文工会约请重要的媒体负责人，咨询新闻界该如何处理？当然他也会邀请很多人做背景调研，关于外交敏感的问题请“外交部长”讲为什么“中美断交”了，背景是什么样的，媒体该怎么把握言论。

第三个，政策传达。党目前对某件重要的事情有什么重要的政策，他要跟这些媒体人士传达，他们回去写社论，配合新闻报道。特别重要的事情，如果没有时间开这种会，比如突发了一个重要事件，通常是电话通知，所以为什么说那个时候总干事不得了，指令就像圣旨一样的，一个总干事打一个电话，总经理、副总经理或者新闻部经理都得按照他的意图去办。

还有一种，那个时候我的理解文工会是真正党的宣传工作方面的主角，“新闻局”其实只是在舞台上表演的。我还记得，那时我是文工会副主任，管新闻这一部分，邵玉铭在“新闻局”做“副局长”，我们常常碰到，我等于是在传达党中央的声音，由他们“新闻局”去计划、执行。但是，事前他们要到文工会来了解，我们曾经一起开过无数次会议。

文工会下面分好几个室，一是管新闻联系的，二是管地方宣传的，三是管文学艺术的，四是管新闻媒体的等等。每一个室都有不同的任务、不同的角色，碰到特定重大事件，比如和美国很紧张的时候，这一段时间的新闻每天都要注意，每天都要了解，特别是党能够管到的那几个方面更是要重视。

苏：请问在报禁时期，当时的政治领袖对各个媒体有些什么影响或者作为？

郑：那个时候在公权力机关这一部分，包括我们在内，当时很期盼公权力机关做公共关系，那时候的“交通部部长”贺衷寒先生推动很多公关工作，公关界有很多人称贺衷寒为“公关之父”。我在文化大学，创办公共关系专业，台湾第一个广告系是我办的。我们开始认识到政府公共关系的重要性，包括我们也常常和“新闻局”合作，“新闻局”主办公关人员的训练班，中间一定会邀请了解中央政策的人去讲。“新闻局”讲的大部分是公关技术，我们那边主要倾向于公关政策方面。

所以在政治领袖里面，经国先生据我了解对于新闻界是很接纳的，还是蛮宽容的。我也兼任过英文《中国邮报》副社长，余梦燕做社长，她是报界女强人。期间蒋经国先生就召见过几十位重要媒体的主管，我也去了，蒋先生他也问了很多新闻界对“国家”大事的看法。我还和黄遹霈、余梦燕夫妇去和蒋经国先生谈，据我了解他接见《中国邮报》不一定公开，外面不一定都知道，他也很重视、很尊重新闻界的意见。

当局官员里面有几个人是对新闻操作比较有兴趣的，或者对这方面比较有他的想法，或者说有他的野心的。谢然之老师后来为什么被派出做“驻外大使”？就是被排除出去了。因为那个时候中央党部有两个副秘书长秦孝仪和谢然之，他们两个人的专才不一样，兴趣也不一样。秦孝仪对新闻界、新闻媒体非常有贡献、非常重视。他和谢然之二人想涉入的领域也不一样，因为秦孝仪兼做蒋公的新闻秘书，天天在蒋公面前咬耳朵，所以后来把谢然之派出去了，避免他们两个人之间的纷争。宋楚瑜当然对新闻媒体这一块软的、硬的用了很多方法，在新闻或宣传这一块，特别是对文工会的影响力还是较大的。

苏：您曾经在《中央日报》和中央通讯社实习过，当时情况如何？

郑：我大学三年级就开始在《中央日报》。那时候《中央日报》一天只出一大张报，我在报社做正式的助理编辑。你知道我什么时候去上班吗？那是我一辈子最辛苦的一段日子，晚上 12 点上班，上到天亮，做国际航空版的助理编辑。《中央日报》国际航空版是专门销到海外的，给留学生、海外华侨看。要等到“国内版”编完了，才开始编辑“国际版”，所以我都是 12 点去上班，“国内版”的编辑都下班了，我们开始编辑。那是我最辛苦的时候，后来就一直在研究所念完书，我毕业出来跑党政新闻，也跑“行政院”和“内政部”（连震东那时候是“内政部长”），他们很重视《中央日报》，《中央日报》替他们写的东西和报道跟他们很亲近，采访机会也很容易，那时候《中央日报》记者出去采访人家非常欢迎。

时代在变，潮流也在变

苏：您认为是什么促成了报禁开放？请列举具有代表性的事件和人物？

郑：基本上一方面是国际的压力，一方面是岛内的压力。国际压力方面国际舆论对我们十分的不利，不能否认台湾那几年经济发展做得不错，政治是专制独裁，还实施党禁报禁，国际上特别是美国经常给台湾形成相当大的压力；岛内的压力更大也更近，反对运动主要就是针对这些议题，这也是为什么蒋经国会说“时代在变，潮流也在变”。

那时候的秘书长应该还算是保守中的开明派，包括李焕先生，他对新闻界也很同情、很了解，所以他们都有不露痕迹的把海内外的形势给经国先生报告，经国先生也是耳听八方，他也是多方面的听取意见，中间当然有一个非常重要的因素之一就是钱复先生，他在做“驻美代表”的时候，经常把这种“国家”压力、国际舆论反映到经国先生那里，他跟经国先生可以直接讲话，把这种状况直接转告给经国先生，包括党禁年代的“戒严法”，他曾经说：我们真正实行的“戒严法”只有西方国家定义的百分之多少？

苏：百分之三，我记得是这样，我们叫“百分之三的戒严”。

郑：是的，我们要去抗整个这样一个压力，实在不划算。当然这件事情真正暴露出来，是《华盛顿邮报》的社长 Graham（Katharine Graham 凯瑟琳·葛兰姆）女士到台湾来，蒋经国接受了她的独家访问，钱复与当时的“新闻局局长”张京育负责安排 Graham 女士的专访。Graham 对台湾印象一直不好，《华盛顿邮报》对台湾的态度一直也是不友好、批评的。

苏：您刚提到美国、钱复、美国态度和压力等情况，请问美国那时候的盘算是怎样的？他们对台湾报禁问题的着眼点是什么？

郑：我觉得不一定判断准确，美国这个国家是要向世界推销他的法宝，要你改造成像他一样的国家，你光是经济发展很好但还是独裁，他们就很不满，他们对老蒋从误会到慢慢接受，这中间也经过一个过程，他并不是那么热心在支持你，这也是不得已的选择，所以我相信他还是为美国的理想和利益。我曾经指导过一篇博士论文《杰斐逊[①]新闻思想的研究》，我到杰斐逊纪念塔去过两次，我收集了杰斐逊的很多资料，他的观点也普遍为美国人所接受，确实有那样的总统，也不完全说是自私的。所以，理想、现实压力、“国家”或个人利益等因素都有。

苏：您认为台湾媒体在民主转型的过程当中扮演了什么样的角色？

郑：绝对是正面而且非常重要的，过了头的这一部分也不能说完全没有，我对马英九印象不好，我也觉得现在有点过了头了。所以，台湾报禁解除对于台湾民主政治深有影响，民主运动毕竟是全民运动，每一个人民都要有这样的参与才会是真民主。媒体在平常所灌输的自由民主思想慢慢深入到民间，深入到老百姓的心中，培养人民的人格基础。

---

① 托马斯·杰斐逊（Thomas Jefferson）。

这次我去厦门大学参加一个学术会，大陆、台湾、香港有几十位学者参加，最后我做闭幕总结发言，我说媒体界也好、行政部门也好，必须知道在媒体角色变化的情况下，尤其是互联网时代，需要注意三点：过去我们社会的基础是建立在三个基础上，一是权力者，有权的人，特别是皇帝高高在上；第二是贵族阶级，封疆割土，各霸一方；第三个是哲人，就是读书人、知识分子，中国人为什么要拼命读书？是要成为一个读书人。除了这三种人之外，你在这个社会上一辈子不得翻身，你生来什么角色一辈子就是那个角色，甚至于世世代代永世不得翻身，但这三种人毕竟是很少很少的，在人口中所占比例太少。

今天的社会结构面临一个新时代的到来，台湾社会的结构组织（我相信台湾还很少人讲这儿）也是三大基础：第一就是个人的自尊，每个人都很有自尊，任何一个人都不能随便侵犯他的权益；第二是彼此的同情，特别是对于弱势群体的同情，就马英九和王金平的"关说"事情来说，王金平也有错，但是为什么大家不敢明讲，很多的老百姓觉得马英九在欺负人家，过度的强逼，不顾人情。我并不是说王金平没错，但是我更不同意马英九用这么强势的手段。再比如最近洪仲丘事件，一个阿兵哥，二十几万民众上街支持。所以一个文明现代社会的标杆，就是看这个社会对弱势族群采取什么态度，新女权运动、同性恋者等等，现在我们对待这些跟过去相比有很大的转变，你不要小看小老百姓，他利用网络一通知，马上二十万人上街支持，他又不是为权力为个人，他就是有一种同情心，现代社会集思广益大众的智慧，来发掘最好的解决方法。

新闻自由是谁的自由？

苏：请谈谈解禁后，台湾媒体与当局之间关系有些什么变化？

郑：当然有变化，舆论界因为在报禁之后获得更多的自由空间，对当局的监督和批评更多了，更自由了，更全面了。当局变得有点像个小媳妇，我觉得他们非常左右两难，又不能不尊重新闻界，但是新闻界的批评又不一定全部都是真正客观的，我个人觉得有时候有点过。过去是不够，现在有一部分媒体有点过。主要是新闻工作人员的专业知识和对问题的了解不够深入，现在很多的记者都很年轻，特别是主持有点深度的节目的或者写专栏的，需要对背景有详细的了解，所以在分析问题和观察问题的时候就没有办法真正的调查和分析。

加上现在民主的流弊，民主有正反两面，正面的就是针对信息管道的公开，确实也是对当局的某些不当措施有一种预警，但是也不是没有偏见的，比如某台它是民进党的，那么无论如何都认为民进党是对的，或者某台是当局的，那么当局的就都是对的，这有失舆论真正的理想。

当然，我们有点理想化，学院派都难免有些理想化了。所以我觉得有时候会牵扯到专业教育。我做大众传播教育协会秘书长的时候，9 个院校有新闻传播系，现在有 120 多个学校有新闻与传播系，新闻传播很时髦，年轻人喜欢，很好招生，但里面的师资、设备特别是办校的重心都有点问题。

我自己最想讲的还是新闻教育，复旦大学七十周年的时候请我过去讲新闻教育，我就讲过新闻教育的六个不是，其中谈到新闻教育不是廉价教育，世界上新闻院校真正办得很好的、让新闻记者恪尽社会责任的，都是需要大量投资的，他们像办医学院一样的办新闻学院。现在你到台湾中南部去考察一些有新闻院系的学校，开放两三个教室，找两三个老师，招牌就挂起来了，新闻教育这么简单吗？第二个我说新闻教育不是孤立的教育，新闻教育不能完全离开别的学科，各种的人文素养、社会学科的内容都很重要。我就举世新为例，成舍我老师是我的老师，当年他创办世界新闻职业学校，世新每年招五百个，政大招二三十个，文化大学招四五十个学生，如果照这个比例来说，世新的学生在新闻界中的比重应该十倍于政大和文化，但是后来发现新闻界重要的领导干部大部分都是政大的，文化的也很多，世新却几乎没有。

有一阵子，社会上有很大的社会压力要求停办世新，这样办下去等于是糟蹋青年，“教育部”也很难办，后来就成立一个小组，讨论关于世新这个学校怎么办？后来解决的方案是将世新升为学院，给学生完整的大学教育，不是一个专科教育。这个小组就是王洪钧当召集人，我也是其中的委员之一，我们开了近两年的会，最后觉得成舍我老师辛辛苦苦办教育的理想很好，我们赞成世新升为学院，但是附带条件是把成舍我老师在银行的十几亿存款都拿出来用，我们都知道他当时是不肯的。后来他女儿成嘉玲就把钱拿出来，所以后来世新升为学院、升为大学，这几年就有进步，做得不错。

所以说新闻教育不是孤立的，我是主张新闻学要在综合大学努力办学，你完全只有新闻职业教育，没有其他学科的东西是不行的。在政大文化氛围就很好，新闻系的学生可以跨系选课、听讲座，如果成天都是学习新闻方面的内容，学生就容易变得狭隘。

我们回到刚才所说的媒体跟当局之间的角色改变问题，报禁解除之后更自由化，当局一定会更尊重媒体，更要面对舆论。关于新闻记者的新闻自由，我在一次演讲前首先提到“新闻自由是谁的自由?”① 很多对这个问题没有足够了解的人就会说那当然是新闻界的自由，我说你们只说对了一半，新闻自由应该是全体老百姓的自由，新闻自由为什么被民主国家的宪法保障？它不是保障你新闻记者个人的自由，而是全民的自由，为什么呢？因为没有这个自由，全民的思的权利就没有办法保障。在这种情况的发展之下，我一方面很重视新闻自由，另一方面我也不忽略社会责任，我认为新闻界现在的确享有了比过去更多的新闻自由，但是有没有泛滥？就隐私权来讲，这也是民主制度下老百姓一个很重要的权利。

苏：那么解禁后，台湾政治领袖对新闻媒体的影响如何？

郑：这个应该是看每一个政治人物他对媒体的认知或者是态度，可能相应地采取不同的应对方式，自然有不同的影响和改变，但是这个改变和影响至少我还没有看到一个研究报告来综合性的谈，但是个别的状况是有了解，是有改变，可能更多的人更重视新闻界、媒体和记者。

任何学问的研究不能没有历史

苏：解严前后新闻教育有一个什么变化？

郑：新闻教育的改革这个部分是不够的。我这次在厦门大学开会，特别重视复旦大学新闻学院的一篇论文，是关于复旦大学准备做的新闻课程改革，我在做总结的时候还赞扬了他。首先赞扬他们敢去做这样的改革，可是在他的课程设计里面，我还是提了些意见。台湾有没有课程改革？有，但是都是零零星星的，而且大部分都是针对英美新科技这一部分，都是根据流行走的。

新闻教育的核心价值和核心理想这一部分，从某个角度看说不定还有点倒退，我做总结的时候针对他那篇报告提了些意见，一是任何学问的研究不能没有历史，学经济学要先读经济思想史，学政治学要先读政治思想史，据

---

① 卓越新闻奖基金会：《关键力量的沉沦——回首报禁解除二十年》，巨流图书股份有限公司，2008 年 4 月版，第 23 页。

我了解，现在好像只有政大、文化和世新有新闻史的课程，当时佛光大学系主任（他也是我的学生）就举手半开玩笑地说："我们佛光大学也有新闻史"。还有新闻哲学，这包括伦理和道德，新闻传播事业如果是一个很大的事业，那你基本的伦理和道德没有，只学习一些技术，这是不行的。没有思想那你到底为什么做新闻工作？因为所有的专业教育，特别世界公认的几种专业教育（包括医学和教育等），都强调伦理、价值观和哲学思维。我当时在会上提了几个意见，结论也出来了，结论就是新闻教育不是没有改变，但是只是增加了一些内容，也反而丢掉了很多东西，那培养出来的新闻工作者能比过去更理想吗？这是我个人的看法。

苏：有一种说法认为，解禁后的台湾媒体陷入新的政商关系之中？您怎么认为？

郑：民进党反抗运动里面一个很重要的论点就是"政党退出"，也是新闻学一个重大的议题，政党是否要退出媒体？政党是不是一定不能经营媒体？历史上，其实也有不同的状况值得我们思考。大家对政党报纸为什么那么厌恶？政党当然包括执政当局，当局能不能办媒体？这也有不同的看法，最主要的看法认为当局是被媒体监督的，自己也办一个报纸怎么行？也有很多世界级的教授专家提出不一样的观点，理论上刚才讲的没错，但是现实问题是媒体走向专业化之后，它所有的新闻价值都是以能够卖钱的新闻为主导，这必将使得它对当局政策的报道和解读不够。

现在很多的人对很多问题都是一知半解，这都是被媒体引导的。所以也有人赞成当局办报，为什么可以办呢？首先，当局推出很多政策，也是要全民了解，当局的媒体可以充分地让人民、让选民充分了解政策；其次，媒体也是要经过市场选择的，如果这个当局的媒体不受民众的信任，办不下去了，像《中央日报》，自然也会消失。如果媒体变成一个商业机构，其实全民的新闻自由也受到挑战。那么，报禁解除之后，所有的发展是否全部理想？也不尽然，其实也面临新的问题。当初，连战主张继续办《中央日报》，但是马英九不同意，其实国民党有一份报纸也没什么不好，《中央日报》后来变得可怜兮兮的，国民党的政策也没人替你发布，马英九对这一块也不是太了解。

苏：是啊，如果继续办说不定最后还有一个局面可以撑下去。

郑：对，《中央日报》《新生报》也是和《联合报》《中国时报》一样要竞争的，如果在市场上竞争支撑不下去了，那活该。但是你禁止它办，这不一定是一个聪明的政策。

苏： 我们念书的时候，初中、高中看《中央日报》副刊，可以培养写作能力、提高写作技巧，这也是一个卖点。

郑：《中央日报》的副刊和国际新闻版都很好。

苏： 以前老师还让我们看《中央日报》的社论。

郑： 还有《新生报》的专栏，每天请非常棒的专家写专栏，很有内涵。不能纯粹只从政治这一个观点看，它还有文化层面、教育层面还有其他层面的意义，而现在我们都是从政治这个层面看。

自由主义新闻思想在美国也走过头了

苏： 请问现在的新闻传播主管单位与报禁时期相比有哪些变更？他们的管理方式有哪些变化？

郑： "新闻局"撤掉了，一部分相关的业务转到"文化部"下面，"NCC"管电子媒体这一块，特别是电视这一部分。新闻传播学的理论认为，因为印刷媒体，是属于一个空间媒体，没什么限制，全世界每天出多少种报纸都无所谓。但单独考虑电波频道，特别是所谓的无线电视，频道有限，而且这个频道还要用作"国防"、交通其他方面，用到媒体的频道比较少，频道的管理变得很重要，美国就有 FCC。所以我觉得现在新闻传播管理在"出版法"废除之后，对印刷媒体基本没什么管理，你要出什么报纸？你要出什么杂志？你要写什么东西？都没什么管理，除非他写的东西某一部分牵扯到其他相关的规定，比如青少年儿童保护的相关规定之类的。"NCC"电子媒体管理这一部分争议也特别多。

苏： 您认为台湾现行的新闻法规为新闻自由提供了制度性保障吗？

郑： 我认为也没有什么专门的针对新闻自由的法规，很多人会认为你有一部专门管这部分的法规，本身就是不对的。美国宪法就规定不得制定任何管新闻的法律，现在也慢慢接受这种思想了。

苏： 您认为台湾现行的新闻传播制度是基于什么价值观建立起来的？

郑： 我觉得关于这个问题，现在几乎没有人敢去做一个结论。当然有一段时期包括传播理论中都会谈到我们是三民主义的新闻传播思想，跟自由主义、独裁主义、集权主义是有区别的，我们有我们的新闻思想。

有一段时期还真有这个想法，那我们真的做到了吗？也没有。并没有真的有所谓的三民主义新闻传播，到现在更不用谈了。有部分学者特别是李瞻教授，喜欢谈三民主义新闻思想，也没有其他教授附议。事实上，三民主义新闻传播思想的内涵到底是什么，也没人说得清楚。

按我的感觉，现在的新闻价值观算是比较接近英美自由主义，学者会呼吁加强社会责任，在自由主义之中加强社会责任这一部分。你读过美国新闻史也很清楚，自由主义新闻思想在美国也走过头了。

1941 年《时代》杂志的创办人亨利·卢斯出了 21 万美金成立了“新闻自由委员会”，当时请了芝加哥大学的校长哈钦斯做委员，包括胡适之也是委员之一，他们通过三年的研究做出一个“社会责任”报告［《一个自由而负责的新闻界》（A Free and Responsible Press）］，但是这个社会责任在美国一样引起了很大争论。但是，理性的学者赞不赞成这样的一个学术观点是另外一件事情，心里面会觉得新闻自由还是应该有它的局限。

自由和控制，控制也不是绝对的坏，两个比较起来，自由好处比较多、缺点比较少，控制缺点比较大、好处比较少，所以我们会选择要自由。百分之百的自由，完全不受控制也是要打个问号的，那一部分就是社会责任。但是，又牵涉到更深的问题，什么是社会责任？你认为这个是社会责任，我不认为这个是社会责任，还是存在争议。我觉得有几点确实还是值得强调的，比如对个人领域的破坏，对个人隐私的侵犯。有一阵子很多杂志，发些名人、艺人的偷拍照片之类，这就关涉名誉的问题、个人隐私的问题。

还有就是司法独立的问题，新闻自由与司法独立都是很重要的。我们当然要新闻自由，也盼望司法独立。司法里面也有很多腐败的现象，也是需要监督的，但是你怎么能够不干涉司法的独立呢？现在司法界他们有的判案子或多或少会迁就新闻舆论来判，如果判的结果跟媒体逆反，就害怕被舆论界骂，这就牵扯到审判不公平、不独立，被新闻界牵着鼻子走。

还有就是“国家”安全，我相信也没有人会反对“国家”安全的重要性，但是“国家”安全跟新闻自由之间也是很有争议性的，你认为这个妨碍“国家”安全，我并不认为这个妨碍“国家”安全。《联合报》记者还因为泄露“国家”机密被判过。这个界限在哪里？不能否认，“国家”安全真的很重要，你把“国家”最机密的，牵涉到“国家”安全的事情提前泄露出去，可能真的会带来危害。

回归到大众智慧

苏：自由和控制一直在拔河，这是争议之所在。对于普通民众来说都是看热闹，有时候觉得热闹是不是太过了，反而也影响到司法、“国家”安全还有个人隐私等。

郑： 是的，所以民众怎么判断也重要。教育界这些年包括我在内，都重视的一项工作叫媒介素养。这个议题就是说，新闻界有没有滥用新闻自由或者干预到“国家”安全，让全民来判断，回归到大众智慧。

有一些国家特别是英国、加拿大、日本等都在做媒介素养教育。从小学开始，父母指导孩子怎么看电视，让好的电视节目帮助孩子，不要让不良节目影响孩子，让他有一种能力去辨别、选择。英国、日本、加拿大把媒介素养已经列入初中、高中的课程，他们把这个课程定位在卫生教育一样的位置。从小学都讲卫生教育，媒介素养教育是在保护精神健康，这甚至于比生理健康更重要。一开始，小学、初中阶段教他们怎么选择媒体，再高一层次则是怎么鉴别媒体、批判媒体。现在甚至于发展到公民记者，即全民都是记者。

这个工程我们在台湾也呼吁了多年，“教育部”也发表过一次媒介素养教育白皮书。至少我们在尽力做，比如我过去在传播教育协会、传播发展协会，组织去台北中山纪念馆甚至到中学去演讲。《新新闻周刊》的社长有一次对我说：“我在建国中学念书的时候，您来我们学校演讲新闻的内容，使我对新闻发生兴趣，后来到了台大，但是台大没有新闻系，我去参加《大学报》，写了很多的东西，后来从事了新闻工作。”其实我为此做了很多工作，在台北中山纪念馆系列演讲，在世新这些大学演讲，我都在讲媒介素养。

媒介素养教育最终希望每一个读者、观众、听众形成对媒体监督的力量，如果看见媒体报道或媒体节目有负面影响，你可以打一通电话，写一封信，形成一种压力，不要以为你写的没什么用，每个人都要有这个意识。

新闻人也是社会人，新闻人也有他的专业知识和良知，如果节目播出去马上有很多的反应和批评，他还是要检讨和正视的。大家都不管，都觉得与自己无关，也就没改进，所以最后大家一起形成监督媒体的力量。如果政府去干涉，就会违背新闻自由的原则，招致批评和误解；但来自社会大众、公民的批评和监督就是可行的。

还有就是新闻媒体人的自律和自省，扪心自问你的报道公正吗？是否偏心？我觉得新闻教育还是有用的，不断形成的思想在媒体人内心里面会有一份自省或者是自责。新闻教育最重要的责任不是教他编辑采访技术，我们常常看见媒体为个人打分数、为公权力机关打分数，问题是谁替你打分数？自己本身还是要有一个准则。

苏：现在都是老板替他打分数。挂钩薪水，都是听老板的。

郑：我知道，所以学生难免也会有疑问。

放之四海而皆准？

苏：除了您刚才所说的媒介素养、自律这些。您认为台湾民主转型后，现行新闻传播制度还有哪些需要改善的地方？

郑：这真的也会牵涉到一个重要的问题，媒介到底扮演什么样的角色？是不是说它这个角色放之四海而皆准？到全世界各国都是这样的角色吗？我在60年代，去斯坦福大学见传播学之父施拉姆（美国国务院请我去访问，让我填写想访问什么人，我就填了想见施拉姆）。我见到施拉姆，和他谈了两个多小时，他的观念到现在对我还有很大影响，他认为：传播在不同发展中的国家可能要有不同的角色。他当时提了三个观点：在落后的国家、未开发的国家，媒体最重要的角色是教育，在落后的国家政府力量也很有限，媒体要帮助政府多做教育；发展中国家的媒体要扮演桥梁角色，就是说你一方面要诠释政府政策让民众知道，一方面要代表民众的意见让政府知道；经济高度发展的发达国家，人民教育非常普及的国家，媒体就应该扮演监督的角色，即第四权，第四权主要是英美国家的论点，这也可能是新闻传播工作最高的境界。

但是，监督者的角色、第四权的角色一定都适合全世界那么多个国家吗？我觉得这很值得探讨。这也是施拉姆启发给我的，几十年我一直在想。绝对自由主义的论调我也不太常去附议的，我觉得他的话不是没有道理。

二、冯建三访谈录

冯建三简介

现任台湾政治大学新闻系教授。1959年生于三重市，台湾政治大学新闻系所毕业，英国Leicester大学博士。代表作《资讯、钱、权：媒体文化的政经研究》《文化、贿赂、脱衣秀：解读资本主义的传播符码》《大媒体：媒体工业与媒体工人》《大媒体：媒体社会运动》《传媒市场与公共性》等。

访谈时间：2013 年 8 月 9 日
访谈地点：台湾政治大学新闻馆

禁忌话题

冯建三（以下简称冯）：提到报禁给我印象最深刻的事情，以我们那时候的年纪，我们教育过程并没有特别谈这个事情，当时在中学、大学即便是在新闻系，报禁这样的事情几乎没有在谈。

向芬（以下简称向）：属于禁忌话题吗？

冯：也许算是禁忌话题吧。我是 77 年读大学，在我的印象中在大学的课堂上并不太有会提这个话题。

向：但那个阶段是党外运动和党外杂志涌现的时期啊。

冯：78、79 年之后比较多，大四从同学那里接触党外杂志，开始有些意识，但直到研究所之后，我才比较注意，到研究所因为集中起来看书才慢慢有些积累。如果说报禁给我深刻的印象，从现在的角度来看就是当时报纸只有三张，看起来很快，编得比较仔细，字也比较小，回想起来当时报纸的编排的确比较仔细、讲究。我记得“美丽岛大审判”时，我们旁边研究所的一些研究生，早上六点多就跑下去买报纸回来看，大审判的时候国民党本来是想建立它的正当性，结果没想到报纸基本上照登，而且被审判的人一点都没有害怕。

向：您研究所毕业论文写的是党外杂志，是不是跟当时的社会思潮和大讨论对您的影响有关?

冯: 现在回想起来当然有，70 年代我读大学的时候，大三、大四的时候就有很多原文书翻印拿来卖，第二个就是很多早先在大陆出版后来在台成为禁书的出版物，已经有很多地方在印来卖，而且是流动的书报摊，这个印象比较深。

我读大学期间，社会处于迸发的临界点，我们跟美国“断交”，整个 70 年代都比较动荡，78 年跟美国“断交”时我们都被动员去示威，到机场丢鸡蛋。读研究所后，买比较多的流动书摊的书，因为接触才会开始研究党外杂志，当时所长就问你一定要做这个吗? 他也没有阻止，没反对，我也没想太多。

向: 学校其实也还比较开明吗?

冯: 印象中所长只是问一定要做这个题目吗? 反正就做了，算是我做研究起第一次做调查，做读者调查的时候有一些杂志还是不放心，比如怀疑我会不会是国民党派来收集情报的。当时《中华杂志》没问题，这是一本老的杂志，他们把读者订货名单给我，我就邮寄问卷，不过《中华杂志》不会被叫作党外杂志。另外两个党外杂志《八十年代》《深耕》，都是我提供问卷他们帮我寄的，他们不能给我名单的。

像“二二八”当时就是禁忌，之前我也不知道什么“二二八”，我到 79 年才知道，基本上当时知道的人少，也就不会有人谈，大三、大四我才慢慢注意这些，有些资讯的管道也开始出现。我们读大学的时候“二二八”还不怎么谈，都是解严后才开始谈，当然 70 年代中期一些从事反抗运动的、文化上或政治上的人陆续有人在说，作为一般的大学生我并没有亲戚、朋友因此被抓，家父一直要到最近这几年才在我询问之后，方始告知当年他虽然住在台北近郊（新店），却也往更远的乌来躲了两三个月。对我来讲没有机会碰到这些事情，我印象中到大三、大四才有机会接触这些，等到 80 年代中后期党外杂志很多的时候当然接触就不困难了。

以党领政

向: 您觉得报禁时期当局管控媒体的方式和手段主要有哪些?

冯: 常听见一个笑话，有一个大力水手的漫画，画一对父子在一个岛上，谁是这对父子? 当然就是蒋介石和他儿子，画漫画的人就会被关，这种笑话和故事流传蛮多的。比如电视画面，蒋介石生日的时候画面最好是正面祥和的，可是也出现一些状况，突然电视上报幕说大哥不好了，什么意思？就是说蒋介石不好了嘛。有个老作家叫王鼎钧，很多人喜欢读他的散文，最近这几年他有许多新作出版，提及他在“中广”的时候讲过一个笑话，他们有一个采访组长很机智也很会搞笑，当时有人在庆祝蒋介石生日快乐，说蒋介石七十岁还很年轻：“人生七十才开始。”采访组长就接了一句：“（才开始）生病。”讲这个笑话的意思就是说很多人心怀不满，可是也没办法，在不满的情绪中有人就会在办公室开玩笑，你要拍马屁说人生七十才开始，他就接七十才开始生病。这是王鼎钧在回忆录《文学江湖》中写的，我看的时候笑死了。这些故事也说明了当时的控制，如果在语言上有些问题，一不小心就麻烦了。

国民党的控制，对于我们没有亲身经验的人来说，都只能是从书本上、报纸上得知的。我读大学的时候大概也没有什么话要讲，也就不会受到什么限制。国民党当时都已经军心涣散了，大学学生党部也不当一回事了，我记得当时有一些国民党的同学他们要开党员会议的时候说要去“拜拜”，意思就是说要吃喝一顿，根本就没什么信仰。学校党员开会，被戏称为“拜拜”，70 年代中后期我读大学的时候就这样了。

读高中的时候，大陆处于“文革”的过程，有人会到学校做一些所谓反共意识的演讲，我大概有这些印象。当时对大陆印象的理解来自 70 年代后期 80 年代初 Butterfield（包德甫）写的《苦海余生》的书，还有《天雠》，我那时候都看过，对“文革”的宣传，还有伤痕文学台湾也有引进。

当时的情境就是这样的状态，第四组后来叫作文工会，他们的权力当时比“新闻局”还大，党领政，这个现象到解严之后才慢慢消失，或者说是到了一个转变的临界点。有一本书，是乡土文学作家王祯和的《电视·电视》挺好的，访问很多人，算是有贡献，他访问了一些人的工作经验和不同的看法。目前在香港城市大学任教已经多年的李金铨教授当时（一九七七年十月）在美国撰写博士论文，读到该访谈文集时，写了很长的一篇文字，认为该访谈集对电视、对社会都是“弥足珍贵的礼物”。

1996 年作为转折点

向：报禁时期政治领袖对媒体的影响如何？您从英国读书回来，感觉解严前后的媒体环境变化明显吗？

冯：解严之后国民党瓦解，至少分裂成三个政党，也没那么大能力了，权威也不够了。不像以前直接打电话要你做这个做那个，那个难度就很高了。电视一直控制比较严，而对报纸的控制相对难一点。电视被他害死了，国民党对于台湾电视的老三台限制比较严苛与直接，使得别人就看其他电视频道了，老三台在法规上取巧，维持民营外观，实际上最大股权人分别是省政府、国民党与“国防部”及“教育部”。党政在选举的时候对选举新闻的操纵，直到1996年影响都还比较明显，96以后似乎有些转变。

向：为什么是1996年这个节点？

冯：这是我的一个观察。抗议选举新闻不公平一直都有，台湾解严之后，更有很多社运团体或学界发动监看并发表报告，以此作为纪录与批评国民党操弄媒体的依据。1996年作为转折点有什么道理呢？我还没有研究，只能从印象与记忆找些原因或做些猜测。那年是台湾地区领导人第一次直选，立场跟《中国时报》《联合报》很不同的《自由时报》当年入夏后，首度宣称自己发行量超过了这两家传统的大报，虽然实际调查显示，它的阅报率在1996年是16.1%，仍低于两报的18.2%与17.2%，但比起1992年它只有5.1%，而两报是21.9%与21.8%，该报确实在短暂四年之间已经判若云泥。到2000年，抗议选举新闻不公慢慢减少，有两个逻辑，一个就是说国民党因内部冲突，相对对电视台的直接控制（要电视这样报或不要那样报）没以前那么严重，第二个就是说这些电视台影响力慢慢小了，2000年除了国民党控制的三台，已经有支持民进党的第四家无线电视台，而这四家无线台当年的广告收入是133亿，已落后卫星电视频道的177亿，你再怎么弄，效果大打折扣了。

向：您如何评价蒋经国他个人在报禁开放中的作用？

冯：蒋经国如果88年后还活着他仍有可能不会开放，也就是仍有可能会压得更紧，或是变化的速度与方向会缓慢一些？历史不会重来，没人说得准，但李登辉的一些搞法跟他显然不一样，国民党也有派系，他需要笼络一些人，因为不是所有人都服李登辉。谁敢挑战蒋经国？不可能的。李登辉上来后反对他的人不少，所以国民党才会分裂出新党。李登辉必须要找支持他的力量，他没那么大权威让别人做这做那，他做不来，人家也不会听他的。

合理的说法是蒋经国并没有强制地往下压，没有知道事不可为而硬弄（有的人是事不可为而硬弄），那会让他自己的政党和这个社会付出更大的代价，至于说蒋经国知道挡不住只好退，这个部分是可以肯定的。有的人是到了黄河心还不死，就麻烦了。1986年9月28日民进党成立，当时的人应该会有心理准备，就是国民党可能会动手抓人，蒋经国至少没抓人，最后认可了，这应该还是给他肯定，他没有硬压下去，硬压下去最后还是会弹上来，只是这个社会会付出很大的代价。李登辉上来之后他没有办法，他根本没有那么多权威了。

比较左派的视野

向：您认为是什么促成了报禁开放？

冯：内外的问题，内部也有一些挑战的力量越来越大，从 1970 年钓鱼台（岛）事件暴露出问题，所谓宣称代表整个中国的挑战，既然你不代表整个中国，你要代表台湾的话，你就不能连民意代表都不选举，特别是国民党在意识形态上宣传是接受选举体制的，你自己承认了选举当然要选，自己内部宣称的价值系统跟外显的行为存在冲突，过去可以说我代表整个中国，所以我暂时这样，等到时局慢慢改变再讲这种话没人相信。事实上台湾很多人早就不相信了，后来连美国都不承认了，他最后就是要变。在变的过程中他们有反扑的势力，林义雄灭门血案、利用黑道暗杀江南，内部有反扑，可是反扑的结果更糟糕，让他政权遭受更大的内外压力。我想很多人都有这样谈这些事情，林义雄命案到现在谁是凶手都无法水落石出，陈文成命案也没有真相，虽然大家都知道情治单位与国民党脱不了身，但是没有破案。从这个角度看，台湾这个社会也是要自我检讨的，这些重大命案虽然有人在讲，可是官方不了了之，不再说话，不当一回事，就变成不是重大议题了，这对这个社会是不好的。

向：您在英国听见解严和报禁开放的消息时是什么感觉？

冯：我当时就有写一篇文章谈报禁解除，我们不是后来才谈的，当时就有谈。1987 年，在党禁解除后，很多人已经知道接着一定是报禁的解除，因此舆论已有讨论，在报禁正式在 1988 年元旦解除之前，这些讨论就结集为《报风圈：报禁开放震荡》。包括我在内，是有人并不认为“国家”就不要干事情，放手就算了，而是应该做一些正面的事情。现在台湾媒体的环境，从当时他们要“党政军三退”，我们当时就退可以，但是不是像你们讲的民营化这种退法？一直有人在讲这些事情，可是讲这些事情显然跟他能够产生的作用相比还是差太多了。其实，当时有一些人在讲要做一些配套的措施，并不是所有人都只是讲要开放。

是不是我在英国读书之后视野不一样了？有可能。英国对我比较合适，我 85 年秋天去的，这样的思想状态和取向用我们常用的分法就是比较左派的视野，社会上总有一部分人有那样的思维，在合适的场合就会有机会发展，我大概属于那样一个情况。我的博士论文是写信息社会，我本来不是研究 BBC，但是在英国会注意有关 BBC 的一些说法。回来台湾刚刚开始要搞公共电视，90 年搞公共电视，我才再把过去的东西整理，开始谈这个事情。我如果把博士论文延伸的话，回来应该会继续去做信息社会，后来等于是把博士论文的东西暂时中断，因为现实社会有这个需要，我博士论文虽然不是写这个东西，但是耳濡目染会看到很多东西。

向：您算是最早一批看到报禁突然全面开放会有问题的人士？

冯：应该是说不少人已经看到问题，而我是其中之一。回台工作后，也因为报禁解除，表意空间增加，我有不少机会能够撰写报章评论，以检讨传媒为主，这些文章在 1998 年，也就是报禁解除十年时，得到机会，结合其他人的文章，编写成为《大媒体》两册，分做“媒体工业与媒体工人”以及“媒体社会运动”，记录了解严后十年间发生在台湾的传播媒体现象。

主流媒体跟在后面跑

向：您认为台湾媒体在民主转型中扮演了什么样的角色？

冯：台湾的主流媒体是跟在后面跑的，把这个格局冲破他们所扮演的主动角色不大，如果要论功行赏的话轮不到他们。不过，你也可以说跟他们有一部分的关系，因为当时有很多报社的记者、评论人员不能写有些内容，他们就转到党外杂志这些地方来写。可是，有多少人在转呢？不知道，只能说是有一部分人。冲破言论禁忌的并不是报纸，更不可能是电视台跟收音机，做这些努力的都是杂志，异端杂志，一些政治上不满的人去做。当然，他们有些人也被关，有些人身家出了问题。有些主流报纸说他们对民主多有贡献，其实不是，即便他们自己这样讲，相信的人不多。虽然他们 1954 年曾有抗议，“内政部”“战时出版品禁止或限制登载事项”仅实施五日就撤销，虽然 1958 年也曾群起抗议“出版法”规范内容的不当。

《自立晚报》以“无党无派、独立经营”为理念，确实言论尺度与看法也与其他报刊有别，但即便如此，还是有国民党的人马担任要职或说在内从事监督。像《自立晚报》这种被认为相对来说独立于党派的报刊都是这个样子，你更不要说《联合报》《中国时报》，一个相对保守一个相对来说自由派，可是都跟国民党有都一定的关系，到了1979年他们各自号称拥有一百万份发行量，国民党也延聘两报老板成为中常委了，怎么能说他们对民主或说言论突破有多少贡献呢？若说他们是有一些地方不怎么让当局喜欢，这个是可以的，这些表现是有的，但是说他们的民主贡献有多少值得一书之处，会让人比较怀疑。

1989年李登辉继任后没多久，1990年2月就有国民党二月政争，这段时间及其后政治的斗争开始让媒体觉得自己能够发挥力量，为什么呢？因为这些党已经有斗争了，谁是老大都还不清楚，当然要拉拢媒体，这时候他们感觉自己好像有很大的作用，这样的情况是有，也好像比较合理，因为政治权力的斗争当然要拉拢下面，给你押宝或者是被争取的机会，你就有这种空间。可是国民党内斗不是你弄出来的，是他自己先斗出来的。

向：报禁开放前主流媒体都比较听话，开放后台湾媒体与当局之间的关系有些什么变化？

冯：《联合报》还是比较一致，但也因此以至于有些事情形势误判，一些事情有些夸张，比如说他对大陆的立场、对政党的立场是比较一致的，他反“台独”、主张统一，可是这种统一是终极统一，不主张立刻统一，主张如果要统一就要公民投票。《中国时报》在余纪忠2002年去世以后他的第二代怎么想就不知道了，09年以后蔡衍明就更不一样了。比较起来《联合报》是比较一致的，《自由时报》林荣三他本来其实支持李登辉，支持国民党，并没有支持民进党，也基本上挺连战，如果2000年连战没有逼走李登辉的话，《自由时报》是否一定会变成支持民进党？这就不知道了，他本来跟连战的关系还不错，他唯一讨厌的人是宋楚瑜，听说宋楚瑜在当国民党秘书长的时候跟他在被提名“监察院院长”的时候有一些不愉快。总之，台湾目前并没有好的报纸媒体。

主流与边缘的更替

向：是不是报禁解除以后并没有到达想要的那个状态？

冯：解严之后有些事没有想到，有一些有想到，比如想到大概好报纸很难出现，特别是市场这样竞争的话；没有想到的是《中国时报》《联合报》变成边缘的了，或者说至少不是主导了。现在这两家报纸的情况是销量加起来不如《自由时报》多，也没有《苹果日报》多，《中国时报》和《联合报》曾经的销售量号称是台湾百分之四十几的人都会看的，现在差很多，特别是《中国时报》，蔡衍明进来，完蛋了。他觉得报纸是他自己的，想怎么做就怎么做，但是这样做完全不是做生意，做生意要销量，从这个角度看反而违反一些人以为的市场化，其实市场化往往也会造成这种现象。

向：解严以后，台湾政治领袖对新闻媒体的影响如何？

冯：大概仅是作为“总统”的影响力吧，其他个别比如说指东道西要你做这个不做那个，是没有了，特别是陈水扁和马英九这种事情应该不太有。但是作为“总统”的身份他去邀请媒体跟着采访，这个大概是免不了的，这是任何地方、任何社会都存在的现象，跟着“总统”“元首”出外采访报道，这种影响有。至于这个之外的影响，台湾的政治人物常常被骂得狗血淋头，哪有什么特别的影响力？

向：从李登辉时期开始到陈水扁、马英九，影响力的弱化是不是有一个渐进的过程？

冯：理论上是有渐进过程，因为你很难期待在那个背景出来的人他的坏习惯一下子就能消失。李登辉时代有一个重要的运动——退报运动，运动的出发点也是因为两岸的关系，李登辉就说某报在吓台湾人民，1992 年 11 月的时候，他一讲很多人对这个报纸也就是《联合报》本身早就有意见，借这个机会发起退报运动，如果说李登辉有没有利用这个东西斗呢？也可以说有。

向：在退报运动中政治人物的影响力因素占据主导吗？

冯：主要还不是政治领袖，退报运动后面有社会运动去推，社会运动的诉求也是两岸因素的问题，他说的时候他只能这样讲，但是其他都不能讲，他不可能叫大家不要订，搞运动的人就会去推这个事情。可以这么说，这个民间的社会运动符合某些政治人物的愿望，我觉得不能说社会运动都被政治人物利用，只能说政治人物知道社会运动有这个需求，他就故意讲几句话，让你去借题发挥。

“绿化”“蓝化”淡化了专业部分

向：关于不同时期通过媒体人事的变动而产生的媒体“绿化”或者“蓝化”您怎么评价？

冯：我觉得要这样理解，就好像美国民主党上台，他不可能让 FCC 委员随意换共和党的人。民进党上台他肯定不会换支持国民党的人，从这个角度来讲“绿化”我觉得不是很准确的形容。就是说任何政党上来，只要有

“国营”媒体的部分，你怎么可能期待他任命反对党的人？他肯定要任命支持他的人。像陈水扁任命江霞做“华视”总经理，我们就反对，你怎么可以任命一个只是支持你的人而不专业的人呢？他也要有专业，这两个因素都要具备。如果两个都具备别人比较没话讲，当支持你和专业二者冲突，我们更希望他能选择专业的，你不能弄一个没有专业只是支持你人来，这样怎么可以呢？所以比较准确的形容应该是陈水扁任命的人在专业上受到质疑。比如徐璐就相对好些，没有引起什么争议。所以，你不可能期待他上台不用自己的人，你看世界各地，有没有哪个政党上台后去任命反对的人去做他的阁员的？如果有那是联合政府，通例是一个政党上台论功行赏也好或者说要执行他的意志也好，都会用自己的人。

台湾政党轮替还不够久，或者也可以说还没真正轮替，因为国民党至今还是控制半数以上的“立法委员”。因为过去国民党党政不分的情况太严重，如果就把问题说成是“绿化”或者是“蓝化”，这不准确，不如讲他任命的人的专业程度和表现怎样，像公共电视的部分，马英九四五年来干得并不好。我并不反对而且法规上来说也可以任命你的人，问题是你任命的人表现得不好你要负责，你不能只是任命听你的话却没有能力的人，这是不行的。这样的情况如果只是把他讲成“绿化”或“蓝化”，反倒是把专业的部分淡化掉了。回顾一下，任何一个执政党谁会任命反对党的人？关键是任命的人是否适任，“绿化”或“蓝化”这不是问题该被讨论的部分，应该讨论的部分是在媒体被“绿化”或“蓝化”后有没有表现更好。但是这个重要的部分大家反倒不去谈，这就隔了一层，显得不准确。

向：从李登辉到如今的马英九在媒体政策上是否有所进步？

冯：公共电视是国民党开始启动的，但是启动的过程他又意兴阑珊，本来 1990 年要创台，后来延到 1997 年才在一个意外的过程成功，七年搞不成，可是当时国民党是独大政党，怎么可能搞七年搞不成呢？这是一个历史公案，就是说为什么会搞成这个样子？他也没有做解释，舆论也不去问他，所以整个媒体传播政策跟大陆相反，他们不太管这个事情，不太重视。但是回过头来看，国民党至少弄了一个公共电视，民进党上台弄了一个公共广播电视集团，现在有十个频道，但是大家感觉不到，因为钱不够，做得不好，没有努力去规划。马英九 2008 年上台以后就变成公共电视台的逆流，倒退了，不仅是不进则退，是真倒退了一些，即便节目表现仍然可以肯定。

向：大致是哪些方面倒退呢？

冯：2007 年开始有公共广播电视集团，但是他没有让底下的各个成员好好的合作，董事会难产了两年多，本来 2010 年就要产生，结果到最近才产生。所以说，国民党是要负政治责任的。董事会的产生要“行政院”提名，弄了两年多才产生，虽然有一部分他会说成是反对党的抵制，但是话讲回来民进党为什么会一直抵制他两年多呢？这个太奇怪了。

意识形态也许是个大问题

向：您刚说国民党之前七年没弄好“公视”，现在也表现得不够重视，是不是他们现在并不太重视新闻和宣传的部分了？

冯：我也不知道为什么他们都不重视。感觉是意识形态吧，他们相信市场化、自由化，意识形态也许是个大问题，既然你要市场化、自由化，他们就认为当局做得越少越好。但他们没有考虑到，北欧、英国或德国等许多国家的市场经济不比台湾不发达，这些国家的媒体也没有不自由，甚至北欧媒体历年来的新闻自由都高居全球首位，但它们的传媒在告知、娱乐乃至于教育功能，以及对于民主的贡献，都比台湾媒体来得优秀。

向：是否他们如果插手干涉的话反对势力会让他难保其位？

冯：这个倒不见得，合适大家为什么要反对。他们为什么不管，我在猜测他们大概是中了市场化、自由化的毒。

游戏规则不变

向：现在广电的部分由“NCC”来管，自从 2012 年“新闻局”取消后它的部分业务划归到“外交部”和“文化部”，你觉得这样的布局如何？

冯：这就像游戏规则不变，只是换裁判来裁定的意思差不多。“新闻局”之前定位当然更糟糕，他是球员兼裁判。比如说你去当裁判，我也去当裁判，但是执行相同的规则，你觉得对游戏的结果会不一样吗？应该相差不大吧，只是换了不同的人而已。“新闻局”换成“NCC”，跟一部分到“文化部”就是这个逻辑，“新闻局”取消掉，可是相同的游戏规则交到“NCC”和“文化部”去了。

以前的不好是说他球员兼裁判，因为“新闻局”要用到媒体，重要的是游戏规则没有变，电视的部分我关心的是应该像日本、韩国和欧洲那样公共电视做大一点，至于是“新闻局”来做还是“NCC”或“文化部”做我认为只是第二重要的。现在的情况刚好倒过来，这个我不做，换“NCC”也不做，换“文化部”也不做，他们思维如果没有改变的话，换机关没有用。其实 1967 年到 1973 年，国民党因应大陆的“文化大革命”，在台湾采取了一些做法，包括由“教育部文化局”统合了现在“文化部”的所有业务，是 1973 年才被裁掉的。

向：您觉得管理方式也都没有改变，只是把职能部门平移了一下。

冯：对，目前情况是这个样子。例如“新闻局”到“文化部”，规范影音文化的人还是同样的人，只是以前是“新闻局”的“广电处”，现在是“文化部”的“影视司”。

向：您对龙应台主管“文化部”的表现如何评价？

冯：龙应台目前没有看到她做什么正面的事情，她可惜了，一方面她自己错失了给她的机会，因为以她的声望，而且又是第一届的“文化部长”，她应该可以做更多正面的事情，可是到目前我还没有看到，以后会不会有也不是那么乐观。

鸡毛蒜皮一大堆

向：您认为台湾现行的新闻法规为新闻自由提供了制度性保障吗？

冯：台湾的新闻自由按照美国人的看法已经是亚洲最自由的了。自由有两种观念，一种是消极自由，另一种是积极自由。消极自由方面台湾可能是没有问题的，你不会因为批评当局就很容易被责怪或处罚，这方面当然是可以肯定；但另一方面，我们说积极自由是希望媒体有比较多的积极能力、意愿和资源去从事比较好的调查报道，比较多样化的新闻（不要一报道洪仲丘，媒体就全部报道洪仲丘），希望比较多的地方新闻（不要只是台北市应该还有其他地方的），不要只有台湾应该还有国际新闻，希望有些电视剧好看一点（不要只有百分之一二或二三的收视率，希望常常看到收视率达到百分之六七的电视剧）。所以需要地方的、多样的、国际的新闻，需要电视剧、综艺节目要好看的，不要一天到晚只是搞笑到惨不忍睹。这样的一些积极自由就需要资源支持，可是目前没有，公共电视台这方面做得比较好，所以节目的回放比率很高，可是公共电视资源不够。

现在台湾大部分的新闻不能看，鸡毛蒜皮一大堆。台湾过度自由，当局都不管，如果我来管，就让八家新闻频道自己去并成三家，不要裁员，让有些员工做鸡毛蒜皮、有些员工做严肃的。不裁员的话，七百个记者经营三个频道就会做得很好，你可以有些频道百分之七十是三分钟新闻，有一些频道是像现在的一分钟新闻，用不同的组合去做，记者也不会一天到晚做鸡毛蒜皮的，鸡毛蒜皮的大家轮流做，有些新闻报道可以做比较深入的。

向：您觉得是媒体架构的问题导致了现在这样的状况？

冯：对。记者本身读过大学，读过研究所，他们不会比我们笨。他们也知道现在的问题，可是他们有什么办法呢？

向：那么一些媒体监督组织的工作有成效吗？

冯：推动作用应该不大，但是总要有人做，马英九也解决不了年轻人就业率和住房贵这些问题，那不能说他解决不了就不要“总统”了，同样媒体碰到这种事情，你也只能够该怎么做就怎么做。现在媒体监督组织有一些做自律，有一些做别的，我比较希望做政策的诉求，自律在市场恶劣的竞争环境下是不可能的。刚说的整体架构的改变是治本，你要去治标我们也不反对。

自由化、市场化的意识形态

向：您认为台湾现行的新闻传播制度是基于什么价值观建立起来？

冯：价值观就是自由化、市场化的意识形态。自由的概念要讲清楚，比如现在大陆的市场化从某种程度上讲也很严重，从另外一个标准来看又不够。自由化相对缺失是一个问题，大陆媒体如果太恶搞，广电总局会马上下命令？可这就形同于治标，媒体定位为事业化企业经营或者完全企业化，你要让他到市场上去自讨生活，去做商业收入、广告经营，从业人员又分好几层，一种体制内一种体制外。媒体能够兼顾当然更好，但是收视率和赚钱又很重要，这必然产生冲突矛盾，表面上出现问题可以压一下，可是很快又跑出来另一些新的问题，大陆讲起来很复杂，我来讲也不妥当。

很可惜，马英九他们对大陆有比较好的贡献倒也好，对台湾有比较好的贡献倒也好，真的是好好把台湾的媒体环境搞得比较好的话，大家都可以这样搞。讲我们最关心的公共电视这个议题吧，公共媒体只要好好做，他也不用讲什么，人家就会觉得肯定是可以做的。但他根本没有努力也没有想这个问题，台湾的公共广播电视集团已经有十个频道了，没有央视二十四个那么多，可是在台湾已经是最多的了，一般的人却没感受到。他只要一年多给 2 亿人民币就可以做得很不错了，现在钱不多，给公共电视 9 亿台币，公共电视再加上各处拿的钱大概有 16 亿，华视商业经营大概有 14、15 亿，加上

“原住民”、客家和宏观电视的 9 到 10 亿，加起来大概 30 多亿，只要再给他加 10 亿台币，你给钱代表是有政策才会给钱，就好像作战主帅说我要这样打军心就会起来，他全都不去搞这些事情。只要他把这个东西搞好了，对台湾也是一个好事情，不是很多人怕大陆的影响吗？公立不可能有大陆的股份，不可能利益在大陆，所以你也自保了。从另一个角度我们也在走新的道路，假使我们不搞广告了，没有广告加上当局也不会来控制，这是好事情。

台湾消极自由的部分，比如白色恐怖是冷战格局之下的镇压，即使没被杀被关的，家破也多得很，台湾现在消极的自由是有，过去你讲不爱蒋“总统”不行，现在你可以讲不爱蒋“总统”还可以说你讨厌蒋“总统”，当然这是有些人牺牲换来的，这方面的自由是可以承认的，也要珍惜。可是这部分之外，像刚讲的比较好的传媒生态让你有足够的资源，不要七、八个新闻频道都做一样的东西，这样资源浪费了，各频道应该有不同的分工，有深度采访的、有国际的，这些到现在都没有做到，所以积极自由的这方面对大陆有什么借鉴意义呢？都是负面的意义，这种东西最好不要。

不要被市场带着跑

向：有一种乐观的想法就是由市场来决定，市场会把我们引向该去的地方，但是事实并非如此。

冯：市场来引导就传媒的部分来说往往是相反的，就广播和电视来说，一般认为欧洲比美国来得好，这种好是指比较民主、比较有多样的资讯内容，一般还认为欧洲和日本比美国好很多，原因就是美国几乎彻底的市场化了，这是一个问题。美国人自己调查的新闻自由度最高的是北欧，英国、美国在中间，北欧不仅有公共电视，连报纸都有强大的补助系统。有人会说这是他国的国情，话讲回来，他国的国情要看你怎么理解“他”，如果你说的是整个西方，西方也很不一样，西欧、北欧、南欧、英国做法都不一样，北欧里面瑞典、芬兰又不一样，同样国家主义强烈的像法国、德国又有差异，这个东西有特殊的，但不要讲得太夸张。

向：也就是说在传媒政策上，对传媒性质的认识发生了一个重大的变化。

冯：最重要的就是把传媒当成什么，你的定位是什么？你认为传媒是做什么用的？美国联邦传播委员会有位主委，曾经在 1985 年说，电视就像跳出影像的烤面包机而已。还是传媒会对我们的世界观、对我们的资讯环境和新闻环境、对我们的价值判断以及亲近或疏远的情感、对我们的民主政治有很大的影响呢？还是说传媒只是一个产业呢？（产业跟汽车一样只是赚钱的）所以对于传媒的定位很重要。

向：您认为台湾民主转型后，现行新闻传播制度还有哪些需要改善的地方？

冯：当局要有政策，比如说现在有中央社，那么改进中央社的管理，让他做比较多的新闻调查，他的东西可以跟人合用。台湾现在有很多独立媒体，他们已经存在五年、十年了，你就给他一个相对基金，他们募款多少你就配比多少，让他自己去管理自己，办法不是没有，但是他们不去想也不去用心，这些政策当然出不来。从一般的独立媒体、报纸、电视、收音机，台湾当局拥有的收音机频道也有七、八个，可是大家没有那么深刻地感受到，就出现这样的问题。还有，政治人物应该重视传播的积极自由，重视传播人的积极自由，传播基层工作者不管记者也好做电视剧的也好还是做音乐的也好，他们都应该有自由去做他们想要做的事情，而不要被市场带着跑。

三、林元辉访谈录

林元辉简介

现任台湾政治大学新闻学系教授兼传播学院院长。1954 年 2 月出生，台湾政治大学新闻系文学士、日本东京大学大学院社会学研究科、美国威斯康辛（麦迪逊）大学东亚系文学硕士、哲学博士。曾任《中国时报》农业记者、《工商时报》“国会”记者、《民生报》副刊记者、《联合报》东京记者、《经济日报》国外新闻组副主任。代表作《新闻公害的批判基础——以涂醒哲舔耳冤案新闻为主例》（台北：巨流，2006 年），获“曾虚白先生新闻奖基金会”颁赠第 33 届新闻学术奖。在政大新闻系系主任任内（2010. 12—2011. 1），代表全系发动台湾传播学界联合抗议当局对媒体置入行销，促成“立法院”修改“预算法”第 62 条，维护新闻工作环境和新闻教育尊严；同于政大新闻系系主任任内（2012. 5—2013. 2），联合台湾其他九所新闻传播相关科系主管暨台湾媒体观察教育基金会发起“反对旺中宽带并购中嘉等系统业者”运动，呼吁“拒绝媒体巨兽，回复新闻专业”，影响“国家通讯传播委员会”（NCC）决议，最后未批准并购案，避免了新闻垄断危机，保障台湾的言论自由与民主。

访谈时间：2013 年 8 月 13 日
2013 年 8 月 19 日
访谈地点：台湾政治大学传播学院

媒体老板的“花猫”亲属

向芬（以下简称向）：提到报禁给您印象最深刻的是什么？

林元辉（以下简称林）：我在“联合报系”前后加起来做过 15 年，我也在“中国时报系”做过事，这两个报系刚好在报禁期间是台湾两大报团。我 1978 年退伍就进报社了，1993 年才到学校里来，中间大部分时间都是在“联合报系”上班，除了晚报没有待过之外，其他报纸我都待过。《中国时报》那边待得比较短，就在“时报”和“工商时报”。我在《联合报》上班的时候报禁给我最深的印象（我还在业界的时候当然不会有那个印象，是后来做学者之后才想到这些），联合报的第一栋大楼忠孝东路 4 段 555 号，就在台北中山纪念馆后面，那一栋楼现在已经拆掉了，《联合报》其实是因为它的特权才弄到那块地方，在那个角落它有五栋大楼，我大三的时候蒋介石过世，大家都到中山纪念馆（因为他停灵在那边）瞻仰他的遗容。当时，中山纪念馆周围没有人烟，都是菜园子，现在东区非常繁华，可是那个时候《联合报》大楼就在那里盖起来了，这什么意思呢？那个时候《联合报》就知道在那里盖大楼，这是特权，这个特权可能来自于它的内线，那个时候在那里盖大楼很便宜，但它为什么盖在那里？基本上是报团在台湾政经结构之下，能够动用到他的人脉，能够及早知道都市计划。相对的，“中国时报报团”龟缩在台湾的老小区，《联合报》在这方面就灵光多了。

我之后上班进出《联合报》大楼一楼时，一楼是经理部、广告部和发行部这些业务部门，我所属的编务部门在四楼。一楼大堂有很长的桌子，后面坐着花枝招展的女生，每个人指甲上面都涂满了蔻丹，每个人都在讲电话，电话将近有二十几只，接什么电话？广告。我们刚开始进去上班的时候是菜鸟，不知道情况，做了一段时间，楼下的那些女生你不要小看她，普通人是没有办法坐那个位子的，那绝对是“皇亲国戚”，有人脉关系的才有可能捞到那个职位。因为一通电话进来，按照广告界的惯例，这个广告是你拉来的你可以抽成，抽两成是很正常的，100 万广告就有 20 万是你的。《联合报》这些女生根本不用出去跑广告，电话进来她接到佣金就是她的。我们当时的感受就是我们在四楼办公、写稿子，记者的生活是外面太阳很大也要出去跑新闻，跑完了到天黑才回报社写稿子，写到半夜三更 12 点钟才写完，其实工作时间满长的，大概有十几个小时，薪水能有多少钱呢？

我们都叫底下那些女生“花猫”，报社的人都这样叫她们。“花猫”们都非常有办法，她们都是老板的亲属，因为她们广告抽得很凶，广告不断的进来根本不用出去拉，夸张的时候甚至登广告都需要走门路、塞红包，为什么？因为报纸就那几家，报纸版面有一半的内容是新闻，另一半才是做广告用途，这就反映了报禁的症结：广告很多，可是没地方容纳。报纸不能全部卖新闻，全卖新闻没钱赚，它得卖广告，可是那个时候 3 大张 12 个版你不能全部卖广告，报纸的经营逻辑就是把新闻质量弄得不错，喜欢看的读者就进来了，再把读者卖给广告商，是这样的一个循环关系，广告才要登。报老板看着广告主明明要登广告，可是版面不够，这对他来讲就少赚钱了。

要登广告的人为什么会走到登广告要走门路、塞红包的地步？因为有一些广告是有时间限制的，比如说母亲节广告，相关广告必须在此之前一到两个礼拜刊出，过了时间就没有用了。大家都挤着要登广告，人家已经在排档期，你这种赶时间的广告，排不上档期只好走门路，这是一个荒谬的现象。报纸广告当时完全是卖方市场，不是买方市场，那是报禁的关系。我们看得很清楚，我们是编采单位的人，我们是记者、编辑，每天看着那些“花猫”赚翻了，她们基本什么都没有做，凭什么？就凭着这个体制赚翻了。

我们当时看到的报纸字都很小，当时那个世代的年轻人基本上都戴眼镜，一方面是因为科考把眼睛搞坏，另一个原因也是因为长年看报纸字太小。你如果看当时的版面，3 大张，6 号字，一半是广告，一半是新闻，他为了让新闻量多一点，版面不够，字就缩小了。

所以你问我有什么印象，我到现在记忆深刻的还是这个东西，登广告竟然要塞红包，还有那一排“花猫”，她们是王家的亲戚，我们是靠脑筋写新闻、靠两条腿勤跑赚钱，她们是靠亲戚关系赚钱。报禁在我生活的周遭就有这样的印象留下来。

“他”希望台湾只有一个声音

向：您在《联合报》时有感觉到当局对媒体管控吗？

林：在报社里个别人可能还感受不到，这也跟负责的路线有关系，如果是跑政治线的人就会有感受，因为电话会打进来，基本上不会打到记者的地方，直接打到总编辑那里，总编辑不是接到公权力部门的而是国民党党部来的电话。

向：那么当时“警总”和党部之间有没有分工呢？

林：他们每个礼拜都有一起开会，“警总”召集调查局、文工会、“新闻局”、宪兵单位来开会、决策和处置，处置的时候并不是“警总”与报社直接联络，由文工会或者“新闻局”出面，或是由公权力部门出面。党无所不在，党平常也做老百姓工作。基本上“警总”不会到一线来，但是“警总”在取缔党外杂志的时候是在一线的，对于一般报社的管控，通常都是透过文工会，打电话的人是文工会的总干事甚至主任，打给总编辑，他就会有压力，上面压下来的事情通常都是叫记者配合修改。

向：当时有没有老一辈的记者告诉您在这方面应该注意什么？

林：控制是这样的，《联合报》里面有新闻党部，新闻党部会开小组会议，党的人有时候讲话口吻比较嚣张，比较沉不住气。比如说，蒋介石第五任连任“国民大会”投票的时候，没有全票同意，如果投票结果只有八成赞成连任，就会有人比较高声地开骂，认为太过分之类的。可是《联合报》的办公大楼是全部打通的，少说也有四、五百人同时在里面，大家听某一个人在那里吆喝、在那里骂的时候，当然不出声只看热闹。有些人没有百分之百的同意就不满足，可是有些人就想全世界哪有百分之百的同意，认为七八成同意就算很高了，可是有人认为有一两成的票跑掉这种事情是不应该发生的。

当我们看到这种情况的时候，心里面当然有数，这种人此刻就是希望台湾只有一个声音，这种人到底有多少不晓得，可是《联合报》里面就有这种人存在，因为他是党部的人。党部怎么可以在报社里面存在？事实党部就在报社里，《联合报》是民间报纸，并不是党和行政部门的，并不是每个记者都懂，有的记者比较天真，跑的路线可能跟这个无关，就不太理会。越资深的记者就越懂办公室里头哪个人是什么角色。

向：平时开编辑会的时候，在那个年代会不会有部门的领导跟记者强调宣传纪律之类的？

林：没有。

向：还是采取比较隐性的方式。

林：对。没有把这当成公开的事情宣告，是用他个人的权力一对一解决，没有办法用宣告的方式，宣告本身就是一个把柄，虽然那个年头他也不怕把柄落在别人手里，不过随时有可能走漏给党外杂志知道。实质的做法就是给你一些指点要怎么写，给一些压力还是管用的，用他实质的权力产生影响。报社总编辑、副总编辑加上几个主任开会，在那边有一些指点，主任把旨意带回来改稿，你如果硬要写，主任通常便就改了。

骑墙的媒体

向：报禁时期蒋介石和蒋经国对媒体的控制力和影响力如何？

林：只有党外政论杂志控制不到，只有少数属于党外的报纸他控制不了，可是真正反抗比较凶的是党外政论杂志，虽然有报纸标榜不是国民党办的，可是基本上也逃不开管控，比如说《自立晚报》，你如果今天去回看它的言论，它还是在如来佛的掌上，基本上也没有什么弹跳机会，都遵守了国民党的言论底线，不会逾越。只是遇到有一些新闻的时候，国民党把所有报纸掐死了不准报，可是他敢报，这是报新闻，言论方面还是满中规中矩的，当时国民党的几个底线一个是不能主张“台独”，一个是不能亲共，这些报纸一般都不逾越这个底线。

可是会有新的问题，很多党外人士、“台独”人士闯关回来，台湾这边就会把他抓起来丢出去，不准入境，这就是所谓“黑名单人士”。其实“黑名单人士”一波又一波地在闯关的时候，两大报基本上都没有报，《中央日报》就更没有报，因为这些报纸都听话，可是《自立晚报》会突破，觉得这个新闻不报不行，这是报道新闻，可是言论方面还是不大逾越国民党的底线。所以《自立晚报》分析这个新闻不能不让台湾老百姓知道，他敢去报，报了以后经过两三、天没事情，《联合报》就会跟上，好歹他也是民间报纸，不是党报也不是行政部门报纸，他有时候也有自己的压力，就是作为一个民间报纸，《联合报》和《中国时报》跟国民党的关系就是这样，随时都是在骑墙。

他跟党合作能够得到结构上的好处，可是他也知道消费者想要知道真正的新闻，如果真的新闻你都不报，久而久之人家就会骂你，对你丧失信心，他等于是在偏左、偏右、偏重、偏轻之间选择，以能够得到最大的好处，他跟国民党的合作是因为国民党保障整个体制让新的竞争者进不来，他从中得利，可是他跟市场之间也得迁就一点商业逻辑，因为老是听国民党的那就只有一个声音，对他也不利，无论如何也要摆一个样子，就是说对老百姓的需求有意识要响应，他和《自立晚报》比永远慢半拍，《自立晚报》有自己的主见。

找一个我信得过的人进来办报纸

向：《自立晚报》这样的表现还是跟其报老板有很大的关系吧？

林：是。它本来是本地人要办的报纸，只是没办法本地人百分之百独资，国民党就害怕报纸落在他所谓居心叵测的人手里，所以会去阻挡，法规上阻挡行不通的时候，就会从人事上阻挡。你要办报纸，钱都筹来了，什么叫报禁？就是连钱多钱少都要受他限制，早年办报不需要太多钱，总有人出得起，他就会说外汇不足，不允许你花太多的钱去办报。

向：是借口白报纸纸张进口的限制吗？

林：不只是纸张限制，不准投入太多资本去办报纸，他说是外汇不足，“国家”需要建设，你如果申请要用十万块钱办个报纸，他不准。报禁后期则改变为要求要用很多资本才能办报纸，你如果没有很多资本就进不来。

向：设置了类似注册资本之类的限制？

林：对，设置门槛，等于是用《联合报》《中国时报》两个报团做标准，你如果没有这么大的资本你是进不来的。如果有人真的筹到钱，特别是台湾本地人，“二二八”对台湾最大的影响就是我上次写了很长的信给你讲的，本地人从此没办法跟报纸结合在一起了，媒体基本不在本地人手里，本地人的声音出不来了。如果这个局面永远维持住，台湾其实很好管，可是这个局面一定会打破，台湾人会想要办报纸，但是门槛设得很高，终于可以进来办报的时候等于突破了第一条防线，第二个防线就是没有理由可以阻挡你了，那就开始谈判，意思就是说不是你办报纸，而是找一个我信得过的人进来办报纸，社长由你当，但是总编辑由他派来的人当。《自立晚报》最有趣的就是，吴三连进来以后当时国民党就硬要叶明勋也进来，叶明勋是中央社台湾第一任的主任，他是战后被派来台湾接收日本共同社的，这个人是国民党的人，让他进来，是一种谈判：你如果要办报纸，这个人你必须容纳，钱由你出，社长是你的人，但是总编辑是他的人。

向：那在言论上不是等于控制了吗？

林：叶明勋是总编辑，不是老板，老板照说该有力量，但是叶明勋背后的老板是党部，所以私人老板和派去的总编辑天天都在较劲。

向：国民党有没有以一种出资占股的方式控制报纸？

林：出资占股也有，那种 case（实例）也很多，党部有钱的时候甚至整个报纸都买下来。不过国民党如果出资占股是比较笨的方法，出资占股还要花钱，国民党嚣张，他不要花钱，最好你出钱，办的报纸是我喜欢的样子，这才高。自己掏钱是比较没落了，解严以后钱就变得很重要，当他想要达到目的的时候要用钱解决，用钱买言论一样。

我们最近在反对置入性行销，也叫作业务配合，置入性行销就是要出钱，比如“行政院”想要让老百姓觉得很好，就把这个版面买下来，买下来做广告也是可以的，可是他不愿意是广告，是广告的话别人不会把他当一回事儿，他想伪装成新闻，《联合报》出记者去访问“行政院长”，这个访问的记者肯定不是小记者，记者一定是总编辑，总编辑与“行政院长”的对谈，给机会让“行政院长”去说做了哪些建设、哪些用心良苦之类的，等于是赚老百姓的好感，而这个是出钱的。在报禁时期根本不需要这么做，关键时刻一通电话进去说我需要你配合版面登这个东西就登这个东西，后来需要用钱买，算是比较末流，有本事根本就不用花钱，你却不敢不做。

向：到了蒋经国时期，78 年到 88 年他的控制力有没有弱一些？

林：没有，一直都很强。

权力基本都在蒋家手里

向：那一时期刚好是“美丽岛事件”和党外杂志风行的阶段，这如何解释？

林：蒋经国在台湾在任很长时间，他当年从退辅会主任、“国防部长”，一路上有 Power（权力）的工作都掌握在他手里，蒋家到台湾来，最后真正控制台湾的就是蒋家。起先到台湾来有几股势力，最早是蒋介石跟陈诚的斗争，国民党的党史里面蒋介石叫作总裁，唯一有一次叫副总裁的就是陈诚，陈诚曾经做到“副总统”兼“行政院长”，那种职务其他人从没有过，也就是说曾经有办法跟蒋家较量的就只有陈诚。蒋介石要退到台湾怕陈诚，陈诚历任台湾省政府主席兼台湾省警备总司令，整个台湾都在他手里。陈诚本来是蒋介石派来的，蒋介石还在大陆与共产党斗争，陈诚就到台湾来了，后来兼任东南军政长官，实际掌控江苏、浙江、福建、台湾四省的党、政、军、财大权。

蒋家败了以后，要来台湾又有点担心，不晓得陈诚会不会接纳他们？会不会对他不利？蒋介石不敢来，先由蒋经国和当时在台湾凤山练兵的陆训部司令孙立人写信（蒋家后来软禁了孙立人 33 年）。孙立人是唯一跟共产党打仗没打过败仗的人，可是每次他打胜之后国民党又把他调开，都因为军队斗争的关系，孙立人不是黄埔系的，清华大学毕业，念美国 Virginia（弗吉尼亚）军校，回来以后到“财政部”的税警总团，他是美国养成的职业军人，二战时候的英雄，这样的人蒋介石没法用他就是因为黄埔系的排挤。蒋介石败了不敢直接到台湾来，他们是残兵败将，到台湾来不知道陈诚会怎么对他，以前陈诚是部下，但现在蒋家没实力了，对陈诚不放心，蒋经国给孙立人写信，孙立人说领袖要来没问题，我保障领袖的安全。

蒋氏父子是从高雄上岸的，并不是从基隆。关键处在控制台湾南部的孙立人答应保护他的安全，陈诚也不敢轻举妄动，搞不好陈诚从来也没有想过要轻举妄动。以后在台湾斗争陈诚是一个很重要的政治工程，陈诚在台湾那个年头人望很高，土地政策三七五减租、公地放领到最后“耕者有其田”，连续几个阶段的土地改革号称成功，等于是把佃农解放，地主的土地只能维持三甲。土地改革是国民党在中国大陆失败的关键原因之一，地主根本不用做任何事情，很多佃农在底下苦得要死，国民党在中国大陆土地改革不成功，为什么？因为国民党本身就是地主，自己砍自己的大腿砍不下去嘛。国民党到台湾来，改革很容易就有成果，因为砍别人的大腿一点都不痛，砍了以后还可以收买人心赚名声，说他大公无私，其实砍掉大腿这个人就废掉了，被砍掉大腿的人都是当地的员外、地主，也就是地方上自然的领袖。

向：士绅的阶层。

林：对，这些人就是当地自然的领袖，把这些人弄掉，其实就是斗争。在中国大陆这些事情做不下去，因为自己就是改革的对象，这个改革在台湾是陈诚发动的，所以陈诚人望很高，因为地主是少数，群众是多数，群众非常感谢陈诚。陈诚是武将，在台湾又有人望，蒋介石自然很怕他，当时要来的时候陈诚如果不给进来，搞不好都可以抓他了。蒋家跟陈诚的斗争那一波很厉害，第二波是蒋家跟 CC 系的斗争，国民党是 CC 的，国民党是陈其美创的，陈其美的后辈是陈果夫、陈立夫，蒋介石父子把 CC 斗倒以后，权力才真正到了蒋氏父子手里。之后是蒋经国跟宋美龄的斗争，蒋家也不是铁板一块，宋美龄要管事的时候连蒋介石都管不住，只是宋美龄不是每个地方都过问，蒋经国和宋美龄之间有权力的矛盾，就算他们俩之间没矛盾，他们后头都有一批人，就跟雍正王朝的四王爷和八王爷一样，蒋经国斗倒了宋美龄，后来能够接“行政院长”的位置，就是你说的那个年头。整体看蒋家到台湾的这四十几年，除了早期之外，权力基本上都在蒋家手里。他们对媒体的控制滴水不漏，一直到蒋经国晚年才比较松动，那是因为他身体的关系。

蒋家真正的执行者

向：很多人都称赞蒋经国在解禁过程中的功劳，好像形成了一种共识，您觉得为什么会有这样的说法呢?

林：因为现在台湾的媒体基本上还是过去媒体的遗绪，结构上没有什么变化，真正结构上的变化是 1947 年的“二二八”，文官、武官系统跟台湾本地矛盾斗争的关系，因为杀了两万左右本地精英，媒体全部进到所谓外来政权的手里，因为全部抓杀，再也没有反对的声音，再也没有本地的声音，一切就只有一种声音，那种声音就是说杀是对的，杀了社会上才能稳定，稳定了才有以后的经济发展，镇压成了必要的条件，这些话谁讲的?就是国民党讲的。国民党 1947 年以后就掌握了局势，也才有 50 年代的白色恐怖，白色恐怖的时候谁也不敢讲话，根本没办法讲话，因为媒体是他操控的，军队是他操控的，情治单位也是他操控，没有人能够反对，所以整个白色恐怖时期他要抓谁就抓谁，抓的目的就是排除异议，蒋经国就是执行者，一路上他就是蒋家真正的执行者。

蒋经国做过“总政战部”主任、“退辅会”主任，后来甚至做“国防部长”，整个部队都是他抓，后来做“行政院长”，可是所有情治单位也还都是他抓，他是特务头子，在白色恐怖时期杀人不眨眼，以前在上海杀人也不眨眼，在上海杀了多少共产党员你知道吗?这个人才不是仁慈的明君，他不是主动给你权力，他一味都是狠角色。可是到了晚年，你要知道生命有春夏秋冬、生老病死，人体力好的时候意志力也强，什么事情规划好，有意志力去推行就推行了，可能也就成功了；当你体力不行，就会有心无力，蒋经国晚年就是有心无力，早个十年这种事情绝对不允许发生的，绝对是镇压。他晚年有糖尿病，眼睛看不到，脚趾头截掉了，连站都站不稳，意志力很薄弱，人家一推就倒了。

向：蒋经国要是在去世前也不松口会怎样呢？

林：由不得他不松口，因为那个年头发生什么事情？发生江南命案，被认为是蒋孝武做的，所以连他儿子都出问题了，他要不要保护儿子？发生十信案，蔡辰洲的银行挤兑，那个又跟他有关。隔壁菲律宾暴动，阿基诺上台。韩国人在街上丢汽油弹，整国大革命。这些都是他周边的朋友，他晚年碰到了这样的情况，周边采取镇压的“邦交国”都出问题，跟他的统治有什么关系？思想防线整个溃败，台湾不会走到这一步？台湾这边发生江南事件，他把蒋孝武调到新加坡做副代表，用一个他之前的部属照顾他，十信案的银行挤兑，内政出问题，个人身体也坏到极点。

那个时候包括很多外省老兵在台湾南部的锡安山，他们深信新约教义，在山上“圈地为国”，不想让小孩子上学，也不想让子弟当兵，就是要按自己信奉的教义过生活，国民党当然就去管。“警备总部”不允许这样的事情发生：“圈地为国”就是分裂“国土”，子弟不受义务教育、不当兵就是违反“国法”，要去抓人。这批人最凶悍，台湾本地人还没有反到那个程度，他们已经敢到“总统府”附近的重庆南路去拉白布条游行，斗大的标语写着“蒋氏暴政必亡”，事后我们看见这些照片都觉得真猛，台湾本地人还不敢这样，新约教派的外省老兵却毫无禁忌。

向：具体是在哪一年？

林：86、87 年，你越抓得紧他越反弹，他们不要命的反抗，那些“老外省人”也当过国民党的兵。蒋经国晚年就碰到这些状况。当然他晚年的时候台湾经济起飞，GNP 在 1987 年大概是六千多块钱。台湾碰到什么现象？工商业发达，靠外贸立“国”。台湾做外贸，香港、韩国、新加坡也做外贸，市场在美国，亚洲很多国家都很勤劳在拼生意，做代工把货卖到美国去，都会争取美国的市场，彼此之间还是竞争者，比如台湾跟韩国，我们之间变成竞争者，看谁产品出得快，赶快抢市场，抢到订单就可以卖，就可以挣钱。所以，信息变得很重要，需要快速、正确、充分的信息，可是这些在报禁时期都没有办法实现，商人要告诉别人我有什么商品，可是要告诉别人的时候根本就没有版面。

商人生气，生谁的气？最后就怪当局，当局弄了个报禁，我的信息要告诉人家却缺个版面。媒体经营者也生气，人家一直要登广告，你绑成只有三页，其实可以多加三十页，把广告都容纳，我就赚翻了，等于“国家”不让我赚钱。读者也生气，这么小的版面，挤进这么多东西，有广告有新闻，字越搞越小，报禁让人没办法很快看到大量的、正确的信息，当局在干嘛？老百姓也很生气。所有人都在生气，生当局的气，生“党国”体制的气，你这是以全民为敌，与企业家为敌、与报老板为敌、与读者为敌、与政治人物为敌。政治人物主要是本土的反对势力，反对势力一波一波的抗争，以前你抓人枪毙，但你现在不能动不动就枪毙了。你知道关键在哪里吗？以前的部队是广东军、浙江军或东北军，你制造个仇恨教广东军杀台湾人是杀得下去的，可是过三四十年征得的兵源都是本地的年轻后辈了，你教台湾子弟杀台湾人，如何杀得下去？所以没办法再用以前的方法了。

反对势力一波一波的抗争，加上他身体不好，如果他身体好，意志力强，他还是强人，可是人世间没有永远的强人，连毛泽东、蒋介石再强也会生老病死，病快快老去躺在床上你还怎么去强？你根本没有意志力再去打仗，报禁也是打仗，到最后没有意志力了。

报禁搞得天怒人怨

向：除了上述的这些您认为还有什么因素促进报禁开放？

林：包括媒体行业，比如说很多从事新闻事业的人，报纸就限定 31 家，电视也只有 3 家无线电视台，这一行里面的专业人士连升迁都没有机会。这 31 家报纸，每一家里面就只有一个总编辑、一个社长，底下几个主任，你就可以知道这样一家报纸可以用几个人？你如果是一个能干的人，慢慢就会在全台湾的新闻事业里面找不到位置可以坐，因为每个地方都挤满了人。

向：您当时从媒体离开是否也有这方面的考虑呢？

林：没有，离开只是个人想要念书。

向：您是本科毕业去《联合报》，做了十五年后去日本读书的？

林：我在日本念书的时间也包括在十五年之内，因为我念书同时也在帮报纸做事，我在美国念书的时候也是《联合报》员工，只是没有固定做事，但报社也随时给我打电话让我帮着跑个新闻。那时，这个行业的人没有什么出路，如果报禁解除，新闻事业蓬勃发展，有很多报纸，比如有 100 家，电视公司有 10 家，就有很多职务可以让人去做。可是报纸就只有 31 家，有线电视台只有 3 家，十几个学校有传播相关的科系，训练的年轻人又多，不断的毕业，每年几千个学生投入这个行业，这个专业里头的人也觉得报禁政策不解除本行没出路。所以，商人、报老板、读者、专业人、政治反对势力都在生气，报禁搞得天怒人怨，那是时间到了，再碰到蒋经国晚年生病，没办法抵抗这样的压力，就冲垮了。

向：有一种说法是台湾的这种变化就外部而言是受到民主第三波的大格局影响，您怎么认为？

林：有。刚也有说过菲律宾革命、韩国革命，中南半岛已经垮了，包括越南、寮国（老挝）都到共产党手里，只剩一个泰国了，国际的局势让台湾周围一直用独裁方式统治国家的政权一个一个垮了，台湾非常孤立无援。

侍从报业

向：台湾的媒体在民主转型中扮演什么样的角色？是做出过努力去推动？还是被当局豢养的角色，所以并不想打破垄断格局？

林：媒体也不是铁板一块，媒体有很多种。国民党自己办的媒体《中央日报》《中华日报》，这些党报的角色不成问题，是党的机关报、党的喉舌、党的宣传器，跟国民党关系满单纯的；另外一种报纸名义上是民间报纸，事实上跟国民党有利害交换的关系，他能够得好处的时候就得好处，如果不能从那边得好处的时候就自己找好处，也就是找市场。他也就是在向国民党找好处和向市场找好处之间偏来偏去，哪边好处多就往哪边，但知道在台湾的环境与国民党闹翻对自己没好处，所以基本上还是听国民党的。当然也有矛盾，比如说想多赚钱国民党反而不让他们多赚，他们一直想把全市场并吞进来，国民党还是觉得要让些小报纸活下去，不要让大巨人出现，以免没法控制，可是他已经长大了，只是说不要让你继续长大，但你要是东吃西吃，把整个市场吞下去的时候，国民党会阻挡，阻挡就违背共同的利害关系了。大体来讲报禁时期他们就是侍从报业。

向：您比较赞成林丽云老师的说法？

林：我赞同。侍从报业就是讲这些民间报纸与国民党之间是有矛盾的，但矛盾没有大到那个地步，所以基本上还是维持好的关系。这些报纸平常会讲自由、民主，“宪法”也有写自由，但写成文字和真正执行是两回事，看文本老百姓什么自由都有。“宪法”的规定、概念在我们平时的教育里头也讲，年轻世代起来之后也认为人应该有什么样的自由，因为“宪法”就是这么规定的，课本就是这样讲的，媒体上也这样讲。妙就妙在，平常大家都知道这是讲假的，从来没有要执行，可是你天天讲老百姓就相信了，要找你兑现。你说老百姓有迁徙自由、讲学自由、言论自由、出版自由，那我就要，你不能不给，是你自己承诺的。

这些报纸平时新闻也好、副刊也好、言论也好，有意无意间老百姓应该有的权利他会登，后来变成假戏真做，登的人是讲假的，看的人当真了。他当真找你兑现的时候，你不兑现他就要生气，他就会说言而无信，要也不是一次就能要到，一次、两次，要不到会生气，生气会累积，累积出社会爆发的力量，媒体所宣扬的那些道理都是先进国家宣称人该怎么样怎么样的，报纸讲这些东西的时候我们不知道他是讲真的还是假的，总之应该是当成一个理想追求在讲。可是我们知道政权在讲的时候是假的，“宪法”里面写了很多自由，可是从来没有给过。这些你养的媒体平时也可能讲真的也可能讲假的，老百姓当真了去要，得不到就会生气，到最后变成一个爆发力量，改变了整个结构。

当然冲得最勇的是党外的政论杂志，绝对不是《联合报》和《中国时报》，党外杂志最勇敢、最激烈，给你抓、给你关都在所不惜，是那一批把这个冲破了。

党外杂志的政治理念与经济利益

向：办党外杂志的是不是很多都是台湾本土的人，有没有这样的统计资料？

林：从省籍来讲大致是，但不是绝对，后来参与的人很多。党外杂志有十年，从1976年到1986年，其实大概有十一二年。民进党是1986那一年冒险成立，国民党承认他是合法政党是1989年，民进党刚成立那三年里“内政部”不承认，每次讲到民进党的时候都要写“所谓的民进党”，加引号，后来让老百姓、新生代和跑政治线的记者都很烦，记者写国民党的时候故意也加引号，这样就平了，也没意义了，后来就都去掉引号了。主办党外政论杂志的人大部分是本省人，这个只是大概估计，不能说台湾反对势力都是“本省人”，也有“外省人”。早期进来办政论杂志的都是为了理想，后期很多参与者并不是为了政治上的理念，完全为了经济上的利益，因为党外杂志卖得好。后来发现越是被查禁的刊物卖得越好，有些人看到这个商机，也就乐于进来办了。

向：为了挣钱他们不顾人身安全吗？

林：那个时候国民党已经没有抓了，因为抓不胜抓，我做过很多口述历史的访问，受访者回忆跟“警总”玩躲猫猫游戏，“警总”会找管区的警察陪着去取缔，连管区警察都同情党外人士，起先没收的时候受害者会痛哭流涕，他很可能是“标会”来办的，就是跟银行借钱不好借，找上民间的互助融资团体借。

向：党外杂志一开始都是以民间融资的方式来办的吗？

林：因为没有人敢捐款，谁要是捐款给党外杂志和党外势力，就会被秋后算账，查税的人就来了，所以有的人捐款不留名，以免麻烦。党外系统的人找钱是很辛苦的，源源不断去支援国民党的人多的是，为什么？选举如果成功了以后可以分好处，通常钱不会支持反对者，怕一去无回。

向：您年轻的时候在那一阶段有没有参与党外的这些活动？

林：那时我在日本，1981 年到 1985 年我在东京大学，1985 年到 1990 年在美国，台湾刚好是 1976 年到 1986 年这十年风起云涌，国民党铁桶一样的统治也就在那十年松动。不过虽然在海外还是很关心，党外杂志基本上都能看到，比任何的媒体影响力都大，《联合报》《中国时报》当时号称是百万大报，其实是骗人的，《联合报》只有 9 月 16 日社庆当天印 100 万份，做寿嘛，可并不是每天都印那么多。报纸有没有印那么多看他进口的白报纸就知道了，《联合报》自吹自擂说发行百万份的时候，隔天《中国时报》就会吐槽拆穿他的谎言。可《中国时报》每年 10 月 2 日社庆标榜自己是百万大报时，《联合报》马上会引经据典找各种证据证明对方撒谎。这两家报纸为了竞争市场，都勤于互相戳穿谎言，我们也才了解原来两家报纸都是吹牛。可是党外政论杂志，每一本出来大家都争着要看。

向：您在日本是怎么看到党外杂志的？

林：朋友带过去的。

向：党外杂志的流通渠道是暗地里的吗？会放在大街上卖吗？

林：放在大街上卖，马上第一波被取缔，就转为地下卖。第一波是大街上公开卖的，可是马上“警总”就来取缔，越是取缔的越有人打电话来问。朋友帮忙给我弄到日本，一期都没缺，偶尔等很久，第一期、第二期来了，第五期、第六期来了，我们就等第三期和第四期，有时候已经过很久了，终于来了就很高兴，希望看到完整的。党外杂志影响力大基本上是每一本影响力都很大，他印十万份，可是一本并不是只有一个人在看，大家就这样一再传阅，借给别人的时候还会说："不要丢了，一定要交还本人。"一般都希望只借到你为止，因为这东西可能惹麻烦，别人要是不守信用借出去就会担心那个人会不会出事情，就是这样一本杂志借十个人看很正常。如果印十万份，就有一百万人看，可是坊间的报纸没有那么大的发行量，这也是为什么那十年党外杂志让整个台湾改头换面。

侍从关系的重组

向：解禁后台湾媒体与当局关系的变化是怎样的？

林：解禁前侍从关系非常稳定，虽然有矛盾，但是可以在矛盾中找到最大的公约数和平衡点，解禁以后侍从关系开始重组，传统的媒体《联合报》《中国时报》开始变成反对党一样，因为解禁以后蒋经国就死了，李登辉继位，继位后《联合报》《中国时报》对李登辉就不像对蒋经国那样言听计从，他们对他这个台湾人的支持就开始打折扣，事后甚至有国民党的主流和非主流的斗争，李登辉的势力与传统的"外省人"郝柏村、李焕的斗争，《联合报》《中国时报》基本上变反对派了。

向：从省籍考虑可能是这样，但是不是李登辉也没有类似蒋经国强人政治的能量呢？

林：也可能。但是没有强人政治的能量了，我也不一定要与你为敌，也可以比较和平的相处。可是为什么一定要反对李登辉？以前在蒋经国那个年代都是拥护领导中心的，国民党在社会上的位置是这样，国民党的势力和媒体绝对是拥护的，可是到了李登辉时代这些媒体变成大部分是反李登辉的，所以传统媒体与国民党内部领导者关系变得紧张，报纸变反对派，到最后已经不只是反对派，甚至是政治上的集合力量，很多政治人物都以报纸做他们的司令部，与李登辉对抗。

向：那电视方面的情况呢？老三台也是这样吗？

林：电视也一样，老三台李登辉抓得比较紧，《联合报》是王家自己的产业，《中国时报》也是私营的，老三台是公家编预算办的，基本上老三台还是听体制的、听预算的，老三台比较属于李登辉当局，当然所谓"比较属于李登辉政府"是讲人事方面，但每一个螺丝钉下反李登辉的人太多了，上面总编辑和董事长可能是李登辉派过去的人，可是底下的人不服气，做新闻还是搞鬼，跟李登辉还是一个紧张的关系。李登辉跟蒋经国相比当然不算强人，但他应付惊涛骇浪的时候基本上也算是一个强人。李登辉没有一个爸爸叫蒋介石，李登辉只有一个人而已。所以，解禁以后传统媒体与当局的关系有所转变，当时连战和李登辉是一气的，站在体制上，号称主流；郝柏村这些传统“外省人”就是反对他们的，号称非主流。主流与非主流的斗争，媒体不仅是战场，还是司令部，在集结反对当局的斗争力量。

媒体老板也是政治领袖

向：解禁后，台湾的媒体与当局之间关系有些什么变化？

林：台湾媒体与当局的关系在蒋经国时代本来是很稳定的，现在不是这样了，台湾的媒体不听当局的，传统媒体跟李、连时期的当局打对台，所以以前很多手法慢慢也没再用了，很多渠道基本上也用不上了。

向：解禁后，台湾政治领袖对新闻媒体的影响如何？

林：解禁与政党轮替没有关系，解禁是国民党自己解禁，之后国民党还执政很长时间，解禁是1987到1988年，李登辉1996年选“总统”，2000年台湾政党才轮替。1987以后的政治领袖，民进党还谈不上，2000年前民进党这些人都还是小角色，“立法委员”之类的，马英九顶多是一个部长级的人。那时候的李登辉算政治领袖了，解禁后的政治领袖跟媒体什么关系？其实，可以讲媒体老板就是政治领袖，像《联合报》《中国时报》的老板。以前是政治领袖运用和集合这些社会资源、社会力量为己所用，可是解禁后媒体老板就是政治领袖，他甚至可以运作、掀起政争。

你如果讲政治领袖一个就是李登辉、连战这一边的；一个就是传统国民党的反对势力，其实就是报老板。他们跟媒体是什么关系？他们本身就是媒体，媒体让他能当政治领袖，呼风唤雨，所以国民党主流与非主流的斗争很长一段时间，大概有十来年。李登辉跟媒体是什么关系？李登辉起来以后是党主席，党的机关报《中央日报》掌握在他手里头，这是天经地义的。所以党的报纸抓在李登辉和连战手里头，就算内部有人不以为然，但是上面的头头人事是他们派来的，他们是掌握得住的。可是《联合报》《中国时报》是民间报老板的，后来多了一家《自由时报》，是挺李登辉、连战的。党体系所有的报纸都在李、连手里。所以，一面来讲报老板就是政治领袖，报纸就是战争的道具，媒体被当作了武器。

反对势力的媒体变成了司令部。民进党根本还没起来，民进党这一批人跟媒体什么关系？他们本来没有媒体，十年的党外政论杂志是他们的媒体，后来1989年民进党被承认，自从民进党闯出来之后，党外政论杂志就没有了，变成没媒体了，为什么会没有？因为反对党的精英当年都在党外政论杂志写文章，口诛笔伐，他们的理想和功绩都在那个地方，可是一旦成立一个党，他们就转入党内，媒体自然消失了。

向：那民进党的发声管道是什么呢？

林：转到《联合报》《中国时报》，可是这两大报又是仇视他的，虽然分版面给他，但是都说不好听的话，以往他们是绝对不会让这一批人上他们的版面的，现在让这批人上了可是基本上是在骂他们，等于民进党还是没有媒体。怎么在传统的、对他们不友善的媒体里面让老百姓了解他们有什么政治理念，是很辛苦的工作，我觉得也算不成功，就是因为不成功，所以总被认为是乱臣贼子。

向：虽然不成功民进党还是在2000年上台了。

林：那是因为三股势力，不是一对一对决。国民党这边分成两股势力，他渔翁得利。第一次获选可能是天意，并不是社会上真正接纳他，当然接纳的比例越来越高，以往他都只有三成，怎么都突破不了三成，可是凭借三成他们没有办法当选。第二任就是一对一的对决，第二任还行，就说明他是真的过半数了。

向：是否能够说明2000年到2004年之间，民进党在媒体方面还是有成效的？比如《自由时报》倾向他，“民视”也是他的。

林：多了这些东西算是有成效，可以这样讲。

向：《自由时报》以前偏蓝，是怎么转绿的？

林：这不是用蓝绿去看的，《自由时报》是给台湾本省人看的报纸，《自由时报》看到那一块是一个市场，过去媒体提供的都是给“外省人”看的，很多台湾人看不懂，不想看，也不会看，因为你不在乎他们。台湾人也不见得都是绿的，也有蓝的，王金平、吴敦义都是蓝的，李登辉一开始也是蓝营的人，《自由时报》是支持台湾人的，李登辉、连战、陈水扁也是台湾人。

向：那为什么大家一说起来就会将《自由时报》划为绿营的呢？

林：那是被人家抹黑，我不觉得他是绿的，他也支持连战。

向：为了区分一定给他上个颜色。

林：是，这个颜色非常粗糙，连战根本就不是绿的。颜色是国民党给他上的，现在不喜欢看《自由时报》的都是国民党的子弟。我上课问学生就很清楚，什么人不喜欢看《自由时报》？是蓝营的子弟不看。

向：年轻世代的阅读习惯也分得很清楚吗？

林：年轻的这一代本来就不看报纸了，最近这两年才这么极端，可是在10年前年轻人并不见得都不看报纸，那时候就有很多人不看《自由时报》了，因为认为他是绿的。其实他不是绿的，李登辉以前不是绿的，连战更不是绿的，连战主张统一，可是《自由时报》支持连战。

“党政军媒体”的经济交易与政治运作

向：有一种说法认为台湾媒体如今陷入了新的政商关系您怎么看？

林：比如说《自由时报》和李、连的关系就是一种政商关系，这没错，《自由时报》支持他们，他们给《自由时报》商业上的好处，新的政商关系没有错。目前，现在没办法这样旗帜鲜明的说这一块就是属于谁的，过去老三台或者有线电视台现在全部都在商人手里，比如说“中国广播公司”的董事长赵少康，他以前是政治人物，是跟陈水扁竞争选台北市市长的，可是他现在不想当政治人物，更加聪明了去当媒体老板，媒体老板玩得比政治人物还多。现在，他是“中广”董事长、飞碟电台的老板。现在所有的有线电视台老板都是商人，都在豢养政治人物，很多“立法委员”可能都是他们养的。他们支持“立法委员”出来选举，需要经费就给予支持，选上以后各种政策都能够照顾他媒体的环境以及政策设计。很明显，这就是政商关系。

赵少康是“外省人”的子弟，“中广”不是党的、“国家”的，化整为零变成老百姓的，可是老百姓的归宿、信念和人脉还是以前那批人的。“中广”是国民党比较没落以后把它卖了，党营的事业其实就是“国营”的，党哪有钱？钱都是“国家”的，但是产权却归党，党可不可以卖自己的东西？可以，结果卖给特种的人，其实那个人就是党里的人，用私人交易的方式，把应该属于“国家”的产业卖给私人，以私人的面目出现，可是做的工作还是党的工作，赵少康的理念还是国民党的理念，他现在更好弄。以前“中广”属于“党国”，“国法”可以控制它，党和“内政部”的法令可以约束它，可是现在属于私人了，人家的财产你能怎样？

向：这是不是与长期以来所宣扬的党政军退出媒体有一定的关系？

林：党政军退出媒体是民进党喊的，民进党是呆瓜，结果变成“民视”要不要退出？国民党从来没有退出过，可是也拿出“党政军退出媒体”的利剑来玩各种东西。我现在感觉国民党从来没退出媒体，但名义上好像都退出了。国民党名义上不是老板，事实上是老板。

向：就像刚才所说的赵少康的例子。

林：对啊，他基本上还是维护他那边的利益的，更实际。

向：也更隐蔽吧。

林：对。“中广”本来所有的器材、机械都是“国家”给的，本来就应该收归“国有”，可是人家老早就逃跑。每次选举的时候都跟马英九讲党产要不要处理？他都说要处理，处理就是说要在大家认同的公平、正义的前提下进行。结果都没处理，给贱卖了，以前卖给《中国时报》，党的事业“中天”“中广”“中视”卖给余家，余建新买很多，后来余建新弄不了了卖给赵少康，最后余建新又把“中时”卖给蔡衍明。党产处理一向都是贱卖，不按市场上的规矩，怎么可以以这么便宜的价格把三个媒体都卖给你？根本抵触市场上的行情，所以绝对不是经济性的交易，是一种政治性的运作，是政治交易。

向：中时系的媒体彻底换主人了。

林：余建新把电子媒体卖给赵少康，印刷的卖给蔡衍明。

台湾有新闻政策吗?

向：“新闻局”从角色混淆到“NCC”出来后让渡管制的权力，到最后被撤销了，是不是一直以来新闻方面的行政管理也在探索阶段，您对这种管理方式的变化怎么看？

林：“新闻局”只是一个表面功夫，不是真正的管制者，只是被推到台面上，戒严时代真正的管制是在“警备总部”、“安全局”、文工会这些单位。“新闻局”只是一个傀儡，是“国家”体制中的“新闻局”，用“国家”的单位来做比较好听，其实真正控制者是刚才所说的文工会、“警总”、“安全局”、“情报局”，背后当然有蒋家的中枢主脑——蒋经国。解禁后也是“新闻局”来管，大家都知道那些政策不是“新闻局”定的，是人家叫“新闻局”做的。

解禁以后其实我不觉得有政策，台湾的新闻有政策吗？除了管制的部门有政策之外，让“新闻局”利用法规上的东西出来做窗口，可是有很多东西都是其他部会在管，比如“动员法”是“警备总部”管，“国安法”是“国安局”在管，“新闻局”出来做一个传达人而已，不出来不行，是它职责所在。党当然不会来管，党就是叫下面的小喽啰去管，真正党的政策哪里制定？是党。

向：解严以后“新闻局”就不怎么管了吧？

林：报禁解除以后老百姓也在观望，刚开始解除时还是管东管西。

向：是以“出版法”1999 年废除为界吗？

林：刚解禁那段时间他也想管，比如字体多大，出几张。以前是三大张，现在允许六大张，但是没有一家报纸遵守，都随便印，起先他还想控制在六大张，可是没有报纸听他的，等于处在互相试水温的阶段。“新闻局”这边还以为他能叫得动，其实没有人听他的了。他好像老虎变得没有虎爪，没办法像以前了，管不动的话老百姓就更不怕了。政策是哪里定的？为什么要六大张？其实背后还是文工会在定，党的单位基本上还是有权的，党在“立法院”“行政院”的同志还可以讲话，还是在听党的指挥。此刻这个党在指挥，可是会让人觉得和戒严时期的党不一样了，因为后来民进党、亲民党也出来了，已经有别的党了，党越来越不像以前那样了不起了。

以前党的一个命令下去大家都要遵守，党的文工会总干事打个电话（根本就不需要主任出面）给报社总编辑，命令你东命令你西，叫你改稿。现在，这种电话打到报社没人要接，因为报社的人根本不怕他们了，打给写稿的人更没用，写稿的人根本就不认得你，总编辑才认得你是谁，如果总编辑也不接你电话，他也没办法怎么样。所以，党的影响力慢慢弱了，后来就管不住了。可是还是要达成任务，只好威逼恐吓，或者用钱利诱。

向：是不是置入性行销就是由此开始的？

林：置入性行销大概是 2000 年以后的事情，陈水扁和马英九开始的，李登辉时期他们不做，还不是这样的风气。陈水扁时代他的“新闻局局长”曾经做过这样的事情：因为公权力部门总是要政令宣传，基本上是可以买广告的，可是除了买广告，有时候是用别的方式，起先只是说公权力部门会花钱搞活动，搞得很热闹，吸引媒体来报道。某个活动可能是农业性的活动，可能就是农委会办，某个活动是小孩子的教育方面的，那可能就是“教育部”来办，后来陈水扁时代就把公权力部门的钱集中在一起，他认为各部会分散办各种活动不见得有效，如果有共同的主题合在一起声势更大，任何媒体都能看见业务很大，会产生兴趣。所以曾经出现把八个部会包在一起，找一个活动主题，那个主题今天很多人可能会觉得是置入性行销。可是，从那以后基本上就变成当局的习惯了。

最夸张的是在马英九时代《联合报》所做的刘兆玄的访问稿，整版由“行政院长”刘兆玄讲他的理念，号称“专题”或“项目”，伪装成新闻的样子，有报头、导言，由总编辑访问，其实就是在做一个广告。“行政院长”都用钱买版面，等于就这样一路垮下来了。

向：后来提出要干涉和制止置入性行销的行为，效果怎样？

林：我们能干涉谁？我们也上街头抗议过，到最后我们去呼吁修“预算法”，也如愿以偿了，但我们只能控制当局，不能控制《联合报》，因为他是私人产业。我们控制当局，是因为当局“预算法”编列的时候，广告是广告，文宣是文宣，你要照相关规定去花钱。我们从“预算法”“采购法”去规范当局，你要做文宣就做文宣，要买广告可以买广告，可是不能拿这些钱去买广告把它伪装成新闻，欺骗老百姓，这也是经过好几个月的抗争才有点成果。

向：抗争之后有改善吗？

林：修了“预算法”第62条，但改善有也等于没有，当局没以前那么方便了，但他变换面目从别的地方弄了，避开法令文字的规范，事实上还是照样弄他的，我们根本没法控制《联合报》《中国时报》这些私人媒体，你只能要求他自律，要不然只能让老百姓去抗议媒体，用他律的方式。可是老百姓是很难组合的，一盘散沙。

新闻自由是学术圈或法律圈的引申

向：您认为台湾现行的新闻法规为新闻自由提供了制度性保障吗？您《新闻公害的批判基础》一书中专门讲到了“舔耳案”，从这个案例来看新闻自由是不是有点过了？

林：也没提供新闻自由什么制度性的保障，在“宪法”里面有讲到言论自由，新闻自由都是学术圈的引申，或者是法律圈的引申。现在我觉得从法规上来讲并没有因为解严对新闻自由保护更多。

向：“出版法”废除后一些限制不是没有了吗？

林：“出版法”有一些管制，不止“出版法”，以前还有“戒严法”，解严后“戒严法”也没有了，“国安法”还有管制。“出版法”没有了，管制新闻自由的有些东西去除了。也就是说，并没有立法保护新闻自由，只是管制的一些东西去除了，对新闻自由的约束没有以前那么多了，这样讲得通。不过，国民党从来都不是写什么法就认真执行的，讲穿了法是写来骗人的，有法规定我们有什么权利，可是戒严近四十年我们什么权利都没有。你看有法没法不要被它虚无的东西给骗了，有没有自由要看社会上实际的运作，如果单从法律上来看，台湾什么法都有，也都保障你的自由，有那个法在你就以为有那个自由，这是错觉，大有误差。

向：就以您书中的“舔耳案”为例，是不是说明太过自由形成了媒体的乱象？媒体没有做到理性和责任，是否跟放任自由的新闻政策相关？

林：相关规定上有限制，却从来没有落实、没有执行。规定出来你要执行法，比如“广电三法”，卫星电视、有线电视跟无线电视都有规范，比如说你不能随便乱讲别人，你如果讲错要更正，还规定了要多少时间、多少次的更正，但是法都有却没能执行，也没有处罚，就容易新闻自由泛滥，等于是白立法。

向：就是说相关规定的执行机构很弱。如果执行的机构很强硬的话会不会又有问题？

林：会立那个法就是经过大家的妥协，执行严格和立法太严是两回事，执行本来就要严格，你如果觉得法太严就应该修掉，法能立出来是经过各股势力拉扯到平衡了才出现的，立出来以后就应该严于执法，要不然就没意义。

我觉得拿台湾国民党当局和日本政府相比，或者和其他先进国家相比，人家是法治，法律有尊严，不一定要很多，可就是百分之百的执行。我常常听老一辈人讲，日本时代只是一张明信片来要男生去当兵一天，这个人就会规规矩矩去报到，国民党时代的“法律”明明就写成那样，可是不去执行也没有人处罚你，没有人把“法律”当一回事，这是一种文化，先进国家先进在哪里？就在法律的尊严。行政单位执行“法律”也存在问题，一些老百姓受到损伤、欺负以后，兴起诉讼走司法程序，但是判决结果一般媒体也不会输，为什么不会输？我做过研究，是因为司法体系的人基本上不大敢动新闻自由，他们很尊重新闻自由，新闻自由好像是现代人的常识，司法体系的人能少碰就少碰，司法单位把新闻自由当成圣牛。

我觉得他们对新闻自由尊重过了头，不愿意去触犯。诉讼案到最后受处罚的都不是媒体，新闻来源是某一个人，他讲错了被媒体全部报，媒体不报大家都不知道，媒体这样报其实应该要负责任的，可是整个官司打下来媒体都没受处罚，只有讲错话那个人受处罚，我后来归纳就是对源头处罚很重，对过程轻轻放过。为什么放过？不敢惹新闻自由。我们司法界的人对新闻自由很尊重，如果媒体很自爱，人家尊重你这很好，是良性的循环；媒体不自爱，司法圈又很尊重，这样就出问题了，社会上没有哪个地方能处罚媒体，怎么办？法律圈不能投鼠忌器，该碰他也要碰他。

向：司法界怕媒体反击，受不了社会舆论。

林：对，我给法律圈的建议就是媒体是可以管的。模拟环境权的概念，污染谁都可以管的，法律界也可以管。媒体滥用新闻自由是一种无形的污染，不是物质性的污染，是一种精神污染。我建议他们有一个道具可以用，他们都不知道用什么法管这个事情，媒体只要写稿的时候觉得是对的就照那个写，不管事后证明是对是错，这都跟他无关，反正也不会被处罚，哪一个老百姓有这样的特权？媒体的错误引起利害上的损失，他就要负责。

向：第四权如果往恶的方向发展时在法律的框架内可以将其限制住，但台湾的现实是没有限制住。

林：没有限制住，连法界人士也没负责任，法律是整个社会最后的一条线（还不是道德），两边利害冲突的时候，你至少要做个仲裁者，仲裁者就要有确定的标准，有一把尺，但他们在处理媒体的时候好像连尺都没有，不敢拿尺出来量媒体。媒体也是可以管制的，媒体和其他行业一样，如果伤害了公众的健康，能让他继续发展吗？

向：媒体有发声的平台，能造成社会舆论，似乎还跟别的行业不太一样，别的行业如果伤害公众，大家一起谴责、抵制他就束手无策了，法规上给予经济制裁更会让他无法生存。

林：那是因为有个公论认为这个行业这样做不对才会有仲裁，但是公论从哪里来？媒体本身就是公论的平台，所以就麻烦在这里，为了全社会的最大公约数任何行业都可以合理管制，可是须管制的对象是媒体怎么办？

我觉得谈新闻自由，真正的新闻自由是什么？新闻自由是谁的自由？现在所讲的新闻自由基本上是老板的自由、总编辑的自由，我自己的学生很多进媒体做新闻记者，我很理解很多好学生在这个行业里面很苦闷，稿子他可能不想这样写可是主管要，主管甚至不要查证，查证还要花钱，主管要管控预算。慢慢可以分析出来，当媒体这样报道，并且振振有词的讲新闻自由的时候，真的是新闻自由吗？那是老板的自由、主管的自由或者经理人的自由，员工可能就没那自由。读者要求你更正，你拿新闻自由的盾牌出来抵挡，说新闻自由不允许干涉，可是老百姓的正当利益被伤害了，那老百姓能不能有新闻自由？老百姓能不能从新闻播报过程中得到一个真正的、自由的环境？这也属于新闻自由。

新闻自由过去都是模糊概念，其实新闻自由有老板的新闻自由、有主管的新闻自由、有基层员工的新闻自由，也有读者的新闻自由。新闻自由是广义的，各种层面的角色都在里头，新闻自由只有符合共同的利益的时候才值得我们保护。

向：从 1994 年就有抢救“自立”，签“编辑室公约”来呼吁这些事情，但现在的状况是更恶化了吗？

林：现在台湾的新闻传播环境是很糟糕的时期。

讲穿了就是美式价值观

向：您认为台湾现行的新闻传播制度是基于什么价值观建立起来的？刚才所说的那些问题是不是因为价值观出了问题？

林：讲穿了就是美式的价值观，美国资本主义社会的缺点也都是真的，美式的社会是一个个人主义、自由主义的社会，我爱干嘛就干嘛，可这个社会不是全部都这样，自己也会调节，会有社会责任论出来与自由主义对话，同时也有管制，FCC 就是管制。

向：台湾不是也有“NCC”吗？

林：人家的 FCC 管制有效用，我们的“NCC”画虎不成反类犬。FCC 是这样的：媒体可以自由发展，都可以去办媒体，但是媒体表现好不好，执照是要更新的，更新的时候就要算账，媒体过往三年有没有符合之前提出的宗旨，有没有给社会带来有益的东西，如果是在及网格线以上，执照就会继续发给你。

向：“NCC”也是这样做的吗？

林：“NCC”不敢干，到目前没有做任何这一类的事情，我们常常幻想执照可以更新，NCC 可以把它掐死，但“NCC”目前都不敢干。

向：不敢的原因是什么？

林：政商势力的影响。

向：美国 FCC 是不是也会受到政商势力的影响？

林：当然也有，但美国就是做出管制了，下三滥的台 FCC 的执照就是可以不给你，要让好的业者进来。道理很简单，任何行业让好的业者进市场，让不好的退出。美国是一个有价值观的社会，崇尚商业自由的社会，可是国家也有管制，国家的管制不是要伤害你的自由，而是在大众最大利益之下有一个标尺可以量，来看对社会有益还是无益。如果伤害社会的媒体就不准你存在，伤害社会的业者不允许存在。

向： 是否美式价值观在跟台湾本土结合中出现了问题？

林： 跟本土无关，国民党学美国的东西几时有成功？它这套东西都是学美国的，但是不是要学就可以学得来的。学需要有天分、有认真、有用心，各种东西的配合，国民党学美国这套东西有没有认真学？更何况，就算认真学了也不见得就学到，我在怀疑它有没有认真学？他留一手，因为认真学有些好处就没了，认真学干嘛？学不好就有利益的，比如说医生崇高的宗旨就是救人，可是有些医生怕把你医好，医好了你就再也不去找他了。律师希望你能吵架，你吵架他才有业务。所以，国民党学一个政策学透彻就没好处了。可能任何党都一个样，人世间很多事情都这样？这一部分是人性。台湾基本上是学美式的，美式也不是纯粹泛滥的、无限上纲的自由发展，当然管制无法跟欧洲比，欧洲根本就是主张要管制的社会，欧洲动不动就管制，甚至变成收回国营，英国就收归国营。台湾学美国那一套，但是没学得很漂亮。美国那一套你们大陆都还批评他，何况台湾学美国那套还没怎么学好。

台湾基本上底子是一个自由主义的社会，可是自由不是完全可以放纵的，自由和责任是相对的，可是台湾对自由和责任的分寸掌握得不好，用政策上的设计来掌握自由和责任一向都做得不好。

头痛医头，脚痛医脚

向： 您觉得现行新闻传播制度需要怎么改进呢？

林： 要管理，要维护产业秩序。

向： 您对现在的管理单位“文化部”的工作怎么看？

林：“文化部”管印刷类的，“NCC”管电子类的。管理单位本来就有，可是没尽责任，尸餐素位，跟人的质量有关，跟放了什么样的公务员在那边做有关。道理很简单，营造一个产业秩序能够让好的出头、坏的退出。新闻自由无限上纲是错的，任何自由都是相对的，都有责任要负，这个责任不管是“国家”要你负，还是自律责求自己去负，总之都有责任。当局就是要努力想办法去制定法规、执行法规、得到效益、管理业者，提供一个好的环境，让好的业者能够出头，坏的业者能够淘汰，这是当局的责任。所以我们的行政部门不止在传媒这块出问题，在别的地方也出问题，当然我们不能百分之百要求行政部门，但我对行政部门是不满意的，特别是传媒这块是我的专业，一看就知道当局根本没有政策，让问题推着走，有问题来了就头痛医头、脚痛医脚，从来没有一个完整的、高瞻远瞩的大架构。

向：您如果是“NCC”下一个“主委”您怎么架构？

林：我就讲原则，不讲落实的部分。很简单，就是说看媒体的表现好不好，平时跟他做账、登记、统计，到要更新执照的时候就算账。怎么知道他好不好？让消费者和观众知道，有一个机制让观众能够打分数，把分数累积。如果怕观众偏颇，可加入专家咨询团体与观众平衡（观众有时候也是很盲目的，他说你不好也不见得真的就不好）。所以，设计很多机制让相关单位做这些事情，能够比较公正、客观的呈现出来，对好的鼓励，对比较不好的辅导，对坏的则要排除。针对每个案子基本上就需要实务操作，这是劳心劳力的事情，跟我现在当院长一样，我现在一天到晚想的就是哪里又缺钱了，我就要去找合法的钱给他做事情，伤很多这种脑筋。最后还要做事情，资源都不够，只能按轻重缓急排秩序，永远都在排次序。

向：排次序这个很重要，可能当局觉得传媒这个事情还可以往后排，可以先做别的事情。

林：可是他别的也没有做好。我在日本待了四年多，在美国待了五年多，这两个国家都是先进国家，我发现先进国家和发展中国家或落后国家的差别在哪里？不在形式上有没有法令，不在形式上有没有部会，不在形式上有没有公务人员，而是老百姓的素质。儒家讲求克己复礼，但在华人社会我从来没有看见克己复礼，但我在美国乡下开车看见了：没有警察、没有红灯，美国人真的就规规矩矩停车，左边看、右边看，没事我再走，每个人都这样，你那时候会感动。孔子想象的美好环境我在美国、日本看到了，这个要多少年才能养成，也就是老百姓尊重自己、尊重体制、尊重法律，那个不是你现在立法就能解决的。

我在台湾所看到的是法令禁止的闯红灯有人照闯，现在就是说守法者吃亏，不守法者占便宜，反正也没有处罚。不守法的人就希望社会秩序乱，他才能够浑水摸鱼。我在想先进国家就先进在这些地方，没有人管他，他也会管自己，我们的社会就是要管死，稍微不看着就自己乱掉了。

我的意思就是说我们有没有“NCC”？有，和美国的FCC是同样的道理设计起来的，可是在台湾就运作不了。

向：日本有没有类似FCC、“NCC”这样的管理单位？

林：日本基本上是媒体自律，你不敢不自律，如果不自律媒体联合起来抵制你的力量是很可怕的，连《读卖新闻》都会怕，国家的记者会也不会再通知你参加，你即使知道了、自己去了也不会让你进。你犯了众怒，同业会排挤你，自律是同业自己定的规矩，哪家不遵守就要被排挤，排挤也不是打你、伤害你，就是你不要在这个行业混了，被从这个行业中流放走了。

我感觉台湾可能比大陆往前面走了三十年或者二十年左右，你们今天碰到的很多问题台湾以前都碰到过，你现在看台湾的一些现象好像要合理一点，不要急，到了就会合理。

我们这一代和现在新一代就不一样，我们那个时代是戒严的时代，哪敢乱讲话？乱讲话会出问题。我们现在的小孩子根本管不住，口无遮拦，一点都不敬老尊贤，是非之间他好像觉得很简单，他敢跟你要求。以后的领袖应付新的世代更难应付，因为这是得理不饶人的一代，他们不害怕，没受过伤害，无所畏惧。我们期许新一代的就是他无所惧，勇气足。无所惧也很好，是推动的力量，是非之间他有一些概念，是的就坚持，非的就摒除。

向：或许反倒受到的牵绊和干扰少。

四、林丽云访谈录

林丽云简介

现任台湾大学新闻研究所教授。台湾政治大学英文系学士，台湾政治大学新闻所硕士，英国西敏斯特大学传播学博士。研究专长与兴趣：传播史、媒介社会学、比较传播制度。代表作：《台湾传播研究史：学院内的传播学知识生产》（2006），获第32届曾虚白新闻奖新闻学术奖；《威权主义"国家"与电视制度：台湾与南韩比较》（2005），获"中华传播学会"年度研讨会杰出论文奖；《台湾威权政体下"侍从报业"的矛盾与转型：1949—1999》（2000），获"国科会"甲种奖励。

访谈时间：2013年8月1日
访谈地点：台湾大学新闻学研究所

利用缝隙"偷渡"一些声音

向芬（以下简称向）：您以前写的关于"侍从报业"的文章对我撰写博士论文的台湾部分很有启发。

林丽云（以下简称林）：很早以前写的了，大概 2000 年，时间过得好快，我有的时候记忆不足，很多十年前写的东西都忘记了。

向：您一直都在做相关方面的研究，对于台湾报禁您是什么看法？

林：2000 年以前我主要研究报纸，所以要研究国民党怎么样控制台湾的报业；2000 年以后我比较关注的是电视，05、06 年写得比较多的是电视。后见之明来讲，报禁它是两面的，它的管制逻辑是限制言论，然后压制反对势力，国民党的逻辑绝对是这样；另一方面，相对开放后，反而是资本家介入，这是另外一种控制，变成产权的控制、资本的控制。

向：就是从结构上、资本上和人员上这些方面去做一些控制？

林：对。所以报禁时代印象最深的大概就是纸张只有三张。“限张”让台湾变成只有几张报纸，报纸上的字越来越小，这是我印象最深的，也是作为读者来讲印象最深的。但是，也因为这样限制竞争，反倒养成了两大报，你大概也有相关研究。

两大报团——《中国时报》和《联合报》。这种寡占型的竞争使得报禁开放前，两大报约占台湾市场份额的三分之二。这样两家报纸竞争的同时，党外势力在兴起，社会力量也在兴起，民间社会也在兴起，所以寡占竞争之下反而会有一些竞争的、自由的言论空间。两大报有的时候还是会提供一些空间，让台湾的独立评论可以发展起来，特别是《中国时报》。当时的《自立晚报》也扮演重要的角色，他们作为党外势力冲锋陷阵，打开一个言论的空间，《自立晚报》可以在那样的空间底下刊登一些党外的言论。两大报当然相对会保守一点，但他们也是逐渐在纳入比较批判、独立的思想，慢慢会进入这样一个过程。

在那个时候台湾在向一个开放的方向发展，那么报业到底扮演什么角色？这个是没有很简单的答案的，当然有一种论点说报纸一直是政党的工具，比较偏向政党，那的确是，它有一定的解释力，比如两大报的创办人都是国民党的中常委，他们的确是跟统治势力结合在一起的（这种论点通常是台湾的党外势力这样讲）。另外一方面，也没那么简单一分为二，主要的逻辑是媒体要继续赚钱，它会利用那个缝隙，如果只是像党报《中央日报》，也就没办法竞争，所以它会利用那个缝隙“偷渡”一些独立的、自由开放的声音，取得市场的竞争优势。

从某种程度上讲，当社会在进步的时候（不过前提是社会在进步），媒体也就顺着那个力量在进步。有些媒体自己的论点（比如他们出版的很多

40 年、30 年周年纪念刊中的论点）就说，他们在民主自由中扮演了非常重要的角色。不过，我认为，他们某种程度上来讲是扮演了一定的角色，但是不是冲锋陷阵的，特别两大报团不是冲锋陷阵的。虽然媒体的论点会那样讲，但是他们的论点不一定完全对。比较合理的说法就是当台湾整体往前走的时候，党外势力是冲锋的，台湾的选民逐渐改变。特别是两大报，是整个社会在变的时候他们慢慢跟进，这是有一定的顺序在那边的。两大报并没有扮演领头的角色，但他们自己会这样宣传。

向：我也看过他们出的周年论集和纪念集，的确一般都会有自我拔高的说法。

林：我在 2000 年的论文有分析几种论点——党外会怎么讲？国民党会怎么讲？报纸会怎么讲？但是比较合理的说法是当国民党已经出现问题，社会就会随之改变，国民党正当性有问题然后社会改变，两大报就跟着改，我那篇的分析主要从这个角度来看。政党对媒体影响当然很大，这些问题当然很严重。从我们现在来看，白色恐怖的时代很严重，把人抓起来了。

从硬性到软性的管控

向：当时当局管控媒体的方式和手段主要有哪些？

林：国民党这个政权相对于韩国政权比较阴柔，不像韩国那种。

向：军人统治。

林：对，军人统治，hard rule，直接把人抓过来杀掉。国民党到后期，划分点在 1970，为什么 1970 是一个重要年代？因为 1970 国民党政权失去正当性，就是他以前一直说要反攻大陆，所以就管东管西，社会管理得很严格，你如果去看我们的法令，很恐怖，“戒严戡乱时期动员条款”，随便讲一句话就会被定为外患罪、内乱罪，就可能被抓，他如果真的动用条款规定随便就可以抓。

但是到 70 年代很少这样大规模的抓人、杀人，70 年代之后很少，因为他本身站不住脚，国民党政权在 70 年代退出联合国的时候就不代表中国了，那还跟人打什么仗？还在“反攻复国”？所以他的正当性就出现危机，于是在 70 年代就要 soft rule，意思就是说他逐渐是在收编的。

所谓怀柔，就是说把台湾的年轻人纳入外省政权的集团里面。即使在“美丽岛事件”中，党外《美丽岛》的杂志串联起来抗议，当时当然是大事，现在台湾一天到晚都在抗议，但是当年是大事。其实在“美丽岛事件”

中，我们如果跟韩国同一年发生的光州事件相比，光州事件中是有直接杀人的，很像台湾的“二二八事件”，就直接杀了一千多个人。但是台湾并没有，台湾只是把一些运动领袖抓起来而已，过几年又放掉，所以后来是比较软性的控制。更多的是怀柔，把更多的资本家、台湾年轻人和社会团体纳入到国民党的体系里面，如果我们看国民党中常会委员的变化，就可以看出来他越来越怀柔了。这让我想起那个时候有一个名叫崔苔菁的人，她本来是一个歌星，她的名字谐音就是说把越来越多的台湾年轻人催进国民党里面去。国民党刚开始是硬式的控制，国外有个政治学者曾提出 hard rule 和 soft rule，国民党后期是比较倾向 soft rule。

报禁是一个分配资源的工具

向：报禁时期政治领袖对媒体的影响如何？

林：因为侍从报业的关系，政治领袖就好像是分配资源的，这是在老蒋和小蒋的时候；到了李登辉的时候，90 年代李登辉已经没办法，他刚上台时报禁已经解除了，报禁是一个分配资源的工具，他可以决定把 license（执照）给谁不给谁，所以报禁是一个分配 license（执照）的工具。没有了报禁之后，其实侍从报业的关系就已经结束了，之后的影响比较会偏向忠诚度，或者派系之间的政治结盟，比如说《联合报》跟国民党特定的派系，特别是比较保守的派系是结盟的，《自由时报》则是与李登辉结盟。

向：从那种侍从关系转变成政治结盟的关系了。

林：对。这是在李登辉的时代，但是到陈水扁的时代完全就没有了，陈水扁或者是民进党一直以来跟媒体的关系就非常不好，从党外时期媒体就把他当作“暴民”，所以《中国时报》《联合报》一直对反对势力都是非常不友善的。

向：偏蓝的报纸对民进党肯定是这样的态度，但也有对他采取支持态度的报系和媒体，比如《自由时报》、“民视”。

林：“民视”是另外一个议题，是开放电视的问题。但是《自由时报》就蛮有趣的，它其实是偏李登辉的，《自由时报》的老板林荣三是当过国民党中常委的，他是国民党人，他偏李登辉，政治认同上则是偏李登辉逐渐朝向的本土化，所以林荣三在政治认同上是认李登辉那一套，但他也不是支持民进党的。

林荣三可能对民进党特定的领袖比较喜欢，但是是有选择性的，比如他喜欢苏贞昌不喜欢小英（蔡英文）。他在台北县地区有很多房地产的投资，特定的政治人物例如说苏贞昌给他一些优惠，那他就喜欢苏贞昌，但他不喜欢小英，当苏贞昌和小英竞争的时候，他不喜欢小英。他后期特别是民进党执政之后，《自由时报》和民进党也是一种政治结盟关系，他是为了他的财团本身的利益在做结盟，已经不是侍从关系，侍从报业是办报的人仰赖他们赐予的特权。

台湾的财团也有特定的结盟，国民党逐渐在70年代和80年代越来越跟本土的财团拉近关系（包括报团），拉近关系的过程中，有的财团就跟国民党亲近，但是也有另外的财团在计算，他们就可能与民进党的一些人士结盟，但是基本上是跟国民党结盟的，因为民进党执政的时间很短。

向：是不是因为陈水扁下台后的弊案，使得在与财团结盟时民进党现在处于更加弱势的地位？

林：我个人认为，民进党为什么积弱不振，主要是因为它没什么灵魂。

向：没有核心价值？

林：对，没有核心价值。我们台湾一直以来跟“其他国家”不一样，比如说韩国、美国，我们有“国家认同”的问题，国民党他是外来政权，用一个虚幻的大中国凌驾在台湾之上，从1949年国民党搬到台湾来之前，台湾是日本的殖民地，更早之前当然是中国的领土，但那是很久以前了，现在的台湾人没有那样经历过，所以大陆对大部分的台湾人来说非常遥远。1949年国民党来了，把一个虚幻的大中国给了台湾人，当然有的人接受了，比如在我们小时候的教育中就是接受的。但是后来在由下而上追求民主的过程中，发现国民党他们讲的是错的，国民党讲的根本就是在骗人，49年以后就没有统治过大陆一天，但他宣称他在统治中国。

那个虚幻的大中国消失了之后，台湾的“国家”认同到底是什么？stateless，我们是在一个没有“国家”的状态，但又有一个“国家”在管，所以那个追寻“国家”认同的过程，国民党他正当性的基础是中国、国家主义、民族主义，他是用这个观点来建立他的正当性。当他正当性消失了之后，民进党来挑战他的是“台湾民族主义”，但是这个也很虚幻。

因为民进党执政的时候他也没有办法真正做到“台独”，台湾真正政治独立不大可能，所以他其实和国民党一样只是建立在民族主义的基础上，他挑战国民党用的是“台湾民族主义”，但也是很虚幻的，他真正实质上跟国民党没有很大的差异。例如说在社会正义的意识形态上，跟国民党没有很明显的差距，其他国家比如英国、美国都是左派、右派，他们的主张会落实在所有的政策上，倾向保守就比较支持资本家。

向：或者支持底层的人民。

林：对，他是左、右的，台湾没有这样的讨论。

向：不管是民进党还是国民党都是支持精英、资本的一面吗？

林：对，但是程度不一样。

向：都比较偏右的。

林：偏右一点，但是位置还是不大一样。国民党是极右。

向：国民党是代表资产阶级的极右，民进党呢？

林：民进党是中间偏右一点点，但是没有差很多。民进党 90 年代起来的时候，伴随很多社会运动，参加社会运动的人一开始会支持民进党，跟他结盟，但是后来就分开了，没有真的结盟，民进党并不是这些社会弱势团体的代表。

向：民主政治选举还是需要一些政治献金，所以党派最后选举的时候会更加靠拢财团，跟资本家打交道。

林：对，但是在意识形态上也没有很大的区分。民进党跟国民党之间会区分的是“国家”认同，因为国民党的问题是他的领导是建立在虚幻的国家主义、民族主义的基础上，为什么他能执政？就是因为他“代表中国”，代表我们去打仗，反攻大陆。民进党兴起的时候就打破这个虚幻的说法，认为你没有大中国，“我们早就失去中国了”。

台湾的情境与第三波民主化有一些相同和不同，很多国家的民主化都是要打破一个威权体，但是打破威权体制以后国家要怎么建立，国家基本的施政方向、左右之间到底是在哪个位置？很多国家都在讨论，像苏联也是这样。但是台湾有一个特别严重的问题就是“国家”认同的问题，“国家”认同的问题会成为公共论述里面拿“卖台”来挑战的情况，这对政治人物来讲是一个很简单很 convinient（便利）的方式。

向：这是政治人物使用起来很顺手的工具。

林：但是这对于公共政策论辩是不利的，这些也会反映在我们的媒体里面。

应该有条件地开放报禁

向：那您认为是什么促成了报禁开放？

林：也就是国民党的威权统治正当性不在了，所以当他说我们过去为什么报禁，是因为纸张不够，他以前的逻辑是这样的。

当我们不再“戡乱”了，就要面对现实，不能戒严。当整个逻辑不通的时候他只好全部都开放，但是在开放的时候蛮有趣的是当时有很多的讨论，很多的学者也认知到如果当局完全都不管，很可能就是大财团吃掉小报纸，是不是维持某种程度上的管制？特别是限制大报扩张那么快呢？大报当时已经占据三分之二的市场，那如果完全都不管，他就垄断大部分的市场，像小报比如《自立晚报》就死掉了，很多的学者说我们要有条件的开放。

那么当局为什么选择完全开放不管呢？因为这样便利他的好朋友——两大报，他比较安心，那如果管一点的话还有小报纸的空间，国民党不相信这些小报会偏向他们，所以他们当时的考虑是这样的。

开放派我印象比较深的是《联合报》的社论。学界对此发表意见的代表学者有李金铨教授、郑瑞城教授等等，他们认为应该有条件的开放。

向：有步骤、有条件的开放，他们的这个观点没有被当局采纳。那么解禁后，台湾媒体与当局之间关系有些什么变化？

林：就是从侍从报业转变为结盟的关系。其实，我们台湾的媒体不是纯市场逻辑的运作，我一直在想两大报为什么衰退得那么快？我 2008 年的论文就是在说全世界的报纸都在衰退，但是台湾两大报的衰退速度特别快，主要的原因是他不是纯市场，也就是说他的定位和言论的判断不是纯粹跟着市场走，不是人们喜欢什么他就提供什么，他基本上有很强烈的意识形态，即使读者有抗议他也还是坚持他的意识形态。不过《苹果日报》2003 年进入台湾的时候是真的在走纯市场路线的。

向：但是两大报这样做会不会说自己是站在社会责任论的立场，不提供媚俗的观点呢？

林：对，他认为他是精英。例如 1992 年他的政治逻辑还是大于经济逻辑，当他还可以日进斗金、财大气粗的时候，他还是可以说：“不管，我就是正派。”

向：正派办报是他们的一个口号。

林：Slogan（口号），特别是《联合报》。他们会讲“国家民族的使命”，《中国时报》也会这样讲，但是与台湾的主流民意已经越来越背离，特别当社会独立团体在抗议的时候，《联合报》根本不理会的，所以 1992 年有一个很重要的事件就是“退报运动”。《苹果日报》就不一样，今天去抗议什么他未刊登，他会立刻道歉，真的很市场化。

大报形态是一种新的权力、新的霸权

向：那您觉得哪种是您比较欣赏的媒体？

林：我觉得制度上应该确保不同的媒体所有权存在，报禁开放之初大报的形态是一种新的权力、新的霸权，他是用一种精英的角度来教训、领导、带领民众，所谓的文人办报，但是我认为这是很糟糕的。我并不是说完全支持市场，但是他那个概念跟我们后来所提倡的公共新闻学是不一样的，其实他应该是聆听民众，跟民众对话。台湾已经民主化，公民社会兴起，会期待媒体是具有公共性的，是跟公众对话的，能呈现不同公众的声音，是一个平台而不是少数的精英领导。在报禁时代，少数人能办报，报纸养了一些文人，这些文人就认为我们文人办报要领导无知的一般大众。

向：就像孙中山先生对报界的记者总是提倡我们是先知先觉的人，我们要宣导、领导民众，他们可能一直受到这种思想的引导。

林：但特别执着于文人办报的思想是很成问题的，特别是握有媒体工具的人是这样强大，两大报这么强大又不用对人民负责，也就是说他们也不管市场机制，也不是被人民选举的，权力这么大只是过去被保护的状况下形成的。

他拥有那么大的权力去带领民众这是不符合民主程序的，报业是存在问题的，所以他就会被淘汰了。我那篇论文就是说没有遵循市场机制、没有经过民主程序，报业秩序也没有建立起来，它不是透过真正卖好的报纸赢得读者的喜欢，不是依靠报纸内容竞争，而是通过吃掉别的报纸或者削价促销来赢得竞争。《自由时报》1996 年之后成长壮大，它也不是透过真正的市场竞争，也是通过卖报纸、卖黄金，比如“黄金大赠奖”来免费赠报，而真正的市场机制没有建立起来，所以我们台湾的报纸才衰退这么快。

报禁的时候没有建立市场机制，两大报寡占市场，报禁开放后真正的市场机制也没有建立起来，市场机制是要有市场竞争，然后公共利益才能建立起来，但是目前没有。大报这么大，大报可以不遵守市场规范把所有报纸都吃下来，真正借由竞争产生公共利益也没有实现过。我们台湾大报衰退很快，特别是《中国时报》就是一个典型的例子，余老板的儿子把报纸的利润拿去美国投资，投资失败以后就把家族报业卖掉了。

向：现在他卖给“旺旺”后整个状况怎样？

林：很糟糕。

向：是指内容还是别的方面？

林：都不好，《中国时报》蛮惨的，我刚讲过他在80年代日进斗金，所以可以养一些很有才华的文人、知识青年，送他们去读书，广告收益也很多，一年大概赚一百亿台币。家产放在那里也不会赔钱，但家产却败光了，他儿子就是把在台湾赚的钱拿去美国投资，受到美国联动债的影响，就把报纸卖掉了。比较严重的是，“旺旺”来了以后财团控制，台湾的财团又不是纯粹真的是在办报纸，他是在做政治投资，这个是比较严重的。

这也是为什么台湾有反“旺旺”的运动，从2008年开始，不是只有最近这一波。从08年他买的时候，就有很多人抗议。《中国时报》内部的记者也抗议，我记得“三要”是媒改团体提出来的，要权益、要参与、要公器，媒体不能变成老板的私器，变成投资的工具。“苹果”也是老板投资的工具，但是黎智英就是纯粹在办媒体，“苹果”的逻辑就是借由读者喜欢的、可以赚钱的、好的内容去卖报纸赚钱，没有办法赚钱的就把它卖掉，例如壹电视，成本太高、观众太少、无法赚钱就把它卖掉，以商品的概念来看媒体。

以市场逻辑当然有他的限制，但是他就是纯粹市场化。台湾其他的财团不一样，基本上是为了整个财团的所有利益，而媒体只是中间的一个工具。坦白了讲，今天蔡旺旺为什么要这么高价买“中时”“中天”还有之前的“苹果”，主要的用意是希望能增加在中国大陆的投资，能够换取在中国大陆的利益。

例如我们学生写论文，他研究一个题目蛮有趣的，就是台湾有线电视新闻台都有关于中国报道的节目，电视台会开设特定的专题、特定的节目报道中国大陆的新闻，专门讲中国大陆的事情，虽然收视率都很低，但是他们一定要有，这不是完全市场的新闻导向。各个电视台都这样，他是办给大陆的，意思是说我在台湾影响很大，我有专门报道中国的新闻和节目，有一天他有可能可以在中国落地，在大陆的卫星或者有线电视的频道上出现，他们的逻辑是这样，所以即使收视率不高也要有这样的节目。我的学生做论文的时候，他自己也在做这个节目，就发现类似东森台都期望有一天中国大陆能够开放它们在中国落地，所以在台湾的电视上必须维持大陆报道的节目。他们的逻辑是一样的，对象是大陆，他不是关注台湾的观众，以《旺报》为例，他在7－11放着卖，但是每天都放着，却没有人买，但是他还是得放着，给大陆说我在台湾是有影响力的，但他其实是做得不好。

向：还是要回归新闻的本质上来。

林：是。要有真正的社会影响力，还是要争取读者的信心，要有读者的尊敬，世新大学最近做了一个读者调查，结果《中国时报》是最末的，可是曾经是最好的。我刚才讲《中国时报》当年养了一大群青年文人，都是一群特别有想法的人，以前的老板特别给予他们空间，我以前也在《中国时报》做过事，调查采访室养了一大堆记者，平常也没做什么，一起吃饭聊天。但这些人很会写，多久写一篇也没规定，所以当时特别有想法的人都会到《中国时报》，这些人也都很感谢老板的知遇之恩。蔡旺旺就不行，与他想法不同的人他就解雇掉，找一大堆听话的、平庸的人来当总编辑、主管，所以《中国时报》整体水平下降了。市场也有市场的机制，也有限制，但台湾的市场可能是延续侍从报业，虽然报禁开放后，侍从报业的关系不存在了，但影响还是在的，特别是政治的影响。主要表现为老板的思维。我们台湾的媒体没有信托化，让所有权和经营权分开。这样才能让媒体真正有序发展，从台湾的例子可以看到，私人老板和家族企业因为自己的本业或个人的算计，做了某些投资影响媒体本业。

媒体信托化的未来方向

向：台湾新闻记者协会是不是一直在做记者编辑权利的争取？

林：从 1994 年开始，《自立晚报》关掉，记者的批判意识很强，一起组织记者协会。文人自主意识很强，这些报禁时代的大记者，两大报曾给予他们空间和金钱，让他们过很好的生活，但这些记者个人主义很强，没有劳动意识，所以当时很多的记者没有参加，大部分是新生代的记者参加，老一代的精英记者并没有参加，所以记协势力还是很小的，记协影响力不大。

向：是松散性的社会组织。

林：对。唯一有签“编辑室公约”的就是公共电视，其他媒体并没有签“编辑室公约”，因为都是私人产权，老板不会让他们签，包括《自由时报》。媒体都不理睬“编辑室公约”，只有“公视”签了，因为它的产权是全体“国民”，它就比较上轨道，有工会、“编辑室公约”还有“制播公约”。所以，虽然国民党还很想控制“公视”，因为最近“公视”有很多争议，但是记者编辑可以说我们按“编辑室公约”来，这也是提供了制度性的保障。

谈到将来媒体信托化，台湾还是有很多很好的媒体，但这要诉诸办报个人很英明、很有力量，不过这是不够的，以前《中国时报》的余老板大家都说他很好，但是他儿子就是不好，这就是家族事业。

长久发展还是要朝向公共信托。有很多国家的案例，例如英国《卫报》，信托建立很多的制度，利润回归媒体本身，利润不得做非媒体的活动，这是一个主推的方向；另一个方向是当局更多的支持小媒体、独立媒体。

反媒体垄断

向：现在新媒体时代，台湾报纸、电视是否同样存在生存危机？

林：台湾纸媒没办法立刻转型成网路，或者从网路里面获利，所以都不怎么转型。大报的网路版没有发挥网络的特性，只是将纸版搬上去，很多超链接的使用、研发他有没有投资去做？就媒体来讲并没有。特别是《自由时报》更慢，往往是直接把纸版的东西贴上去，甚至为了保证纸媒的发行，只提供部分内容。“苹果”比较积极，有一次我们请他们的总监来，他也很困惑，当网路的获利不明的时候会不会反倒影响他们的纸媒。他们也做“动新闻”这样的内容投资，但也担心投资那么多人力花在上面，会不会大家都不再看他的《苹果日报》？目前还没有办法做真正好的应用，新的商业模式还不确定，还在转型过程中。《自由时报》读者主要是五十岁以上比较绿的读者，这块读者越来越老，这群读者凋零，新的读者怎么面对一个网路的时代？他们其实没有准备好。《联合报》有努力，我在里面工作的同学说他们也没办法完全转，网路的商业模式不确定。

像台湾媒体都小小的，弱弱逊逊的，特别是有线电视的部分，所以2000年以后比较重要的改革方向是公共媒体，台湾跟其他地区比较不一样的是公共电视的建立，例如说欧洲很多国家他们公共电视很大，但是在90年代都开始减小规模、私有化，来降低它的影响，台湾反倒走不一样的路，90年代历经解禁，很多私人媒体、财团进来，到2000年很多传播学的学者认为这样下去不行，所以才有独立于行政部门、独立于财团的媒体集团出来。其实1990年就推出这一运动，1998年公共电视成立，2000年推动“公视”集团化，2006年公共电视集团建立，目前还在推动，希望有更好的法治基础让台湾公共电视更大一点、更有影响力，这是台湾大概的方向。

过去是“党国”，所以有侍从报业的体系，电视的部分大致也是这样。

90 年代是解禁的年代，报纸解禁让财团进来，电视也是一样，老三台还在，国民党的控制还在，但是有“民视”。三台为什么不改革一下？国民党的力量那个时候还控制着“中视”，跟民主的潮流是不对的，其实那个时候国民党和民进党交易，就是说我让你民进党成立一个“民视”，你就不要管我国民党控制的三台，基本上是一个协商的过程，蛮糟糕的，所以无线电视台就蛮逊的。有线电视成立是财团控制，都是亲国民党的财团，2000 年民进党上台就开始允许外资控制有线电视，后来 2008 年国民党上台又让新的国民党财团买回来，特别是“旺旺”。这一波的“反媒体垄断”就是蛮大的社会运动，去年就很严重，去年 7 月 25 日，NCC 就居然附条件通过，26 号学生就去抗议、去包围。

向：我看媒体上说是台大的一个教授买通了学生去游行的，还开始爆这个教授的家庭隐私，媒体的这种做法后来被评价为“无良媒体”。

林：很糟糕，编故事，学生就很生气。去年 9 月 1 号的时候就有一万人游行，这一段是很重要的。现在有一些财团的逻辑不一样，像“苹果”纯赚钱的，把新闻当作商品来卖，但很多财团不是，外国的财团做有线电视就是买空卖空，便宜地买我们的系统再高价卖掉。

向：他们的逻辑是做生意不是做媒体。

林：很多的财团是这样，买空卖空。“旺旺”这种新型资本恐怖的地方在于，它就是传递意识形态，它要洗脑，它也不是要靠媒体赚钱，它是着眼于在中国大陆的利益。

当局没有政策的概念

向：您刚才所说的这些都是关于媒体新政商关系这方面的。现在的新闻传播主管单位与报禁时期相比有哪些变更？他们的管理方式有哪些变化？

林：过去都是党凌驾于政，力量很大。后来主管机关变成“新闻局”，“新闻局”应该也不大管事，很懒的。2012 年“新闻局”撤了，有一部分的业务到“文化部”，现在它的角色单纯只是发言人。

向：现在这样的转变您是怎么评价？

林：是好的。但“文化部”有没有在做事也要看龙应台，龙应台好像比较文人，她并没有传播政策的概念，很多东西对她来讲都是新的，“国家”的传播政策、新闻政策发展方向对她来讲也是新的。基本上她是一个文人，是一个作家。

向：她也长期做文化方面的事情，媒体方面的东西也应该有挺多接触的。

林：她都不懂，大家都吓一跳。她最近说得最扯的话就是公共电视这么难，这么多争议，把它关掉算了。她有努力，但是她在认知上是不足的。

向：她这句话的前后文对她这样说是否能够提供一个合理性的解释？

林：大家解读不一样。如果一个善意的解读就是她很努力了还是没有成果，所以她很挫折就讲出这样的话，这是一个合理的解释。那对一个“部长”的要求，就是她必须要有政策去实践，但她没有政策，一上台发现原来有这么多事要管。

向：到目前为止还没有一些让您比较认同的传播政策出来吗？

林：没有，但是她不错的地方是她有努力。

向：她努力做了一些什么？

林：“公视”的争议告一段落，因为政党内斗，公共电视董事会一直产生不出来，延任了一千多天，“新头壳网”有这方面的报道。

向：这个董事会需要怎么组建成立？

林：应该是所谓的社会公正人士，然后“立法院”选举。“立法院”又觉得政党色彩太浓，“公视法”规定应该推出更公正的人士来选拔董事、监事会的人选，应该是行政部门提名，由“立法院”所组成的审议委员去选举。但是因为政党所提名的审议委员通常都蛮对立的，所以就一直产生不出来。另外包括门槛又太高，要四分之三通过，这个还蛮复杂的。龙应台有努力化解，“公视”董事会产生很不容易，所以 on the way，但是她还是没有蓝图愿景，我们媒体改造学社曾出书给她提出愿景参考，但她的好处是起码她愿意做事，虽然进步不容易，但是有朝着进步的方向，只是说非常漫长。

台湾的媒体改革是进一步退两步，应该说进三步退两步比较好，还是有进“一步”。整体还是前进的，只是说非常的缓慢。

向：主要是什么原因呢？

林：主要是当局不大关心，过去当局将媒体作为宣传工具，当局并没有政策的概念，我们社会也是一样，在台湾做媒体改革运动，比较像是在重新创造一种知识，建构一种新的知识。因为，过去台湾都是自由主义为主，对抗威权主义，自由主义的概念就是当局不要管，民进党反对运动一直都是从自由主义的概念出发希望当局不要管，但是当局不要管就是财团来管。

我们期待的是一个多元的产权结构，市场只是其中之一，主张媒体有公共责任，具有公共性，所谓公共责任是要从法规的层次去要求。

向： 这些事情主管部门的作用很大吗？还是只要媒体协调就可以了呢？

林： 自律是不可靠的，我认为必须从结构性的入手。例如有些暴利的产业，像有线电视的系统业者不用做节目他就赚那么多钱，既收上架费，又收收视费等等，他就必须要课税。媒体改造学社有出一本书《风雨中的匮乏》，大概就是我们的方向。

多元产权中公共媒体是重要的

向： 我看过这本书，涉及媒体公共性和多元产业结构。

林： 在台湾深受资本主义影响的社会，要恢复到全部公共产权很难，但是会提倡比较偏向激进的市场主义（radical marketism），多元的产权中公共媒体是重要的，市场要责成那些有权力的人负起公共责任，另外必须扶植一些新兴媒体，把公共资源放在新兴媒体，比如在地的、社区的、小众的，特别是地方媒体。

现在有网路但是没有内容 content，社区报过去可能是报纸的形态，但是两大报在长大的时候把这些媒体都吃掉了，现在可以通过网路的形态，有专业的人去做内容，所以需要考虑怎么样让这样的业者活下来。

向： 通过一些补助性的措施来扶植他们。

林： 我们地方的新闻，或者一些关心特定议题的媒体，很多人是有心做的，但是广告不足，经营不下去。台湾有很多很好的小众媒体，比如苦劳网，专门做劳工社会运动的议题。还有环境资讯中心、上下游，上下游是农业议题的，但是他们很难活下去，目前可以活下去是因为大家捐钱支持他们。苦劳网它本身也得到很多奖，所以捐钱的人更多。但靠我们捐钱也不够，不能够支撑那么多，他们过得很辛苦。比较成熟和多元的媒体环境应该是有各种类型的媒体。

像苦劳网他们完全不拿当局的钱，由“内政部”登记管理（其实也管不了什么）。苦劳网的模式是社会捐助，捐的人蛮多的，他们会出一些报表告诉我们谁捐款、捐了多少、用了多少。

“NCC”管得很松

向： 您认为台湾现行的新闻法规为新闻自由提供了制度性保障吗？

林：“NCC”管得很松，新闻法规应该做结构性的管制，现有的都是做消极管理，做最少的管制。新闻媒体的内容不能管，但要管结构，例如说有没有对大财团管制，大财团媒体太大没有办法促进市场竞争，小的媒体就不能进入。

向：您认为台湾现行的新闻传播制度是基于什么价值观建立起来的？

林：应该就是新自由主义，产业的利益。

向：您认为台湾民主转型后，现行新闻传播制度还有哪些需要改善的地方？

林：促进公共性，公共产权，公共责任。

向：现在“公共电视法”也在倡导公共性，再做的话怎么去做呢？

林：我们的“公视法”，你看这是我们的现行条文，这些都是魔鬼，你看这一条“弥补商业电视之不足”，所以现行的法规“弥补商业电视之不足”这就是魔鬼。因为，这就决定了公共电视就是小的、辅助的。

向：这句话的潜台词就是要以商业电视为主。

林：对，而且“NCC”对商业电视的规范又不足。现在做修改，民进党的版本是吸收媒改团体的版本，“为健全传播环境，建立公共服务之广播电视制度，提供符合多元社会需求之广电内容”，我是赞成这种，这是我们写的，他们拿去用。我没有参加政党，这是民进党为了得到选票，必须吸收进步的声音，跟国民党做区隔。

向：为什么没有被采纳呢？

林：3月份我去“文化部”开会，龙应台不知道应该怎么去做，就找学者们过来问，“行政院”的版本是“为健全公共电视之发展，建立公共服务之大众传播制度，提供符合多元社会需求之传播内容”。但是最后并没有采纳，最后有可能还是维持现行条文，现在还在“文化部”里面讨论。

向：您对前面的主旨部分就不赞同？

林：细节很重要。例如之前的条文很糟糕，我们要的版本是建立一个很大的广播电视制度，我们要的是很大的比较像CCTV这样的，但是最后弄了半天，只是一部分吸收，把“弥补商业电视不足”拿掉，就是非常小规模的修改，我们要的广播的部分就没有进来。

向：这个讨论的结果什么时候出来？

林：很久，很缓慢。对“公共电视法”的修改还在讨论之中，行政部门没有政策的想象，民进党也没有，什么样的执政党就有什么样的在野党。

媒体改造运动

向： 现在专家也咨询了，也努力了，未来应该怎么去弄呢？

林： 媒改团体继续吵，学者、NGO 团体继续去吵。

向： 一个不断跟当局博弈的过程。

林： 世界很少有地方是这样，就是传播学者组织一个媒体改造社。我们快要法人化了，成立 13 年了，今年是在将其变成一个协会，法人化。以前没有办公室也没有固定的人，是松散的组织，大家轮流做，轮流写声明，让他们听到声音，教育他们。有些政治人物希望跟其他政治人物做区隔往上爬，他的政治机会需要创造，我们就比较有机会。从我们过去的历程看，台湾的媒改运动很厉害的，当局把电视当成可以控制的，两个党都一样，但是却可以产生一个公共电视把它集团化，人民也不知道什么叫公共电视，社会也不知道什么叫公共电视，这是二十多个学者吵出来的，很多社会学家都觉得我们很厉害。可是过程中我们必须要找到机会、创造机会，看到哪些政治人物，他有他的政治目的，或许是往上爬，或者是留下历史地位，所以他愿意听我们说。像龙应台我们认为对我们来讲她是一个政治机会，她不懂但是她努力，为什么她努力呢？也不是说她多好，而是说她希望在历史留名，所以我们才会跟她合作开这个会，这样我们相对来讲就比较有机会。

进步是需要争取的，流汗但不会流血，要花些时间。台湾媒改社目前以学者为主，假设我们会员有 100 个，其中可能 80 个都是学者，10 个记者，10 个学生。蛮困难的，政治人物不懂，政党也不去想，所以老是出问题，进三步退两步。

五、苏蘅访谈录

苏蘅简介

现任台湾政治大学教授。1955 年出生，台湾大学法律系学士，政大新闻所硕士，美国密执安州立大学传播硕士，政大新闻研究所博士。曾任“国家通讯传播委员会主任委员”。代表作有《竞争时代的报纸：理论与实务》（台北：时英出版社，2002）；《台湾主要报纸新闻内容之转变（1950—1993）》（获“国科会”1998 年度甲等优良研究奖）等。

访谈时间：2013 年 8 月 7 日
访谈地点：台湾政治大学新闻传播学院

媒体的传声筒性质

苏蘅（以下简称苏）：报禁前后，我那时候大学毕业在媒体工作，所以我自己有经历过这样的阶段，但是因为那个时候大学毕业没多久，刚在媒体工作，所以做的都是比较小的工作，大决策的部分我不是那么清楚，后来出来做学者才有一些观察和了解，我事先声明一下。

向芬（以下简称向）：好的，那您先谈谈报禁给您印象最深刻的事情是什么？

苏：报禁本身是限证、限张、限印，对于拿到特许证照的老板来讲，印象最深的是很赚钱，是一个保障的产业，那时变成广告主要拿钱求媒体登广告，媒体是一个垄断的产业；第二个部分最重要的就是新闻自由的问题，新闻是管制的，当时没有反对的声音，简单地来讲，媒体的传声筒性质很明显。在媒体很赚钱同时也受管制的情况下，那时也是台湾媒体集团萌芽的时期，有些媒体想成为一个集团，像《联合报》《中国时报》在当时处于一个很好的时期，也有多角化经营的政策，后来变成媒体集团，等于是国民党统治阶段里的时代产物。举一个非常简单的例子，《联合报》刚开始办的时候王惕吾没什么钱，后来王永庆出钱让他办报，而且王永庆进来后采取了一个非常大的措施，给报业的员工大幅加薪，使得报纸能够找到比较好的人才。薪水非常重要，我记得我进《联合报》的时候，工资比外面公务员都高很多。

向：具体高多少？

苏：非常多，两三倍，其实像我们念书的时候要考公务员都考得上的，最后却不去机关反而到媒体工作，《联合报》带头加薪其他媒体也都加薪。因为王永庆出资，《联合报》有一阵子出现了鼓吹对王永庆的产业有帮助的轻油裂解厂的概念，所以那时候党政高层就担心背后其他的事情，在高层授意之下，王永庆退出股份，后来就变成王惕吾自己经营的一个报业，在那样的一个情况之下，可以看得出来国民党高层对报业的控制着力甚深。

政治和经济的双重控制手段

向：报禁时期管控媒体的方式和手段主要有哪些？

苏：管控不只是有当局，我谈的是当局和政党两个方面，手段方面我把它分为硬性和软性。先讲当局，当局主要的管控单位是“新闻局”，政党的管控单位就是国民党的文工会，还有军方的“警备总部”，党政军。事实上所谓的管控不是当局，当局是一个广义的概念，统治阶层的概念，是透过“新闻局”、文工会和“警总”来一起管控媒体。刚才讲硬性、软性，我感觉大部分属于比较软性，软性背后有硬性。

有些学者说侍从主义，我没有完全同意这个观点，因为这个侍从主义要看怎么去解释，我们可以有政治侍从主义，也可以有经济侍从主义，我觉得那个时候也是政治和经济双重的控制手段。软性的手法简单地讲就是派人进驻，直接指定人去做媒体的执行者，所以在这样情况下非常容易对媒体内容产出进行控制。当时比较重要的报纸《联合报》《中国时报》，余纪忠和王惕吾都是国民党中常委，这是党政一起做的，这也是一种手段。硬性的手段，“三限”其实就是一种硬性的手段，除了这些之外就不准办新的报纸，这已经很清楚了。其实对于内容的管控上面，如果里面已经有人对新闻内容进行审查的话，其实不需要用到规定或其他的手法了，坦白说那是后端的，除非出了什么状况。所以简单讲就是直接控管，一个是对老板的笼络，另一个是控管媒体内容的部分。当时不管是在《联合报》还是在《中国时报》担任总编辑的人都跟党政军有些渊源，也懂得媒体需求跟党政军需求之间的相互应和，所以这是当时一个重要的手段。

政治是一个最大的禁忌

向：报禁时期政治领袖对媒体的影响如何？

苏：我想很明显的就是控制、管制、限制。直接控制，比如一些基本的“国策”，当时在冷战时期对跟中国大陆之间的关系、对中国大陆领导人的定调，这些是比较清楚的控制。也许就把他妖魔化，或者把对岸发展的东西当成一个禁忌，或者一定要用一个负面的形象，从学理的观点来讲我觉得是比较政治社会化，事实上也是某种政治宣传。那个时候还是铅字排版，我记得刚进媒体的时候做编辑，拿铅字的时候“中共”跟“中央”绝对不能拿错，“央”字和“共”字长得很像，于是就摆得很远。这是一种以“国家”定调的方式控制，不管是“宪政”还是“戡乱”时期，定调的方式是一种控制；管制刚才已经谈过了，不管硬性，软性手法都可以进行某种程度的管制，其实到媒体去工作很清楚那道线在哪里，政治是一个最大的禁忌，政治以外的东西其实不太管。

向：您去《联合报》入职的时候有没有受到很明确的提示，还是说在工作过程中自己感受那道线在哪里呢？

苏：没有，从来没有人跟你讲任何的东西。我过去不是学新闻的，新闻的概念都是在《联合报》师徒制那样去学，刚进去都不可能让我们碰政治的，所以其实也不知道政治的什么东西。假设有电话打来，那时不是文工会就是“新闻局”，确切的 case 我不知道，但是我们的编辑台是一个开放空间，整个都是在一起工作，所以有时候就会听见打电话来了什么的，会知道打电话来告诉你说定调是什么，那时候媒体很少，要定调很容易。什么不能报只有总编辑才知道，一般其他人不知道。那时我还只是初出茅庐的记者而已，不太接触得到这个部分。我会给你建议一些人去问一下，当时有些人都在负责处理这些事情，我没跑过政治线，所以我对政治的接触很少。其实只是碰到非常重要的事情才会打电话来，其他的事情总编辑自己都能够决定了，除非那种突发的事情。我们所有的版，也就三大张而已，出刊之前总编辑都会看，他都会处理的。看的那一群人都知道“党国”的界线在哪里，基本上早年都是这样。

那么影响是什么呢？我想影响就是牺牲言论自由、新闻自由，封锁新闻。当然我认为那是冷战时期的一大特色，特别是中国大陆那一块，中共的任何政策那时候都是完全不能报的，照片也不能登。我们在媒体工作的时候当然会接触到那边的情况是怎样的，但我们知道第二天一个字都没法见报的。有一段时间我帮忙处理外电，因为我英文还不错，譬如说《远东经济评论》（Far East Economic Review）、《时代周刊》（Time）、《新闻周刊》（Newsweek），进来之前一大批都送到“警总”、文工会、“新闻局”，我不太清楚他们怎么分工的，“新闻局”当然担负很大的责任，就是先去过滤一遍。

印象中其实我就会从上面接触到一些写中国大陆状况的东西，不过常常会被剪掉（早年都是剪掉），连我这样媒体的人都看不到，街上更没有发行这些东西。到后来才是盖章在上面表示媒体不能登，我还记得早年在毛泽东的照片上盖一个“匪”，所以其实很清楚，媒体只是过滤后端，另一个重要的把关机制是“警总”、“新闻局”和文工会那边。在那个时代我不太会接触到政治领袖，我会建议有几位你也许可以去访问。这和你问题中是什么促成开放有关。

回溯历史细节是非常关键的

向： 您个人认为是什么促成了报禁开放？列举一些具有代表性的事件和人物？

苏： 我在整理资料提供你的问题答案的时候发现，有些亲历的人还活着，说不定还能采访他一下。有一位我印象非常深刻，因为我在做记者编辑的时候他是我的总编辑，他年纪很大了，大概八十几岁，叫作赵玉明，好像跟大陆有一位学者名字一样的。还有一位现在也在，他当时也负责一些很重要的事情，张作锦，我们都叫他“作老”，他是当时一个非常重要的负责人，我跟他那个时候也没什么接触，他那时候已经在做采访主任或者是副总编辑了，我觉得他应该会蛮了解当时的一些状况，我很多年都没见到他了。还有一位是中央社的董事长陈国祥，他有写一些台湾报业方面的东西，他那时已经做专栏主任了。我刚讲得比较多的是新闻的部分，其实专栏的部分那个时候也管的非常严，就是请学者写专栏谈一些东西。像《联合报》另外有杂志《中国论坛》，尺度就比较开放，但是在报纸上就非常严。陈国祥他也写了报业史的东西，所以他对那一段的历史我觉得应该也了解，陈国祥当时还做到中层主管，所以他应该很清楚。

还有一个人我觉得最关键的人物，你如果能找到他不知道他愿不愿意讲，他知道的应该是最多的，宋楚瑜，我都想说有机会我说不定也应该去找一下宋楚瑜，去问他一下。因为他当时也是蒋经国蛮相信的一个人，他也做过“新闻局局长”。我想要是问报禁到底是怎么开放的，宋楚瑜应该会知道很多。张作锦现在对大陆非常的友好，所以说不定你在台湾的时候打电话到《联合报》能联系上，说不定蛮愿意谈的。赵玉明很老很老了，年纪很大了，我印象中他在台湾，我那时候还年轻，他很喜欢找我聊天。这几位我会觉得有代表性。

台湾民主化的过程，特别是本土化势力的起来，让蒋经国不能忽视，所以我才会觉得宋楚瑜是关键人物，宋楚瑜跟在蒋经国旁边，几乎是他贴身的秘书，如果真的要知道谁在那一刹那之间决定报禁要跟着解严一起开放，我就会觉得宋楚瑜是关键人物，至少他知道关键在哪里。

我看到的是台湾民主化过程中蒋经国本身的思想转变，1987 年解严前“行政院长”俞国华指示“新闻局”准备报禁开放的文件，那是一个非常重要的文件，俞国华先生现在都不在了，他应该会知道为什么会有这样一个指示，因为他是蒋家最忠诚的家臣，他也是非常懂财经的重量级的历史人物。

张作锦或者陈国祥先生他们这两位，参加了报禁开放实际的执行、运作，宋楚瑜可能是了解决策的，这几位能访问到我觉得可以填补历史空白。台湾到目前为止还没有人尝试去访问他们，大家都觉得理所当然开放了，可是回溯那些东西必然会有些历史细节，那些历史细节可能是非常关键的，至少是从外面看不出来的，历史常常需要一些很关键的事件把这个问题说得更清楚更深入。

媒体正负两面的角色

向：您认为台湾媒体在民主转型中扮演了什么样的角色？

苏：我自己的观察是正面也是负面的。台湾的媒体在民主转型中还是有相当的贡献，从正面来讲就是监督当局。其实媒体很早就开始监督当局，即使在戒严时期也有，只是没那么明白。有一些禁忌他知道不能碰，我觉得那时媒体没有那么不透明，我所知道的是因为有一些财经的政策，所以也抱着竞争的概念在里面了，竞争之下多多少少有一些监督，不过不像现在已经到乱象的程度。那个时候还是有一些政策分析的文章，文人办报的特质还是有的，在有些政策上面包括有些知识分子的声音有时候还是会借着访问的名义表达出来，这是正面的功能，就是还是有监督的功能，某种程度的监督；另外一个是透明，有媒体多少还是有透明的东西，早年是没有，从雷震开始，一路谈自由主义。

向：我觉得其实雷震谈了很长一段时间，谈论的尺度也非常大的。

苏：甚至于连政党政治都谈，并不是不能谈，只是说你要组党这个东西是万万不行的。其实追溯起来，台湾那个时候甚至于中研院胡佛老师都在讨论“宪法”本身。我大学念法律系，我没有修过他的课，但是那个时候我们修宪法的课，里面谈到美国的所谓民主制度，所以民主制度的概念其实一直在台湾，在大学的课堂里面，只是没有那么自由开放地谈，但并不是没有。我们虽然是在一个所谓的戒严时期，但是政党政治、民主制度这些东西都有碰触。

向：在课堂上谈，在报纸上也谈，会不会也有用民主装点的意思呢？

苏：以我当时接触的学者来讲，我的印象里面，我觉得这些学者（至少我当时认识的学者），有一些学者认为如果要走与中国大陆不一样的方向的话，民主是必然的目标，那个时候其实已经在谈这些。如果是说做一个国际上的区隔，要跟西方世界接轨，我的印象里他们谈民主只是谈国外，没有谈到台湾怎么实践民主的事情。当然一定会谈到民主，会谈到卢梭，会谈到国外民主制度的萌芽，会从政治思想和西方的制度开始谈，但那时候最不能谈的就是台湾要怎么做。

不过我没有觉得是很装点的，谈就是谈，但是要怎么做是另外一回事，所以台湾没有“政党法”，没有真正的选举，就是说制度上、结构上、法规上都没有真的谈下去。在《中国论坛》期刊上（我觉得这个功能是从杂志开始发挥的），也限于知识分子在谈。

有的时候你看这个报纸的角色也很有趣，我回头再去想报禁时期的特色是什么？言论自由、新闻自由先不谈，我觉得当时的报纸大众化的角色比较弱，比较精英化，这是比较不一样的，而且办报的人也是自诩为社会精英，文人办报的特色很清楚。我觉得也有讨论，但不是常态性的讨论，是偶然的讨论，讨论的意见是真心的，当时有蛮多华人的一些文章也常常刊登，带来很多谈两党政治相关的东西。谈国外没关系，只要不谈台湾就好。其实那个时候并不是没有讨论，只是不谈禁忌，后来思想冲击越来越大的时候就谈到台湾了，其中党外杂志扮演了相当的角色。

其实那时候也有《自立晚报》，“自立”已经代表了比较反当局的声音，“自立”还是蛮有贡献的，他解严之后才消失，吴三连办的，我刚推荐你访问陈国祥也是因为他在“自立”呆过，在《中国时报》呆过，他应该会了解那些反对的声音怎么出来。其实当时上面对“自立”很头痛，刚开始是《自立晚报》，认为影响不大，而且认为影响也只是少数知识分子。

刚讲这些是正面的，我觉得其实报纸在台湾民主转型中也有相当负面的角色，以现在来讲就是偏颇、不客观、民粹。我刚觉得早年是比较精英的，可是现在越来越所谓大众化，大众化的另一个名字就是非常民粹，民粹到媒体没有核心价值观。我们有时候在看西方媒体，说这个报道夹叙夹议，或者是我们常说《纽约时报》意见跟报道分开，我觉得你可以把他归类这个叫作比较自由派的报纸，这个叫比较保守派的报纸，自由和保守都 OK 的，他只要呈现在他的意见，他还是有他的核心价值。你可以了解为什么今天《纽约时报》会开一个 Krugman（克鲁格曼）的专栏，Krugman 是一个很自由主义的经济学者，他为他的主张而主张，有他的理由在，所以你可以听见多元的声音，《纽约时报》就是一个自由主义的报纸。台湾的媒体摇来摆去，除了政治上的立场之外，对政策没有核心思想。

向：媒体根据什么摇来摆去？

苏：根据民意，他就没有自己的想法。就讲服贸协议吧，服贸协议你该不该有自己的主张？服贸对台湾人好不好？媒体就没有自己的主张，而是用访问调查的方式，我觉得这个确实不好。你也可以没有自己的主张，没关系，但是你可以邀请人来做公共论坛，你可以找人来辩论，总会有理性讨论的空间。可是台湾现在的媒体理性讨论的空间没有，没有讨论，只有民意不喜欢就登民意不喜欢。以前精英本身有精英的想法，现在还是应该有一些理性的、科学的、比较客观的讨论的空间，而这在如今的台湾媒体几乎看不到。偏颇就不用谈了，台湾的报纸政治立场都很清楚，如果从解严一直到现在整个转型的过程中，台湾的媒体没有办法像西方媒体那样扮演很重要的角色，甚至说可以领导舆论，就是跟着民意走，今天赞成就赞成了，明天反对了就反对了。

向：从民主的框架来讲，台湾也是学习西方民主那一套，为什么台湾媒体做不到西方媒体那样呢？

苏：我觉得台湾有他本土很不一样的地方，西方能够这样因为他们的媒体里面有公共知识分子的传统，当然还有一些外在、内在因素。公共知识分子传统就是你可以看到像国外的一些重量级的知识分子，如法国的 Bourdieu（布尔迪厄）、英国的 Giddens（吉登斯）及美国的 Krugman（克鲁格曼）这样的人，他会在媒体上为他的信念去辩护，这个传统从 18、19 世纪直到现在。不好也没关系，错了也没关系，Krugman 也好多错，他在预测的时候也出了很多错。不过你总是有你的核心价值，你希望走向什么样的经济，你希望政府少管还是政府多管，你总是有你自己的理论和架构，你就为你的架构、为你的理念去辩护，这个是知识分子蛮重要的一点，就是将媒体变成他的发声管道。

在台湾现在没有，当然有很多原因，其中一个重要因素是环境不好，整个大环境不好，所谓的金融风暴让媒体现在的老板没有把心思放在媒体上面，很多以前有理想的人离开，现在薪水很低，好多优秀人才都离开了，整个媒体的品质是很低落的，对于所谓的知识理性的思辨，我觉得媒体没有能力去看去思考，甚至去维护。

向：台湾也有一些知识分子组建媒体监督组织，他们也算是公共知识分子？

苏：台湾的你在旁边看就好了，这些都色彩很重，是有颜色的，我不多讲了。所以说以前，还有《自立晚报》《民众日报》他们主张政党政治，言论一致去做一些主张，但现在没有了。

当局一方面不管，一方面也不敢管

向：解禁后，台湾媒体与当局之间关系有些什么变化？

苏：最大的变化我想就是“出版法”没有了，报纸的言论就没有相关规定来做一个约束，台湾媒体自律的能力又很差。

向：99 年把“出版法”废除的时候学者们也是非常赞成的。

苏：是赞成，因为里面确实有很多不合理的部分，“出版法”最大的问题就是“出版法”是母法，跟着“出版法”就有一系列相关的法令，废除“出版法”等于是把一个源头去掉。以“出版法”的名义去限制媒体的言论，大家真的是认为不能再走回头路，台湾好不容易走到解除言论管制的阶段，这是一个新的开始，大家都不愿意回头。台湾从戒严到解严吃了很多苦头，自由得来不易，但是很多的法规，我自己在“NCC”做“主委”的时候我也觉得很头痛，我们要检视、修订“卫星广播电视法”，里面还有很多法条都是根据戒严时期制定的相关规定。举例来说，在“广电法”里面现在都还说节目要事前送审，广告要事前送审。

向：其实没有送审吧？

苏：都不送审，都不执行了。只有一个还要送审，那是不跟“广电法”来的，那个是“特别法”，就是中国大陆的节目要送审，中国大陆的节目全部要事先送审，这个法还一直在。

走了这么多年，关系当然是改变了，因为现在当局一方面不管、一方面也不敢管媒体，以前党政军的控制就更不用讲了，党政军要退出媒体。整个部分是切断的，但是切断了后没有一个很好的过渡，这是一个很大的问题，对于新的秩序当时是没有蓝图的，才会造成台湾今天非常多的乱象，松绑了以后你要让他再去上轨道。台湾的民众也很民粹，你只要管他他就不高兴，所以很多事情很难管。

我自己也曾经思考过，也找过一些有共同想法的人，但最后大家都觉得那是个马蜂窝，就算了。举个例子，在解严之后，有一次“新闻局”找了我们好多学者商讨，因为台湾常常有选举，选举时负面攻击太严重，很恶质的言论都出来了，有的甚至逾越法的规范。当然逾越法的规范你可以去告他，我们诽谤、妨碍名誉的罪都有。可是在选举期间造谣的事情出来之后，你害一个人落选，就几乎没有办法恢复，你事后到选完了说我讲的都是假的，有什么用？这是选举制度之恶，这会是一个问题。

我们其实希望跟欧盟和美国一样，台湾电视的政治立场很明显，我们作为学者有的时候还是有一点理想，国外都是经过 deregulation（放松管制）到 reregulation（调控），在选前几个月，像法国是半年或三个月，给电视媒体一个特别的责任，比如说立即更正权，立即更正、立即答辩的这种责任。让选举人在选举时万一遭到污名，电视媒体不要总是写公文来来往往，因为一般而言如果要电视媒体更正，他们都是能推就推、能赖就赖、能拖就拖，就像一个“特别法”的概念，能把台湾很恶质的风气矫正过来。那时候我记得“新闻局”也采纳了这样的规范，到后来法规可能没有通过，就一个行政命令而已。

我的印象里最大的问题是没有法则，台湾的媒体基本都是道德感不高的，这和市场竞争有一些关系，当然跟老板也有关系了，台湾经营媒体的相当一部分人把媒体当成私器来用，这是一个很大的问题。媒体和当局之间的关系，我觉得解禁之后最大的变化就是当局从管很多变成束手无策。

向： 私有媒体老板把媒体当私器，似乎是不可避免的，因为媒体是商业化的，是老板的一种工具，老板就要用自己的渠道来做自己的事情。如果是公有媒体的话公共精神可能更多一点吗？

苏： 至少应该把公共的精神放到里面来，就像美国 FCC 早年开放有线电视那样。台湾有线电视更加私有化，而且跟地方政治势力结合在一起，台湾很多做决策的过程里面（当然我们台湾人才也少），决策的品质没有很好，那个时候一下子全部开放，应该有的公共的部分就放弃掉了。国外特别是欧洲常常有一个公共媒体在里面，对于商业媒体来说他会有一个比较优质的影响力。

向： 国外的公共媒体好像比较强势，而台湾“公视”的节目没有那么强的引导力。

苏： 是，台湾现在的问题就是这样。台湾当局的角色，和跟媒体的关系，我觉得某种程度上讲当局的管制力弱化了，管制力弱化不是坏事，应该是法治的管制力要增强，可是如果法治的管制力也弱化了，等于没有什么可以着力的地方了，几乎是放任媒体爱做什么就做什么。

我也注意到大陆有些节目政府觉得太烂了，会下一个指令说不要这么多恶俗的节目，虽然我觉得有一些可能不应该是政府来管的；但是台湾恰恰相反，媒体认为你最好不要管，管的话就跟你抗争。

媒体是在用放大镜检验

向：解禁后政治领袖对新闻媒体的影响如何？

苏：解严后政治领袖对于媒体的影响，我觉得就是关系改变了，以前是管制者与被管制者的关系，现在可能是一个平行者，甚至有的时候政治与媒体的互动还要非常的紧密，他知道很多重要的政策也要借重媒体帮他跟老百姓说清楚。所以，解禁后之前的软硬手法全部没有了。

向：媒体第四权像紧箍咒一样，是这样吗？

苏：我觉得会有，行政机关每天大概第一件事情就是要看舆情汇报，一大早就会把跟各部会有关的舆情送到行政长官面前，让他了解前天媒体怎么看待这个事情。可是因为台湾现在媒体看行政部门整个很负面，所以我觉得其实没有“肩膀”的“部会首长”，比较容易被媒体牵着走。可是坦白说现在媒体知识不够、专业程度也不够，媒体讲的也不见得对，所以行政部门有他的专业他知道该怎么做，他就应该自己出来说服或者通过媒体说服大家，这是一个比较平等、民主的过程。现在媒体第四权也就是监督的力量是比以前强了，媒体是在用放大镜检验，所以官员动辄得咎，他们都要学习如何跟媒体打交道。

当媒体变成生意

向：有一种说法认为，解禁后的台湾媒体陷入新的政商关系之中？您怎么认为？

苏：这是很明显的事情，这是一个很复杂的关系。最明显的就是《自由时报》和“旺中”蔡衍明，这是报纸的部分。电视的话除了一些比较早年的既有的经营者之外，像蔡衍明也去买双中——“中时”“中天”，所以新的政商关系已经形成，而且由来已久，蔡衍明进来后政商关系更清楚了。台湾卖媒体，转手的时候是一个比较特殊的状况，买媒体的这一群所谓的商人基本上是有意图的，我们都看得很清楚，常常会问为什么是他们来买？为什么是他们在经营？这还是一个老问题，就是我们刚才讲的为了私利，不是为了公利。跟梅铎还蛮像的，就是要那个媒体的影响力，用言论的影响力增加他的经济利益。

向：您说的梅铎，我们叫默多克，他个人是否还有媒体人的一面？

苏：我觉得他是一个很能干的人，从经营手法来看，他是一个精明的生意人，但是他也非常懂得来维护他的利益。他除了在中国大陆碰到铁板之外，在全世界他的经营可以说是无往不利。我举个例子，最近在澳洲，陆克文又回澳洲政坛了，默多克报纸在澳洲占到百分之七十，影响力非常大，他就整个开始攻击陆克文的经济政策，老板一声令下就开始发动。默多克除了在美国的时候稍微收敛一点（其实也没有），我看过一些资料，FOX 新闻台言论支持共和党，默多克他为了买 FOX 还入籍美国，FCC 在默多克买 FOX 的时候举行听证会，“国会议员”甚至要求调查默多克的所谓的适格性，也就是老板的 integrity（正派），即他正直、正派的程度，最后美国人觉得他们是一个很自由的国家，所有权的转手不应该太考虑这些，其实 FCC 那时候是想要考虑的，想要把其列为必要条件，后来只列为参考用，没有列为必要条件，对他这个事情不了了之。在英国他操控媒体，笼络首相布莱尔，他太强力介入了。很简单来讲他还是一个商人，媒体能赚钱就赚钱，媒体要关就关了，媒体就是他的生意。

蔡衍明这边很复杂，他有他的复杂性，我正在观察。他是一个商人，亲大陆是必然的，我觉得也不是什么原罪。他的状况从媒体专业的角度来讲，就是他应该谨守私器和公共利益的分寸，可是他非常明显地把媒体本身当成私器，只要看“中天”下午有一个节目把老板主张的利益当成一个节目来做就知道了。

向：那个节目叫什么？

苏：敖国珠主持的谈话节目，每天下午都能看到。有时候牵涉到他利益的问题，例如前段时间打蔡明忠，明明是旧的议题，他就每天拿来打，这是为了私还是为了公呢？因为那个利益太复杂，所以媒体老板的正派是很重要的，毕竟这是会影响舆论，会影响政策的。

我并不是赞成媒体都是公有，那个公到底是什么样的公？BBC 也有问题，最重要的是用什么样的一个机制把那个媒体经营好，BBC 最近这两年问题多得不得了，公有是否就能保证 integrity（正派）？我个人比较相信好的制度。

理想的媒体制度

向：现在这么多国家中您觉得哪里有好的媒体制度？

苏：我自己觉得欧洲有一些国家的制度还算不错，瑞典还不错。我讲制度的意思，还是跟法治化有关，还是结构性问题，制度是一个抽象概念，接下来需要法律的配套要完备。美国媒体动辄几百亿的交易卖来卖去，可能美国还是一个比较大的国家、大的市场，他的平衡比较好一些，不像台湾这么小的地方。

向：可是瑞典也很小，人口不到一千万。

苏：我觉得这个需要很多条件，瑞典社会的民众比较成熟。有的时候台湾媒体本身的问题也是一个社会的反映。

向：我个人觉得台湾民众教育水平挺高的，台湾社会很多细节方面也做得不错。

苏：我也觉得是在进步，所以反而媒体的困境在这里，老百姓是聪明的，其实比媒体还聪明。

向：如果像台湾民主化到这个程度，整个社会进步到这个程度还是做不好媒体，那应该怎么办?

苏：我只能希望比较有心的人愿意进来经营媒体，而不是蔡旺旺这样的人。不是为了私利进来做媒体的人，他有新的 idea 愿意把媒体做得更好的 integrity（正派）的人，是为了媒体更好来经营媒体。当然，这个人首先要有心，其次要有这个财力。

向：这很难。

苏：很难，所以有的时候才会说要“国家”来。我希望台湾媒体不要这么多，至少我认识的一群还在媒体的人，他们还愿意留下来，虽然很失望，但是认为我们不救谁来救，我们现在还在位置上，可以对媒体做一些贡献，虽然知道老板是那样的。

向：有一些类似媒体公害的防治组织有作用吗?

苏：根本的关键不在他们那边，他们也救不了，他们也只能在外边说说而已了。当然也有一些作用，监督的功能。最重要的还是媒体自己要改，外面无论怎么讲，如果媒体没有发自内心的改变是不行的。我在教在职班的时候，里面有很多媒体工作者，他们说洪仲丘的事情非做不可，我就给他们讲：你今天能不能很勇敢地告诉别人我不看一天、两天的收视率，就只选择做一些好的议题?他们有些有点决策权的同学还真这么做了，但是后来他们跟我讲收视率掉下去了。

台湾的问题是在和有化的进程中没有做产业规划

向：商业的影响力还是很大的。

苏：是，台湾的困境是什么？这也是结构的差异。比如说美国三个最好的新闻台，FOX、CNN、MSNBC，收视率很高，他们有个特色台湾是没办法比的，就是说这三个领导品牌收视率占百分之七十，他们跟再下面一名之间有非常遥远的差距，有很遥远的差距的时候你可以不在乎收视率，因为你是品牌。台湾的问题就是没有品牌，你现在说哪一个台收视率最好？哪一个是你非看不可的？电视来讲的话其实没有，他们的收视率都只差一点点，所以我有时觉得这也是一个困境。

台湾的问题是在私有化的过程中没有做产业规划，这当然也是后见之明，到后来才知道对于任何事情的开放，譬如说你要让他市场化、自由竞争，可是首先你要算一下市场有多大？有几家在这个市场里可以存活？而且你要让他能够活得有尊严。我特别强调我这是后见之明，我也是有一天发现我的这个想法是对的，就是说台湾到底适合几个新闻台？大陆是中央、省、地、县四级办台，中央化是很明显的，今天要转向市场化的话，就要用产业的角度去看，产业就要看经营规模，我们都知道传媒是高投资的，因为你买数位化的设备都是非常花钱的。

我在北京主办奥运之后去参观过中央电视台、北京电视台，发现投资非常高，也还蛮专业的，在商业化方面也培养了很多人。但是其实比较大的问题在于（大陆可能是更难），美国比较资本主义，只要把制度建立好之后，剩下的东西完全让市场决定。但这么多年来，他们也发现像广电这样的东西不能完全由市场决定，你完全由市场决定的时候你会发现其实是恶质的。美国早就发现了，美国的地方电视台新闻的研究就看得出来，当地方电视台增加的时候整个品质就是下去的，新闻网品质下降，我们说开放竞争是往上走，不！美国已经有一个讲法叫市场失败论，美国也一样，从最近几年 FCC 的政策上可以看出来，市场是资本主义核心的价值，所以他们就要用别的方式来矫正所谓的市场失败的东西，他们最近有很多新的政策出来。

向：他们主要采取一些什么新的措施呢？

苏：比如说每两年他们要做一个全美媒体产业市场大调查，调查要看控股（控股太高有控制权），看媒体市场经营权的转换。资本市场就是商业决定，老板会决定媒体的产品品质，他们发现里面不对的时候可以依据法律里面的规定（法国也用这样的政策），政府可以有法律的授权去干预所有权转换。这个政策我一直希望在台湾推，但是在台湾很难，放出去后收回很难，很多利益团体会去游说。

讲一个非常简单的例子，之前开放十一梯次的广播经营权的重新申请，有一些多的频率开放出来让大家申请。很多人都是经营地下电台的，那时候是不合法在经营，当然希望能够拿到一个合法的执照。可是来申请的很多人居然是有前科的，常常有人跑来问判刑能不能拿执照？美国法律规定判刑当然不能拿了，这表示你不够正直，有犯罪记录是不能拿的。但是美国后来把这个地方放宽了，他的法律规定不是有犯罪记录的不能拿，而是违反公平交易法的不能拿执照，表示你不是用正直的心态去做这个交易行为的，是不能拿媒体执照的。他们有很多的法律规定，比如有线电视要有一定的地方主义，有多少比例来符合地方的需求。

你说美国有没有管？美国管得才厉害。美国的宪法里面大法官就解释过了，广电媒体没有宪法里面讲的第一修正案的言论自由，讲得非常清楚。没错，你有言论自由，但为什么广电媒体没有？因为你是一个 public trust（公共信托），你是公共信托你才可以有广电，因为广电媒体影响太大，报纸的影响还小一点。台湾是自由开放了，但是付出很多代价，这是难免的。

向：现在的新闻传播主管单位与报禁时期相比有哪些变更？他们的管理方式有哪些变化？

苏：按照“广电法”，现在所有权基本上也还是用旧法管，没有用新法管。美国已经都是用新的法律管，电视通路更重要，所以像有线电视频道上下架这些都该管。这些东西台湾其实都看到了，台湾问题很严重，有线电视可以决定你哪些频道上去，哪些频道下来。台湾现在基本上松绑，法规还来不及修，出现很多的问题。谈到管理方式的变化，简单来讲就是自由开放。

知的权利不是无限上纲的，编辑自主也不是无限上纲的

向：您认为台湾现行的新闻法规为新闻自由提供了制度性保障吗？

苏：台湾的制度性保障最重要的是“大法官释字第 364 号”，就是讲言论自由的范围，讲了很多新的概念，也讲了广电媒体的部分。他讲广播跟电视表达意见属于“宪法”第十一条保障的言论自由范围。我们有的时候没有法规可用的时候会用这个 364 号，因为有讲到媒体的经营者公平合理的运用媒体资源，但是这个没有法规的保障，所以台湾其实有很多偏颇的状况。

还有说要兼顾媒体的编辑权自由，台湾媒体人最常主张的就是编辑自主、民众有知的权利。可是，知的权利不是无限上纲的，编辑自主也不是无限上纲的，现在媒体人对于自己拥有的权利意识高涨，但是对于自己怎么好

好运用手中的权利却所知有限。所以，就会有很多侵犯隐私、随便给人家戴帽子、标题审判这样的问题存在。

向：您认为台湾现行的新闻传播制度是基于什么价值观建立起来的？

苏：简单讲就是言论自由、新闻自由，新闻传播的法规大部分来自美国、英国。

向：您认为台湾民主转型后，现行新闻传播制度还有哪些需要改善的地方？

苏：我觉得是立法和修法的问题，现在是一个非常混乱的过渡期，很多人都觉得没希望了，他们觉得不会更好只会更坏，就是走回头路了。我们碰到一个最恶质的媒体环境。特别是广电媒体这一块，全世界都有一个共同趋势，欧洲认为美国是这样，美国也认为欧洲是这样，就是媒体越来越走向政党化，本来就是多党制，媒体各自拥护它的政党，这在欧洲很严重，美国没有那么严重，但是也越来越严重。台湾也是多党之后媒体政党化日趋严重，欧洲人也在想怎么办。

还有，内容品质很差，制度不完善。还有一个根本问题新闻媒体基本上是一个弱势产业，特别是报纸这一块，新闻需要投资很大但报偿却小，所以媒体要怎么增加他的价值？增加作为知识经济的价值？我们最近也在找一些人谈这块，台湾新闻的这一块怎么转变成知识？知识怎么变得有价值？

你如果问我现在制度有什么要改善的，我觉得应该整个改头换面。报纸竞争到目前这样差不多了，市场已经让他逐渐变成四家大报，也许将来三家，四家差不多了，但也不能再少了，要不然老板太容易控制，台湾地方太小了，太容易控制媒体的言论了。就电视来讲，电视新闻台太多了，应该有退出机制，他们很多都是经营不善的，在那里苦撑。台湾体制乱掉了，电视24小时新闻台有11家，其实不需要这么多，所以才会走偏锋，如果大家正正经经竞争会好一点。

六、陈百龄访谈录

陈百龄简介

现任台湾政治大学新闻学系教授。[①] 1958年出生，台湾大学法律系学

① 本人2013年采访时陈百龄为副教授，因此在前文被访者列表中仍标示为副教授。

士，台湾政治大学新闻研究所硕士，美国印第安纳大学教育工学博士。

访谈时间：2013 年 8 月 16 日

访谈地点：台湾政治大学新闻与传播学院

军公教家庭的媒体接触

向芬（以下简称向）：提到报禁给您印象最深刻的事情是什么？

陈百龄（以下简称陈）：鱼在水中很难感觉到水的存在，我是 1958 年戒严体制下出生的，我们现在回过头主要靠一些研究来建构，小时候不觉得那些东西存在，一般庶民百姓比较能感觉到的是报纸的字好小，当时实行限印政策，由于 60 年代经济发展，商业广告增加，但报纸版面没有增加，于是字越印越小，媒体想方设法把各项信息塞在里面，直接感受到的是字体的小和大家的抱怨。

当时是不能直接碰报禁的事情的，学者通过各式各样的研究，比如说新闻系有个老师研究可读性的公式，意思就是说报纸要写得简单、字少，在有限的空间里如何精简词汇，研究文字和它的意义，所以，可读性研究是跟那个时代结合起来的，因为你不能直接讲解除报禁或者要求增张。

向：您那时家里常看的是什么报纸？

陈：我父母从来不订《中央日报》，也许他的办公室会订这个报纸，我父亲是《联合报》的忠实读者。我们家是典型的军公教家庭，我父亲在大学里面当会计主任，母亲在法院工作。

向：军公教系统的人都更倾向于看《联合报》？当时您生长的环境周围都是公务员家庭？

陈：是的。当时台湾只有一种思想，其他很多声音都是被压制的。台湾经历了两个阶段，一个是“二二八”，当时把很多本地精英消灭掉，另一个是 50 年代的白色恐怖，跟言论有关的比方说你搞个读书会、做跟左派或者跟共产党有关的事就会被抓进去。我当时在新竹读高中，比较不容易接触到异议刊物，在台大还能接触到一些。我经历过两次冲击，第一次是进了台大以后，第二次是到美国留学。在台大的时候，我常泡在图书馆，台大法学院图书馆在徐州路，《自由中国》在台大法图有一份，我当时坐在那边一篇文章一篇文章地翻，原先无法想象的事情和别人之前告诉我的事情还有另外一面，从那个时候开始发现原来有不同的观点。

台湾大学里的“擦边球”

向：就是说您的家庭教育和学校教育和您后来所看到的是不一样的？

陈：家庭和学校都是同一个观点，我的家庭是典型的军公教家庭，在当时的社会里从某种程度上来讲享有一些福利。当时（念书的时候）很少会想其他的事情，到了法学院以后，其实台大风气是比较自由的，当时上宪法课的李鸿禧老师（东京大学回来的）会臧否时事，言论自由是宪法里面的概念，李老师会把宪法里面的言论自由做不同的制度比较，这个人很会说话、善于打擦边球，当时我们上课的时候底下肯定坐了很多情治单位卧底的人。

向：师生都知道吗？大家心知肚明？

陈：有的知道，有的不知道，这些学生他们是不会暴露他们的身份的，但会定期向教官、情治单位上报平时听的言论，这些学生记录老师上课的内容，但是李老师也知道讲得太过火会有麻烦，他的口才很好、善于打擦边球，他能够把那个意思表达出来，可是真的要去抓他的尾巴是很不容易的，他很会在微妙的环境中表达出他的那个意思。后来人家叫他“国师”，因为他是阿扁的师傅。在那个时候他谈的那些话对一个法律系的学生是非常重要的刺激，我从小在一个温室长大，突然进入到那样一个自由的环境里面，到台北念书，开始新的生活，看到不同的人（台大学生们都蛮聪明），会发现不同的人讲话都有不同的角度，在台大侨生也很多，澳门、马来西亚、韩国、日本来的侨生，他们都没有经过国民党统治，对于一件事情他们的观点不一样，那时候就很有趣，多元思想的冲击在台大还蛮重要的，政大就保守一些。

向：您在学校的时候正是党外运动比较活跃的时候？

陈：对于我们来讲冲击比较大是到大三的时候，有这么一个过程，国民党他的统治受到美国的影响，这个跟两岸关系有关，1972 年中日建交，到了 1979 年中美建交，台湾碰到这两次重要的“断交”事件，震撼很大，有些改革行动大致都是在这两件事情前后发生的，比方司法独立、民意代表的改选，大概都是 70 年代后期发生的，那个时候我们正好在大学，会跑去听政见发表会，党外的人上台演讲，把很多的不平讲出来，那些东西某种程度跟我们在“宪法”里面读的、碰到的对政治体制的了解或者对人权制度的了解开始产生对话。

选举假期中的喘息空间

向:《美丽岛》杂志、《80 年代》杂志在校园里影响如何?

陈: 在 70 年代后期有个事情比较有趣，就是选举假期，在选举期间警察不敢随便抓人，于是形成一个群聚的场子，卖香肠、卖录像带的等等都会聚集到那去，那不是真正的放假，而是原来紧缩的制度在那个时候不会积极运作，而让自由和权利有一点喘息的空间，所以假期是相对于人权而言的，是一个比喻。

大家心领神会，平常有一个紧箍咒，到了选举假期警察不敢随便抓人，那个时候平时在书店不敢随便卖的禁书，会推到选举的场子里面，你看不见的录像带和书也都会出现，80 年代很多人对大陆的山川风光蛮向往的，有些美国人、日本人的旅游片在台湾是被禁掉的，所以有人就会推到那边去卖，还有台湾看不到的有些书如《李宗仁回忆录》(李宗仁后来跑回大陆去了，所以成了禁书)。像这样的东西在那个场合就能够看到，那个时候像放假一样，选举假期就是这么来的。

70 年代选举中出现异议人士，以前不是没有，只是比较少，70 年代能量累计，中产阶级、工商业者有钱后，仓廪足而知荣辱，他们认为台湾现状要改变，就开始资助异议分子，跟国民党对抗。现在我们有选举捐献制度，那时党外没钱，他们搭个台子讲话，讲完之后下面的人往上面丢钱，也没有人开支票捐给他们，都是直接丢的。

我记得 1980 年“美丽岛事件”以后发生林义雄血案，后来他太太方素敏出来竞选（现在想起来很荒谬），方素敏不太会讲话，她往台上一站就掉眼泪，大家就把钱扔上去喊加油，反映的是当时老百姓对现状的不满和要求改革的声音。

向: 您毕业以后就去了“新闻局”吗?

陈: 毕业那一年同时考上研究所和公务员，但大学毕业以后就先去当兵了，两年后才回来去念研究所。

新鲜的新闻传播

向: 您为什么选择政大改读新闻呢?

陈: 我在大三的时候，那时候还在念法律，我的老师翁岳生后来当了“司法院”的“院长”，他告诉我们如何成为一个法律人，他对培养法律人的见解我听了以后还蛮诧异的，不以为然的，因为他说："昨天看了一个小说，我感觉我的逻辑快跑掉了。"我听完之后认为人生如果只是守着这个逻辑的话那实在是太无趣了，其实念法律会受到逻辑的影响，我到现在还是，但是我不愿意整个人生都在逻辑里面。还有另外一个问题在困扰我，作为法律人最后当法官的时候常常去决定一个人的生死，这个事情还蛮困扰我的，我认为一个人的权利还没有大到去决定另一个人的生死，假如是我的话，我会很难，我到现在给一个学生打不及格的时候心里都会挣扎很久，所以对我来讲那是一件困难的事，我的个性不太适合做法律人。

因为我是家里的长子，所以长子都需要延续一种家门风范，我父亲在我小时时候就会讲我的曾祖爷爷如何如何，书香世家之类的。后来在2010年的时候我发现我父亲很老了，他很多事情都不记得了，才想着把家根寻一寻。其实我们家在600多年前从安徽桐城搬到福州来的，当时来的时候是商人家庭，一般来讲闽南或者是台湾的士绅他们在家业有成之后都会培养子弟进取功名，倒不是为了光大门楣，而是为了保护家产。

话说回来，长子在家里有那种光耀门楣的责任，这种思想在还没有上大学之前我就有，一直到大三我都还在想不走法律这条路我能怎么办？那个时候传媒对我来讲是一个很新鲜的东西，我是大三升大四那年暑假才下定决心不要走法律这条路的，我把书桌前面的一排书全换成大众传播的书。台大离政大很近，我就想听听政大老师在说些什么，大四那一年一有空就来政大听老师们讲课。

向：主要听哪些老师的课？听他们的课您认为这就是您想学的？

陈：赖光临老师上新闻史、潘家庆老师上传播理论、漆敬尧老师上传播法规。感觉很新鲜，因为跟法律的课完全不一样，然后还有一点挺重要的是在台大接受教育的时候非常强调基础科目，比如我们那个时候要修社会学、政治学、心理学，还修了其他的选修课比如政治社会学。这些基础的东西对我大四接触传播学科的时候帮助很大，当时讲到的"认知不和谐"其实就是从心理学和社会学来的，我们当时社会学的资源有限，社会学我是后面才自修的，在台大的基础科目、法律的训练对我是相当有帮助的。

我在大四毕业那年就已经考上了研究所，我同时参加的高考（公务员考试）考试科目就是新闻行政，考上了会到当局新闻部门去工作，差不多那个时候路就定了。当兵回来念了两年研究所，在研究所期间是跟汪琪老师做研究，她当时研究的是台湾的第四频道，就是有线电视。那个时候第四台还没合法化，她愿意收我为研究助理是因为我有法律背景，我后来的硕士论文跟那个有关。那个时候就要研究每个国家的政策，政策是从法律里面去看的，我那时候做了一些法规的翻译，翻译了德国、日本、英国、美国的法规。当时翻译出来的东西就变成我论文的材料，我不喜欢念法律，但是我的硕士论文还是做了法律，后来我还没写完论文就去“新闻局”工作了。

当时很多人都不喜欢当公务员，做生意是很能赚钱的，很多头脑好的人都去做生意了。新闻系毕业的都去媒体工作，传播科系是很少的，除了政大、师大和文化，辅大和其他学校都是后来才有的，世新、铭传那个时候还是中专嘛。打个比方，政大毕业的进去媒体是当军官的，世新中专的进去就是士官，当时政大新闻系人少，收的全是精英，很多人第一志愿考政大新闻。

我对于父母的意愿其实还是蛮顺从的，当然有时候想想顺从我的父母那只是一种传统，满足了他们的要求，比如说希望我当公务员我就考给他们看看，剩下的我就自己想办法去了。后来考上“新闻局”，在“新闻局”有两条路，一条是在“国内”做新闻行政，另外一条是进入国际宣传，台湾的考试有两种——高考和特考，特考针对的人比如“外交官”、国际宣传人员。我当时口试的时候考试官是宋楚瑜，后来我考上了国际宣传，只可惜在实习的时候就被抓了，生涯是很短的。

向：那您在出事之前，在“新闻局”待了多长时间？

陈：一年多。

叠床架屋的媒体管制

向：在一年多的实际工作中你对“新闻局”的管理方式和手段有一些什么看法？

陈：当时对媒体的管制叫作叠床架屋，当时总的有三个系统，一个是代表当局的“新闻局”，另一个是代表党的文工会，还有一个代表军的文化审检小组。在戒严体制下，比如80年代中期在机场从国外回来的旅客身上带录像带的话那是要检查的，参与检查的人有两批人，一批是“新闻局”的、一批是“警总”的，原本是各司其职，后来觉得分开太麻烦就合起来一起做事。比方当时有一个杂志出来了，里面也许内容有些什么问题，“新闻局”的人还都不知道，但是“警总”有人力，会在半夜去印刷厂把东西带回来看，若不妥就会查封，完了之后出一个公文送到“新闻局”说他们要查封，“新闻局”再公告，当时“新闻局”因为是门面，大家都以为是“新闻局”的人干的，其实不是，都是文化审检小组那批人干的。“警总”里面也挺复杂的，他们招了一些文人，那些文职的工作人员有一定的文化素养，还蛮偏右倾的。

最悲惨的是我记得还是在1949年有一个《新生报》的编辑童轩荪（抗战期间参加过一个儿童团的组织，他是一个报人），有次在编报的时候被警察带走，在保安处关了很久，最后以“思想左倾、意志不坚”判他感训七个月。说他思想左倾是因为从他那搜出了一本书叫作《顽童历险记》，这本书的作者是马克·吐温，情治人员以为跟马克思是一家人，这不是在开玩笑吗？他就是这样坐牢的。当时的军队确实有这样的人，用各种方法入人于罪。可当时谁敢讲这些情治人员的不对，如果你那样讲，你就是“诋毁政府”，你也会被抓进去的。

我自己还亲身体验过，我被抓的时候，那些人在我的书架上把所有的书都看了一遍，看到一本李金铨传写的传播理论的书，他们就翻着看，居然找出有一段是谈到跟新马克思主义有关的内容，他们如获至宝，就把它拿走了。所以，当时你可以想见这些人不一定有思想和文化的训练，但他们有权力入人于罪，这是最可怕的。在“警总”那边当时也有类似的情况，军人都做了决定后才送到“新闻局”。所以我在那个地方就会觉得我根本不用做什么事，其他的人都已经做好了。这刚好印证了当时对思想的管制跟我之前所了解的“宪法”里面言论自由的内容是相互矛盾的。

善意和信任都不见了

向：您在进入“新闻局”之前是否完全没有预想到是这样的情形？

陈：还没有进入的时候我大概还会给它种种的理由，那个时候还很善意的想到因为是战争时期，“国家”必须要做必要的管制，所以这是很不得已的，做这件事情的时候他是经过充分考虑的，等等。但是当你进去以后发现这些个案都是如此的荒谬，那个时候你对它的善意和信任就都不见了。面对很大的冲击让我不知道自己在干嘛，若一辈子在一个与自己认知相反的地方工作，将来要怎么办？

向：您当年被带走时的详细经历是怎样的？

陈：大概是1984年左右，刘宜良写的《蒋经国传》这本书在台湾被禁，可是当时的党外杂志争相转载，其实不能说党外杂志转载是纯然政治的动机，事实上当时在台湾只要是被禁的东西它就有市场，当时很多的人其实把这些书拿去出版，不能完全讲它是政治动机，某种程度上有些商业的动机。“国府”的情报人员就去教训刘宜良，后来就有“国家安全局”的局长领着所有情治单位的人在三军俱乐部开会决定要怎么办，我大概还记得里面的几条；一个是要去书报摊站岗，二是在还没印刷出来的时候去印刷厂把东西抢出来，然后是以毁损名誉罪状告写文章的人。他们说一方面是要把已经有的来源消灭掉，另外一方面是防患于未然，其实开那个会就是防患于未然，我当时在出版处，长官把档案交办下来，我看见上面的内容觉得怎么可以这样？自己就印了一份收起来。

向：档案属于机密件？

陈：当时是有个科长保管的，看的话就要借出来，我偷偷印了一份，所以我就变成案例了，我当时的动机是想告知有些人，当局这样做不是一件正当的事情。

当时党外杂志有个编辑联合会，会长叫作邱义仁，那个时候其实我并不认识党外的这些人，就委托中间人石佳音送去给党外杂志的人，当时有一个叫周清玉的党外异议分子，他是“美丽岛事件”遇难者的家属，我当时跟石佳音说你拿去给谁你不要让我知道，我知道他是认识那些人的，所以我请他做中间人，当时石佳音在台大政治所当学生。

向：他当时参加了比较多的党外运动吗？

陈：对，他触角比较多，但是在这件事情上我是不知道他交给哪一个人了。

向：当时你有没有想过口头转述会更安全一点？

陈：那时我其实是没有这个意识的，对于这个世事的险恶没有太多想法，读书人就是认为这件事情不应该这样做，看不过去。不知你有没有看过最近有个美国大兵他把资料泄给维基解密，这个人现在面临被判处很重的刑，其实我的情况跟他的情况是一样的，就是说在那种情况下基于一种义愤，不知道那件事的后果是怎样的，老实讲那个时候是史无前例的。国民党的用人是非常谨慎的，就是说进去他们体系的每个人他们都会身家调查，会查你祖宗三代，假如我换在大陆来讲我是属于红五类的那种家庭出来的。所以一开始他们不觉得我有问题，直到事情爆发出来以后。

“公务员泄密案”

向：情治部门是怎么锁定您的？

陈： 这里面其实还有一段故事，是顾立雄（他是阿扁的辩护律师）告诉我的，顾立雄说那个东西泄露出去了，最早是被许荣淑（当时的一个“立法委员”）在“立法院”质询“国防部长”，她当时也拿到那一份档。

向： 就是说可能石佳音把这个文件拷贝了很多份？

陈： 据石佳音的讲法，这个东西他拿去给邱义仁，邱义仁不以为然，后来阿扁看到了，当时阿扁被冯沪祥诽谤，因为他有过一篇文章说冯沪祥的论文是抄袭的，当时冯沪祥就在国民党的鼓动之下告了陈水扁。陈水扁看到我印的公文的时候才意识到他自己是怎样被告的，他就把那个公文印了好多份拿去开了一个记者招待会，这下就惨了，因为那个档就流传出去了，而且流传得很广。许荣淑在“立法院”里面质询当时的“国防部长”宋长志，说你们军人怎么能干这种事情。当时我一个同学的姐姐刚好是“立法院”的人，她事后给我转述说她站在那里听许荣淑质询宋长志的时候，她第一个反应就是流出这个公文的人死定了，她那个时候还不知道就是我。

更麻烦的是这一份档后来辗转流传到美国去了，台湾人在美国当时有一个协会叫“FAPA”（是一个“台独”在美国的压力团体），他们把这个东西拿去给美国的众议员，那个众议员以前是蛮倾台湾的，当时的“驻美大使”钱复身负的一个责任就是跟美国买武器，其中一部分武器就是镇暴的武器，他就会去游说那些国会议员，一个叫索拉斯的议员就把那个档拿给他看，说：“你们的军人这样搞，你还指望我把武器卖给你吗？”当时钱复感觉自己被羞辱了，作为一个“外交官”他没想到别人拿自己“国家”的东西来反击他，当时他非常生气，回来以后就决定要彻查，在美国的这一段是顾立雄告诉我的。

彻查事情就落到“调查局”（属于“法务部”）的手里，里面有个处是专门管鉴试的，那份文件原件是油印的，他们就把流出去的样本跟收回来的200份在高倍望远镜底下去比较它们的纹路，最后确定是“新闻局”流出去的，然后锁定“新闻局”有哪些人碰过这东西，最后锁定大概四个人包括我，然后就开始跟监和窃听，所以在我被抓之前人家已经跟监了半年。我自己都不知道怎么回事，因为我不是职业的、不是地下党，后来他们确定了是我。其实我跟石佳音并不常往来，他们跟监的时间很长，大概就找到中间的痕迹了，后来确定是我就把我带走了，就像常常电影上看到的场景，几个公职人员进来说请你跟我走。

他们把我带到军法处去了，因为那是戒严时期，所以会军法处理。我印象深刻的是一去的时候讯问的是一个军事检察官，那个军事检察官看起来跟我年龄差不多，他看着我的起诉条文，大概心有不忍，我的条文是“惩治叛乱条例”第二条第一项，里面刑度只有两个——无期徒刑和死期。

向：您是学法律的，当时自己应该知道吧？心里会不会有不好的感觉？

陈：知道，那时候心里没感觉，其实“怕”这件事情是到后来才慢慢有的，我一直感觉事情是可以翻转过来的，怎么会这个样子？他们在讯问我的时候，我好像觉得自己在旁边看着自己被讯问一样。他们的讯问有一个礼拜，当时强光照着你，在旁边打人给你听，不让你睡觉，弄了一个礼拜。那个军事检察官好像很不忍，问完以后就说“你为什么要这样做?”我摇摇头，因为其实没有办法告诉他，难道告诉他说我是基于义愤。但是我大概很了解他的意思，他问那句话意思是说你在这个社会里面你已经是既得利益者，你已经有很好的条件了，为什么还要做这样的事情，让自己陷于这样的地步？

这是一份1985年7月5号《纽约时报》，我把它框起来了，里面有写到这件事情。我在军法处待了一段日子，那个时候岛内外都有压力，我是7月1号被抓的，《纽约时报》7月5号刊登的。一直到1987年秋天，我去美国念书时候在印第安纳大学的图书馆里我才找这份报纸，因为有人告诉我我上《纽约时报》了，我想去看看真的假的，结果真有此事。

那个时候先是待在军法处后来才送到调查局的招待所，招待所每天都会量血压，因为怕你死了，每天睡觉时旁边有人陪你，因为怕你自杀。那个招待所事实上就是监狱，名为招待所事实上是囚禁嫌犯的地方。房间完全没有窗户，都是日光灯，等到所有人清场了以后才把你带出去，让你每天都只能在牢房和讯问的地方，被当成政治犯监讯。

大概两个礼拜后，我很快就被送到土城看守所。土城是台北新北市的一个地名，在新北市的中央路那边有一个看守所，它是台北地方法院检察署的看守所。看守所就是收容那些还没有被判罪定刑的人的地方，可是这里面有一个很大的不同，其实你刚问我说我有没有害怕、恐惧或是什么，第一个，我比较乐观，第二个，其实我在那边的境遇越来越好。因为我刚开始的时候叫作“叛乱”，再下来的时候他们叫作“泄露军事机密”，后来叫作“公务员泄露国家军事以外的机密”，意思就是说你的最高刑责越来越低，一直在递减当中。

向：怎么会逐渐递减呢？

陈：刚开始的时候他们说是叛乱，后来他们吵了半天发现说这里面没有叛乱，叛乱要有组织，要有行为，你拿一本什么东西拿去外面公布，这叫叛乱吗？这不叫叛乱。他们说那是军事机密，可是你要去把人家那个出版厂攻陷或者是诋毁这些妨碍民意的人，那是军事机密吗？最后只能讲档案本身是盖了机密章的，所以那是军事以外的机密。所以，其实那个罪责是越来越少的。因为当时有三个东西，第一个就是“惩治叛乱条例”，那个是最重的；第二个叫作“妨碍军机治罪条例”，那也挺重的，那也算是军事法的一种；第三个就是普通“刑法”，公务员泄密罪。

我说我就是运气好，因为再早20年，我的罪行就是叛乱罪，再早10年就是妨碍军机罪，到我那个时候（当时的社会有人有此一说），是因为其实到最后都是蒋经国拍板定案，他到后来不知道为什么对这几个案子他都说不要大办。要不然的话我就会变成“把一大堆人罗织进去的”里面的某一个人。

他们其实常常在做这件事情，就是说你今天假如说要去咬他们想要咬的人，你必须要有一个人招，提供罪供，才能够把这些人抓进来，假使他们真的要办那些人的话，我就会变成去咬他们的人，假如说你去看“国史馆”有一份档案，里面在讲一个报人，叫李荆荪，他原来是“中广”总经理，他在当总经理的时候，被抓进去，说他知匪不报，他跟陆铿是好朋友，他也是政大新闻系毕业的，他当时就被咬进去了。70年代初，他足足坐了10年牢，原因就是他跟错人了，他跟了周至柔（以前的省主席），周至柔跟小蒋拼“行政院长”，结果被当路障给除掉了。当时李荆荪被抓的时候，是由他的一个朋友把他咬进去的，那个朋友就说他们以前是“匪谍”，他们一起在大陆有参加过左倾组织，就把他咬进去了。[①] 当时这么小的事情都被咬进去，我那个是罪证确凿，所以只能说运气好。天要留我，必定有原因。

---

① 王鼎钧：《文学江湖》，三联书店，2014年2月版，第199—205页。王鼎钧在《文学江湖》“特务的隐形困扰”一节中专文记述“李荆荪案”，提到李荆荪被捕的时候，调查人员在他的桌子上取走了吕思勉的《中国通史》，吕是持唯物观点的历史家，可以当做李荆荪思想污染的证据。关于李荆荪，新闻界有许多轶闻流传。一九四八年《中央日报》迁至台北，李荆荪担任总编辑，情报机关为了跟布建在大陆上的工作人员联络，打算在《中央日报》开辟“家庭版”，由情报人员主编，文稿中暗藏密码，李荆荪极力反对。后来情报机关提出要求，他们派到海外的工作人员，用《中央日报》特派员的名义掩护，李荆荪又极力反对。两案都在《中央日报》内部未能通过。王鼎钧评述：“李荆公并非由美国背景的自由主义者，也不是有中国思想的左倾报人，他只是完全接受了新闻教父马星野从美国米苏里新闻学院带回来的那一套，又未能像马老师那般圆熟。”

我在土城待了三个月，后来他们就判刑，大概到了高院就判我缓刑，因为我那个时候论文还没有写完，让我写完论文，之后我还是学生身份，找个台阶，大家一起下台了。他判我 10 个月的徒刑，加上缓刑，所以我被判了 10 个月，但是事实上他判我的这 10 个月，我并没有进去坐牢，因为他判了我缓刑，所以他的意思是说四年里面，你要乖乖的，不要轻举妄动，要不然随时你就会回来。

在那之后，我就赶快准备 GRE 跟托福，然后就“出国”去了。我并不觉得我做错事情，但是在台湾，因为我们家是“外省人”，我们家里是没有多的钱财，所以要想回来再重新玩的话，必须要累计文化财，所以我去外国念书，然后拿了个学位回来，大概是这个样子的。

向：当时蒋经国在处理您的案件的时候，是有缓和处理的，所以还是跟大的社会环境有关系。

陈：那是听说的，因为比较先前的一些案子，比我更严重的，判了更多刑。当时类似这样的案子，它的层级其实是一路上去的，因为蒋经国是情治单位的首脑，像这样的案子会到他那里去的。在强人时代，类似这样的案子也算是还蛮重要的案子。《纽约时报》都登了，钱复买军火受挫了，这是大事，然后他们查到原来就是这小子泄密，所以他们到最后查出来了，当然要报告上去了。

不过这里面有一些插曲还蛮有趣，比方说，那时候我的指导老师汪琪，正好在“新闻局”跟“新闻局局长”张京育在谈事情，然后秘书就走进来报告说，有这样一个人叫作陈百龄，他因为什么事情被“调查局”抓走了。汪老师就说，那不是我的学生吗？所以有的时候人生的境遇就是这个样子。

统治正当性的瓦解

向：您刚才讲的这些，对我访谈提纲前面提的三个问题做了很好的回应。接下来请您谈谈是什么促进了报禁开放？

陈：其实我觉得报禁的开放跟解除戒严是有关系的，有一个法律上的关系。因为，“国府”之所以报禁，其正当性质是来自于戒严，当戒严解除的时候，报禁就没有理由这样子做了。退回去说为什么国民党要解除戒严？这是一个政治的问题，台湾当时的处境，其实戒严已经是一个笑话了，当时国民党有一句话说：我们的戒严只有百分之三。在国外的理解里面是说整个地区炮火连天，已经在军事的环境里面了，两军已经在交战，这个时候指挥官说我们全部用军法统治这个地区所有的生活，那个是国外戒严的概念。台湾其实50年代以后，基本上已经没有军事上立即的危险，可是国民党还要坚持他的戒严，所以他的戒严是有他的目的在里面的，目的就是确保他统治的正当性。

因为首先他的领袖要连任；他的“国会议员”不能改选，还是那群大陆带来的人；言论自由跟其他政治权利要限制住。这些东西是靠戒严来维系的，因此，当时间越拖越长的时候，人们就会发现台湾好像没有什么事，因为很多人听到台湾在戒严，想到是不是那边在打仗？其实不是，根本是平常的日子，可是你还在戒严，这个时候就会产生这个问题，那你为什么要戒严？国民党的讲法就是我们戒的不多，我们只有百分之三。

戒严时期的“动员戡乱临时条款”就是把原先正常的“宪政”运作全部锁住，然后以“戡乱”名义赋予当局很大的统治权力。现在要解除戒严的话那个东西也跟着要拿掉，一拿掉的话，其他很多东西也要拔掉。就会担心国民党没有办法维持统治了，因为他要开放选举，要开放办报纸，要开放各种各样的东西。

可是台湾所实施的戒严是很奇怪的戒严，就是说他只锁住其他几个，所以国民党讲他们其实没有全部戒严，只有百分之三。李鸿禧老师给我们上课的时候讲得很有趣，他说，如果这样也成立的话，那汉武帝也可以对司马迁说我没有残害你，我只是残害你百分之三而已。李老师刚好把那个难堪的地方点出来了。

所以解严这件事情就像骨牌一样，接二连三很多的东西都要倒掉。台湾现在的民主改革，大概就是从1985年那个时候逐渐开始的，其实正确地讲是70年代后期，蒋经国他的统治确立、经济发展了以后，他开始一步一步开放这些事情，一直到现在。

向：台湾的媒体在民主转型的过程中有推动作用吗？

陈：推动作用？你假设媒体是有权力的？我觉得党外杂志有一个很重要的地方是启迪民智，就是说它会让很多人看到它的东西以后思考，原来还有这样的不同观点。可是就我们所学过的传播理论来讲的话，人可能都有一些所谓的框架，就像是我的父亲，假如说你让他看党外杂志的话，他还是一样不信，他只觉得这些人应该抓去关起来，把这些乱臣贼子抓起来。

向：当时《联合报》的言论在面临像“美丽岛事件”，甚至于之前的“雷震事件”，它也会公开讲，至少是在它的框架内，不触及它的底线的时候。

用剪线对付广电媒体的松动

陈：不过我必须要讲一件事，实际上，我“出国”是在 1987 年，我“出国”大概就是解严的那一年，解严是 1987 年 7 月 15 日左右，我“出国”是 8 月 21 日，所以其实我大概就是解严的时候离开台湾了。报禁其实是在后面发生的事情，报禁的具体操作细节以及当时的一些讨论，事实上我的信息还是比较缺乏的。

其实在台湾，国民党也好，党外也好，或者说现在的国民党跟现在的民进党，他们基本上都是右派的。在还没有解严之前的党外，他其实是一个组，是一个聚合，里面有左派，也有右派，但是后来左派慢慢越来越少了。

我到美国去了以后，一进印第安纳大学的图书馆，那边什么东西都有。像一些我从来没有看过的东西，在那边都可以看得到，比如《共产党宣言》《资本论》，那些东西其实都是在那边才看的，我其实到后来也没有变成一个左派，但是我觉得就是知识的学习，其实在台湾有很多人去读政治经济学（从马克思的政治经济学而来）的时候，里面有很多原典在台湾是看不到的，而在美国不但看还可以跟同学讨论。

学了些文献的好处就是当听到人们开始讲话的时候就会判断这个人的思想是靠哪一边的，以前左派、右派根本是分不清楚的，在台湾其实有些人虽然在做一些事，但他的思想是左派的，形左实右，或者说他思想上比较倾向社会主义。这些东西我到后来才慢慢有办法分辨。

那么，台湾媒体在政治转型中担任什么角色？我觉得有主流媒体和一些边缘、草根的媒体之分，我要特别提到在 80 年代后期，广电媒体开始有所松动，广电媒体原来是掌握在国民党手里的，但是由于科技的进步这块在当时混乱的时代是跟跑出来的，比方说有线电视，有线电视大概可以分成三种不同的类型：一种是在我念研究所那一阵子的第四台，第四台就是把一架录像机通过线缆播放节目，所以等于一个录像机的分享设备；另外一种叫作小区共同天线；最后一种就是民主台，民主台其实就是一些有政治意识的人架设的，因为他们发现主流的媒体他们是没办法进去的，办报纸、搞无线电视资金门槛都太高了，他们做不了，但是可以透过地方媒体去拉线播放一些录像带，发表他们的见解。他们除了放一般的节目外还放一些选举时的录像带，企图用这些新兴的媒体来影响一些人，这个东西大概到了 80 年代中期到后期在台北市郊是很兴盛的。

我记得当时有一个党外的市议员派他的助理跑来，他知道我以前的硕士论文是写这个的，跟我讨论那个东西该怎么经营，他们当时是有理念的，希望传递政治观点。随着解严，这些人后来慢慢地变成商人了，民主台的政治色彩就淡薄了，变得跟第四频道合流了，但是曾经有那么一段时间，在用有线电视的系统传播党外异议的声音。交大传播所有一个学生叫作张煜麟，他的论文就对这三类人做了一些访谈，口述历史的访谈中有提到这一段。

向：当时第四台在推动民选这种意识的传播上是比较重要的管道，它规避受审，比较放得开吧。

陈：其实在解严之前，或者在有线电视出现之前，国民党对主流媒体的控制有不同的管制方式，内容管制之外还有结构管制。结构管制比方说你有叛乱前科的人是不能进广播电视媒体工作的，他用一个行政命令就可以将你挡掉了，电视台也会有这样的限制，而且那是会“株连九族”的，比如我弟弟也是念大众传播的，在 1985 年的时候考上“台视”的记者，结果分数最高但没被录取，因为当时正是我出事的时候，所以就连带了他。这就是结构管制，他是不容许任何一个他不放心的人进入主流媒体的，他这种东西必须存在一个条件，就是说所有的源头他都必须能够掌握，但有线电视是一个地方媒体，就很难掌握。

其实在 1984 年我还没有去念书之前我曾经在“新闻局广电处”待过，广电处当时要做一件常规的事情叫作剪线，那个时候所有广电处的男职员都要出去，开一部电信工程车，车上有电力公司的人，有时候还有军方的人，因为这些人要到电线杆上去辨认那是不是他们单位的线。我们一个早上都在剪线，那个时候要负责大台北地区的剪线，可是这样剪线一点用都没有，比如有一次我们出去剪线，从早上 8 点很辛苦的一直剪，车上都是一大堆的线，中午吃完饭离开后，有人把工具箱落在吃饭的地方，我们就回去拿，回去的时候经过一条早上刚剪过线的路，发现我们早上刚剪过的不到一个钟头就都接好了，这里面其实有两件事情，第一是说你用这种两三个月剪一次线的方法是挡不了他们的，第二是那里面有商业利益。

他们是收钱的，有些人是偷接的，那个时候那些台是收钱的。当时剪线表面上是说这些都是非法的，可事实上是担心源头没办法控制。当时当局就讨论要不要开放有线电视？“新闻局”拼命地抗拒，1985 年左右台湾当局面临有线电视系统的问题时，在当局内部有两个不同的看法：以电信事业为主的像“交通部”“电信局”他们做了一个可行性研究，他们认为台湾是可以做有线电视的，还可以作为一种产业发展，因为很多的技术可以跟美国有线电视的业者联系起来；而以“新闻局”为主的广播电视的单位他们是抗拒的，表面理由是节目不足，可是真正的理由是他们不好管理，先前只有三家电视台很好管理，要是全台湾增加上百家电视台源头怎么管?

向：您从国外回来时跟离开时台湾媒体已经发生很大的变化吧?

陈：对，我从国外回来是1993年，那时候台湾变成了一个比较自由的地方，以前有个人做过比喻说台湾是一个自由而不民主的地方，你的生活很自在，没有什么人管你。但基本上结构本身是撼动不了的，人们投一票是没有一定效力的，有很多的事情经历了政党的改革其实还是差不多。台湾的贫富差距这么大，大家都认为应向富人多收一点税，社会应该公平一些，可是不管民进党还是国民党上台以后都一样，这个就会让人发现台湾自由而不民主。

媒体公器明显私用了

向：您回台湾以后就专注于媒体的研究，您觉得当时媒体和当局之间的关系是怎样的?

陈：在报禁时期，同时有结构和内容的管制，但是一般人只感觉到内容的管制，比方说今天报社哪一则消息因为文工会给谁打了电话所以没能刊登出来，那时候会常常听到这种流传，或者是说有一些应该要报道的消息，比如许信良中正机场事件，后来看相关人士的回忆录，他为了刊载这个事件写好遗书，做了坐牢的准备，才把新闻登到报纸上，像这样的事情在解严前是非常多的。解严以后内容管制的东西消失了。反而担心其他的事情，比如商业势力开始侵入，政商势力的联合。

在解严以前，特别是电视媒体垄断频道，所以可以收高额的广告费，到了选举的时候电视台会偏向某一边，成为党的传声筒。到了解严之后为一党发声的部分减少了，但是商业服务方面越来越强，比较具体的讲，商业利益的东西可以从一些地方看，比如说置入性行销，还有就是整个结构被所谓的商人买走。结构上的影响一方面是内容的，一方面是媒体组织的，这个问题跟美国的问题是一样的，商业人士进去以后公共性就淡薄了，考虑的就是赚钱，赚来的钱落到了股东的口袋里去，公器明显私用了。

台湾这么小的地方有那么多24小时的新闻台，当时的确有人提出来要总量管制，新闻台太多会导致播的内容大致都是雷同的，这和整个结构是有关的，以前管太严，现在根本不敢管。我曾经访谈过一个广电媒体的经营者，我问他经营新闻台这么昂贵，为什么还要经营？他说有两个原因，一个是台湾观众的胃口被养大了，台湾有线电视的系统有垂直整合，在这个整合的过程里面系统台和内容提供商后面是同一家股东的，这样比较容易赚钱，你假使是要经营一个频道的话最好是每一类都有，每一个频道集团都肯定有电影台、旅游台等等，可是在这里面新闻台是最贵的，如果没有新闻台可以省掉很多成本。但那个业者这么说："养一个新闻台虽然亏本，可是是养一只老虎。"意思是说，在台湾有一个生态，官怕"立委"，"立委"怕老虎，可是官又咬住媒体。

向：官能咬住媒体吗？

陈：某种程度上，在小事上是可以卡住他的，官就是行政部门，行政部门被"立委"牵着鼻子走，"立委"被媒体牵着鼻子走，可是媒体又不能不顾及当局，有时候要卖他面子，并不是被管得死死的，三者之间有这样的一个循环，只要控制"立委"，"立委"再控制官的话，在这个循环里面媒体就可以活得下去，所以为什么有商业人士要去拼命买新闻台，其实是透过媒体获得保护，新闻是蛮吊诡的一个东西，商业人士亏本都要买一个新闻台其逻辑就是为了保护他的商业利益。这三个环节一环扣一环，假如行政部门要做一件危及媒体利益的事，媒体就会利用"立委"去逼迫行政部门，让他们不要去做这件事，"立委"是仰赖媒体的，通过一种间接的反作用来牵制对方。

从"真小人"到"伪君子"

向：解禁以后政治领袖对媒体的影响如何？

陈：在解严之前当局是"真小人"，他会用很多强硬的手段恐吓你，把你关起来，把你杀掉；到了解严以后这些权力随着解严就慢慢消失了，这个时候就是用"伪君子"的方式，用各种软性手段收买你和你的老板，用各种暗地里的方式利用你。

假使我们的媒体有骨气、不收钱、保持独立也就罢了，但看谁给钱就报道的时候的媒体是很悲哀的。置入性行销就是一个例子，去年通过一个"政府采购法"的修正案，里面就规定当局不得做置入性行销，可是他们还是用各种方法去回避。

某种程度上来讲，我觉得媒体本来就应该监督当局，监督当局不是意愿的问题而是能力的问题，在环境的改变之下，今天的媒体记者其实会受到很多的压力，报禁解除了只是说媒体报道这件事情得到高度的自由，但是你要让公权力部门信息公开，这件事情的进步并不多，有很多的资料是不给公开的。有“信息公开法”也没用，全世界开放最多的可能就是北欧那些国家，现在台湾记者收集数据和公权力部门开放数据的程度并不高。在台湾现在有一个开放资料的运动，如何透过公权力部门和企业的数据透明化，让社会更进步。

台湾有些 NGO 就在做这件事，他们对主流媒体失望了，自己在做这些事情。何荣幸、李惠仁他们就是在做这样的努力，独立记者并不附着于媒体产业之上，解严后媒体的不长进使得媒体已经丧失专业性了，只能出走以独立媒体的方式继续。像李惠仁他就常常碰到这种事情，他以前在报道一些新闻的时候批评当局的某一个机构，但是那个机构警告那个媒体你不准播，要不然哪一个案子就不给你们了，结果李惠仁的报道就被媒体封杀了，这种事情累计多了他就不爽，他就自己跑出来弄，追着“农委会”不放。所以很多东西根本是媒体在自己内部做自我监控，然后把那些东西拿掉。有些人对主流媒体绝望了，他们就去另外一个地方了。

向：这就是现在媒体工作者一个新的现象和选择。

陈：是，他不见得一定要进入主流媒体，过去的那个专业性逐渐在主流媒体里被灼伤，所以有些媒体工作者选择出走。

“胡萝卜”和“棒子”

向：您觉得管理媒体的这些部门，像“新闻局”在解禁以后，包括现在“文化部”，他们的管理的方式您怎么评价？

陈：其实现在已经不像以前，“出版法”废止以后，“新闻局”这个单位职能变成辅助和奖励了。以前“新闻局”有一个“电影处”，最早叫“电影检查处”，后来叫“电影事业处”，现在叫“电影补助与奖励处”。从名称变化里面就可以看出它的定位的变化。

向：“新闻局”以前被诟病，认为是一个很纠结、很奇怪的设置，现在“新闻局”转到“文化部”，算是进步吗？

陈：是，因为以前“新闻局”等于说把两个东西放在一起，当时放在一起的时候也许有他的道理了，把文宣的“胡萝卜”和“棒子”放在一起。

过去“新闻局”里面，比方说同样一个科室，同样一个出版处，做两件事情，一个是管理，一个就是监控，然后另外一个部分是奖励跟补助，所以“胡萝卜”和“棒子”都在那里。基本上来讲的话，这是他掌控的方式，可另外一方面他还有一个更高的东西，就是说，它是当局的发言人及公关部门，媒体监理和发言人这两个放在一起的时候，就会让人觉得这件事情太怪了，因为他们的功能根本是不一样的，不能放在一起，这会发生角色错乱。

现在切开来以后，发言人就到了“行政院”里面，变成他的公关，然后国际的公关到了“外交部”去，“文化部”那边就只剩下奖励和补助，监理的部分是没有了。

向：广电基本上到“NCC”。

陈：广电监理的部分到“NCC”。

向：现在“文化部”他所承担的角色就只有“胡萝卜”的角色吗？

陈：对啊，“胡萝卜”的角色。它不这样做也不行，因为就整个大的局势来讲的话，传统的主流媒体正在衰落当中。

向：像您刚才说的那些独立媒体能否得到它的“胡萝卜”？

陈：其实他们也不应该得到“胡萝卜”。因为拿人家的手软，他们只要接受的补助的话，就很难坚持。选择做独立媒体是一条比较艰难的道路，但是这个社会中其实许多人他会选择比较难的路来走，他也许有一个自己的理想。其实他们是刚刚开始，还没有壮大。

再比方说日本的NHK、英国BBC，他们可以做那么多节目其实是因为人们都交钱嘛。台湾现在很糟糕的一件事情就是台湾当局根本不愿意在这个部分投资，它完全放任，比方说在中国大陆敢做一件事情，在黄金时段不让外国的节目进来，要让自己本国的节目在那边播放，其实是很重要的一个文化政策，或者叫文化保护政策。台湾做不到，现在的当局想要做这件事情的话，相对的要有一些投资，一个方面当局不投资，另一方面当局要是定了法规，媒体却做不好，我们现在的媒体都在播外国的节目、大陆节目。媒体做不好的话就要受罚，所以他当然会想办法反扑，制造舆论攻击当局来保护自己的利益。

记者的工作权与个人资料保护

向：您本身有学法律的背景，从您的角度来判断的话，现在的新闻法规对新闻自由提供了制度性的保障没有？

陈：新闻自由它其实有几个不同的面向。就像我们说的对于记者的人身保护、对于搜集数据权利的赋予、对于播出内容的容许度等等，这其实是不同的新闻自由的面向。台湾在有些地方，我觉得还可以，比方说，记者人身保护显然比其他第三世界国家要好；第二个部分的话呢，就是搜集数据这部分，我觉得我们当局在信息公开这部分做得不好，不友善。

话说回来，刚说的第一个不应该是当局的人身保护，就新闻自由来讲的话，人身保护用马斯洛的理论来看应该属于较低的层级，他其实上面还有不同的层次嘛，比方说以前发生过的媒体对于媒体工作者的保障，对记者工作权的维护，这都是很大的问题，举个例子来讲，以前有记者，他就是跟老板的意见不合，就被解雇。

记者的工作权是一个层次，当局或者企业提供数据方面现在最大的问题是台湾对个人资料的保护是很高的，当局常常会利用这个来回避。我举个例子来讲，我们的判决书现在是上网的，判决书上面其实要写名字，可是为了保护隐私，把上面的名字全部去掉，这样那还有什么用？判决书这个功能就是说你个人做错事的话，就要承担责任，你的名字就要放在上面，可是他的想法就是，这个人做错事情是一时的，你不能叫他一辈子都背着这个。

向：说得也有道理。

陈：有道理。可是在那种情况之下的话，其实，我们在采用法庭的质询时很困难，记者去找资料的时候，困难度就变高了。

向：如果把记者本身的信息输入，然后知道对应的信息，到时候记者是责任人，这种方式呢？

陈：成本非常高，而且，在华人社会里面的话，借用身份去查个东西实在是太容易了，这个地方的漏洞会很多。我不是替当局说话，但是他们的想法就是保护各自的利益。很多机关，记者跟他要资料他都没有，不是说他不给，而是他没有保存档的习惯，其实这是一直累积的官僚习性。

向：您说的内容容许度呢，这个应该能做到吧？

陈：其实在台湾，新闻自由他有几个不同的面向，法规赋予记者的责任这件事还是蛮重要的。先前有《商业周刊》的记者写了一篇文章，就被当时的“交通部长”蔡兆阳告，这个例子很典型。记者可以因为他善尽他的报道查证的责任而免责，但这个责任的举证还是要由记者来做。在国外的话呢，《诽谤法》是说只要原告证明那个被告的恶意，不需要被告自己来举证，它的制度对记者是比较有利的。一些跟“国家”安全和机密的东西大部分都已经拿掉了，但还是有乱流，90年代初期《新新闻》报道李登辉的“国安”项目，“壹周刊”整个被搜索。

一个价值观非常混乱的地方

向：您觉台湾的新闻媒体是基于什么价值观建立起来的？

陈：台湾是一个价值观非常混乱的地方，台湾现在还在一个盘整的阶段。台湾在解严以前是以国民党意识形态维持安定为主，之后各种不同的利益就开始交战。某种程度上来讲国民党长久建立的文官制度，保障了事务官在安定的制度下面工作，你不可否认这些事务文官受到了国民党意识形态的影响，他们对新闻的执行是按照国民党的意思在走。

经过政党更替以后，这个东西慢慢在改变，但是改变多少不知道。举个例子来说，在扁当局的年代，扁当局选上以后精英不多，只能任命一些所谓的高级政务官，这些政务官在贯彻他的政策的时候，必须要跟底下的事务官同心协力，但在这过程里面大体上有两种现象，有些人很快就投靠了，有些人是抗拒的，心想民进党八年以后就下台了，等着国民党回来。所以，在这个过程中是很混乱的。等到国民党再接续的时候，他们又发现不一样了，因为老的人退掉了，有些人已经看不惯国民党的做法了。你可能觉得当局是从上而下一以贯之的，但其实它有很多的层次，是一个聚合体。

不断的政党轮替，里面的这群人不管谁上台它都能顺利地运转。国民党固有的意识形态其实已经遭到破坏，现在还没有建构出新的结构来，新的机构要有效地运行其实是需要一段时间的，所以国民党的秩序破坏掉了，它的价值观没有办法贯彻了，经过几次的政党轮替现在还在慢慢地调整当中。所以，对于“新闻局”或者“文化部”的人，我发现他们都很年轻，都有一定的工作使命，他们对于政党的态度是严守风纪，我常去那边开会，跟不同的科长、处长谈话，发现目前还在调整的过程。当局是一个大齿轮，在中间的人需要适应，还需要一定的时间。

“NCC”应着力于结构管制

向：您觉得“NCC”现在做的工作成效如何？

陈：其实我觉得“NCC”它应该做一件事情，作为广电的管制机构不应该直接涉入内容管制，假如觉得媒体内容不妥的话，应该从结构上着力，使得内容有所改善，直接内容的管制是一个比较急功近利的做法，这样很容易就会涉及言论自由的部分。

国外许多学者认为你要改变内容的不妥当要从结构入手，你要是觉得他播出的广告不合适，你需要在内部建立一个机制使得他能够处理这件事。现在一些媒体应“NCC”的要求成立了“内部媒体监察人”，可以接受投诉，或者针对媒体已经播出的事情去做一些处理或者一些改善，这不是由当局直接下令，而是媒体自己来做的。

直接把媒体的内容砍掉那叫内容管制，应该是着力于结构改善。比方在美国有一个制度，每三年重新发照的时候要去检查电视台的档案，电视台任何投诉都要记录，否则是违法的，每条记录都要响应观众，可能涉及的是黑白种族或是歧视女性等问题，如果这些投诉都没有处理，下次执照就不发给你了。这种发放执照和内部申诉就属于内部结构的部分。

台湾没有这套机制，以前广电的证照核发都是假的。国民党执政的时候你做完广电处的处长，再去做电视台的总经理，开会的时候现任广电处的处长看见电视台的总经理要说长官好，所以那个时候就没办法管理了。

现在执照是“NCC”核发，但是如果核发过程中没有一定的标准的话，是不能去核发证照的。必须去电视台建立这些制度之后才能做到这些事情。我只是举例来说不要直接的内容管制，而是通过结构管制去调节内容的走向，这对于未来的言论自由时比较好的。

“NCC”权力是都有，但他不用是结构使然，也就是说在那个结构里不敢贸然的使用那个权力，否则就会动辄得咎，落入到我之前所说的官、媒体、“立委”三个环节环环相扣的问题里。在台湾官不会独大，所以现在的官比以前的官难做，现在招人当官没人愿意去。这是一个难解的结，因素过分复杂，假使在一个相对威权的社会可能不太会有这样的问题。

在台湾学者有好的建议未必能落实下去，光讲是不够的，在做的过程中有很多需要顾虑的环节。钟蔚文教授在做一个关于实务知识的研究，意思是说学者脑袋里的想法要跟环境互动，必须到那个场域中去，实务知识跟理念知识有很大的隔阂，学者只会空谈这是一件很麻烦的事情，每次我们被请到“NCC”去表达意见，坐在底下那些人说你们这些学者都想得太单纯了，学者只需要讲就好了不需要负做的责任，而“NCC”那些人是要负责而且还要把事情做出来的，所以实务知识和理念知识其实有很大的差异。

七、倪炎元访谈录

倪炎元简历

现任铭传大学传播学院教授兼院长。1957 年出生，台湾政治大学政治研究所博士。曾任《中国时报》总主笔，铭传传播管理研究所教授，政大新闻系、台大新闻所、世新大传所兼任教授。曾担任台电、“财政部”“外交部”“监察院”及多个企业有关媒体公关、危机处理、新闻写作等课程的讲座教授。主要著作包括《东亚威权政体之转型：比较南韩与台湾民主化之历程》(1995)、《再现的政治：台湾报纸媒体对“他者”建构的论述分析》(2003)、《公关政治学：当代媒体与政治操作的理论、实践与批判》(2009) 等。所获专业奖项包括第 27 届曾虚白先生新闻奖“公共服务报纸评论奖”(2001)、第 1 届卓越新闻奖“新闻评论奖”(2002)、第 29 届曾虚白先生新闻奖“新闻学术奖”(2003)、第 20 届吴舜文新闻奖“新闻评论奖”(2006)。

访谈时间：2014 年 4 月 3 日
访谈地点：北京银泰咖啡厅

威权下的三重管制

倪炎元（以下简称倪）：我们一般称国民党为威权“政体”，这个威权“政体”跟韩国、菲律宾、拉丁美洲非共产主义国家相比是一个非常特殊的类型，这些威权政体绝大部分是借由军事政变产生，这使得西方原来很多在研究威权政体的政治理论几乎没有办法套在国民党身上，原因是什么？就是国民党在本质上与共产党类似，是一个透过革命手段产生的建国政党，拥有独立的意识形态，特别是在1924年“联俄联共”的时候，它也学习了列宁式的体制，所以说在这个方面它其实跟共产党很像，所以一般我们也叫它party state（“党国”体制）。

但与社会主义政体的共产党不同的是，在国民党的身上还是出现了一些改变，这些改变对我们理解国民党跟媒体之间的关系上也非常重要。国民党当时是怎么控制媒体的？我认为基本上分三部分，即党、政、军这三个部分。

党一共有两个机制，一个是文工会，文工会是由国民党第四组发展而来的，文工会事实上负责的是文宣的部分，它自己下面有《中央日报》《黄河》杂志、“中广电台”、“中视”，连中央社都是它的，也就是说它自己拥有媒体、管理这些媒体，但事实上文工会管不到其他的民营媒体。但是它会发文给当时的一些主流媒体进行指导，早年还有效，后来主流媒体多半不予理会。还有另外一套机制，就是文工会之外，隶属于组织工作会辖下的新闻党部，新闻党部除了中央党部的办公室外，在各个媒体中其实是一种影子组织，除了在国民党中央党部下面有一个新闻党部之外，它事实上在所有的媒体里面都成立一个新闻党部，但是新闻党部的人并没有设置一个专职，而是隐藏在媒体里面，譬如说我是总编辑，又是国民党员，我肯定在新闻党部里面同时兼任主委，平时也没有开所谓的党员会议，连党费都不交了，基本上后来名存实亡，因为只是影子，到最后大家也不把它当回事。

向芬（以下简称向）： 报禁以后名存实亡，还是在之前已经如此？

倪： 报禁之前就已经名存实亡，但是我这边讲的是50年代到60年代他们控制力还很强的时候，国民党通过新闻党部控制所有媒体里面的党员，所以说那个时候，我们的一些报纸由谁来当总编辑，文工会是可以控制的。

报社一部分人变成党组织的一部分，但没有专职党工，所有的人都是兼任的，就是说我可能是报社某一个机关的主管，同时兼任新闻党部这边一个小组的小组长，事实上所做的事还是新闻的事情，跟党部无关，只是你多了一个头衔，因为你是国民党党员。到最后新闻党部事实上也名存实亡了，但是曾经是有发挥作用的，国民党曾经用新闻党部来实行控制。

第二个是政，省政府拥有台湾电视公司、《台湾新闻报》，所以“政”跟“党”也一样有媒体，并通过行政手段管理媒体，主要是“新闻局”用

“出版法”和后来的“广电三法”去管理媒体，这个是明的。

第三个就是军，军也一样有自己的媒体，当时老三台里面的华视是军方的，自己有自己的报纸《青年日报》《台湾日报》，还有自己的电台。在报禁解除之前军方有一个“警备总部”，它下面有一个单位专门查禁违法刊物，所以说“警总”的权力非常大，变成军方控制媒体的一个非常重要的机构。

国民党在实行威权“政体”的时候事实上是三重机制在管理，党的部分算是柔性的控制，透过新闻党部去控制、操纵成员，它自己有自己的文宣机制；政的部分是通过行政手段，透过相关规定；军的部分除了它自己拥有媒体之外，还直接通过“警备总部”用强制手段来干预。

向：报禁时期党政军三管齐下其社会控制能力还是很强的。

倪：非常强，这套机制不只是集于媒体，包括对大学校园、社会团体都一样。我在研究台湾跟韩国威权政体对比的时候觉得非常有趣，因为韩国是一个军人政权，军人有个特质，喜欢行政效率，还有另外一个特点，军人很讨厌党、都恨党，所以说几乎所有军事政权上台都会把党摧毁。韩国两次军事政变，朴正熙、全斗焕一上台不仅把反对党抓起来，执政党也抓起来，全部关起来，然后由他们军人直接去执政，他不准所有的政党活动，完全是行政控制。所以韩国这样的一个威权政体跟国民党这样的一个威权政体就形成了非常有趣的对比，就是说在社会控制上一个是柔性的操控，一个是刚性的碰撞，所以我们会在韩国的政治史上看到大批的学运、工运，戒严时期国民党在控制台湾的时候还是非常平静的。

向：但是在所谓白色恐怖时期不是也有很多血雨腥风的例子吗？

倪：有，但很少，都是零星的个案，雷震案、《文星》这些都是个案。有一个很有名的研究台湾政治文化的学者叫 Richard Wilson，他在 China Quarterly 写的一篇论文很有趣，他说 60 年代全球的青年都在愤怒，大陆有红卫兵，美国在学潮，欧洲也是学潮，日本也是学潮。那时候是全球左派声势最盛的时候，全世界的年轻人都是左派，都相信毛泽东主义，巴黎、东京都是，大陆青年直接就是红卫兵，我不知道你有没有注意曾经有这样一段历史？全球的年轻人都很愤怒，美国就是反越战，60 年代我们听的非常多的摇滚都是从那个时候开始出现的。这位学者写的一篇论文中提到 Silent Students（沉默的学生），全球的学生都很亢奋，只有台湾的学生是最安静的，也就是说当时国民党其实控制得非常好，每一个团体都有一套很好的控制机制。

社会新闻与“埋地雷”

向：您是1957年出生的，您在大学阶段基本上台湾已经开始出现冲破戒严的行动。回顾报禁时期给您个人印象最深刻的是什么事情？

倪：报禁开放是1988年，我是1987年进《中国时报》的，所以我是在进《中国时报》的第一年就经历了报禁开放。其实报禁时期对我来讲并没什么感觉，因为报禁就好像一个孩子很顽皮，也不是不让他玩，只是绑个东西让他不能起劲玩而已。所以在1987年之前，国民党执政台湾30多年中，事实上，大家早就习惯三张报纸了。某些方面跟大陆的方向很像，只是大陆在用更快速的方式走台湾走过的路。在报禁开放之前报纸已经在某些地方冲撞了，冲撞不是冲撞政治，我们都不冲撞政治的，主要冲撞两块，一块是社会新闻，就是不碰政治，完全不碰政治新闻，那时候政治新闻都写官方的。

向：政治新闻当时属于禁忌话题，所以社会新闻反倒是放得开的？

倪：对，因为我们要冲报份，需要有广告，你要冲报份就要做社会新闻，所以说一个凶杀案特别是情杀案，报纸就做得非常大，《中国时报》就是做社会新闻做起来的。当时有一个“中华民国新闻评论会”，由国民党内部的一些人出来化身为学者，其用意就是制衡这种社会新闻。很多社会新闻都是膻色腥的内容，“新评会”想用新闻伦理和道德的角度去管制媒体，它不能用政治，党政军不能因为媒体做社会新闻来处理你，那怎么办？搞一个“新评会”，用新闻道德的方式来约束媒体。但“新评会”往往只是谴责，也没有实际效用，基本上没有用。

那个时候的记者算是觉醒的，在80年代也就是解严前后的那段时间，其实政治记者是很愉快的，为什么很愉快呢？其实报道政治新闻的时候他们已经开始胆子大了，“警总”会找你喝咖啡，其实是有一点点吓唬的意味。吓唬是希望你不要写，不要太过分，但是他终究不敢再抓你，而且到最后就变成如果做政治记者做了很久，还没有被“警总”请喝过咖啡这简直就是一个很失败的记者。不过，在五六十年代被请去喝咖啡那就完了，回家就跟家人交待准备吃牢饭。到解严前后被请去喝咖啡，晚上和同僚出去喝酒可能就会说：“今天警总终于请我去喝咖啡了。”

其实他只能委婉地劝说你，或者微微地吓唬你，实际上他是无牙老虎，根本不敢把你怎么样。所以那时候其实已经出现了很多变化，报老板也挺你，为什么？因为你政治新闻写得好，报纸卖得好，老板就挺你。像我们那个时候《中国时报》和《联合报》两个报老板同时是国民党中常委，他们两个位阶很高，所以他们可以挡住压力，再加上年轻的记者也都知道怎么样去趋利避害。我们可以在语气上不要去挑战当时的权威，可以委婉地写。

还有一种叫“埋地雷”，譬如说新闻党部很大一部分是集中在编辑里面，记者通常都不会理会新闻党部，记者写出来的东西常常就被编辑过滤掉了，最后记者就在报道中“埋地雷”，譬如说我们骂这些党外人士、“台独”分子太差了，他们竟然说了什么什么？就把那些人的意见直接引用出来，如果那个编辑不查，假如刊登出来就是“地雷”埋成功了，我们就用这种方式把党外人士反对的声音也传出来。

向：您去《中国时报》是出于什么原因和考虑？

倪：我那时候本来要出去念政治学，结果后来阴错阳差，有一个机会进入“中时”，刚一进去的时候训练得非常严格，我后来就问我一些长辈跟学长，他们都说既然已经进“中时”了你就不要出国念书了。

向：当时进“中时”是不是一个很不错的选择？

倪：对，待遇也不错，“中时”当时的社会地位很高，大家把“中时”当作是一个自由派的报纸，所以我就打定主意 1987 年 4 月进“中时”，9 月我就考了政大政治所的博士。因为报社是晚上上班的，所以我白天上学晚上上班，我的路就这样定了。我当时就被编到言论部门，有很短暂的一段时间跑新闻线，跑的也是学术线，大部分时间是在言论部门。我后来念博士班的时候博士论文写台韩的政治变迁比较，我也是在报社那段时间搜集到蛮多的资料，对政治实际运作开始有比较深入的了解，也了解媒体在政治上到底是扮演什么样的角色。

解除报禁只是趁解严的开放顺势而为

向：因为您进报社的时候刚好是报禁开放的临界点，前后有没有感觉到较大的变化？

倪：其实还好，我觉得在政治开放上面真正意义更大的是解严而不是解除报禁，解除报禁只是趁解严的开放顺势而为的。当时报禁开放对这些报纸来讲已经不是言论尺度的问题了，更大的意义是他们扩张的问题，是商业规模上的问题。媒体乘势都从单一报纸变成集团，《中国时报》和《联合报》马上都成立一个晚报，当时的《自立晚报》马上又成立一个《自立早报》，都变成报团了。

向：就是说在报禁之前已经有十几年的时间不断地在言论上冲击、扩大，所以到解严后在言论松紧上或者议题触红线这个事情上已经没有以前的重要性了？

倪：当然这很大一部分跟政治的变迁是有很大关系的，那时候民进党已经开始在“中央”与地方议会各个方面扩张席次，媒体过去称他们为反对分子、叛乱分子，而他们现在也是一个在野党了。

向：您是国民党党员吗？

倪：我曾经是党员。我被他们叫作失联党员，我是在高中时代就入党了，因为我父亲的问题。我党证都不知道哪里去了，当兵时要看党证，可是最后一次那个党证跟我有关系可能就是在大学，我大学毕业去念研究所，后来第二次当兵的时候我就觉得我跟国民党已经没有关系了。我这种状况非常普遍，像我这种失联党员一大堆，务实地说你有国民党和没有国民党这个身份也没有差，就像我当时进《中国时报》你要说你是国民党员，人家还会觉得你来我们这里当记者你还是国民党员，你会不会替国民党讲话，人家觉得你地位还低一点，反而你骂国民党，和国民党是对立的，你还变成英雄，所以有这个身份对我来讲已经不意味着什么。那个时候骂国民党已经是个很平常的事情，国民党其实蛮耐骂的，其实它与共产党斗争后来跟民进党斗争其实都一样，它其实在文宣上一直是输的。

向：从 1987 年您进“中时”到最后离开一共多少年？

倪：整整在“中时”待了 25 年，经历了好几届“总统”，从李登辉的选举开始，每任“总统”我都经历过。蒋经国透过开放来建立统治上的正当性，可是 88 年就去世了，等于说在报禁开放这件事情做完之后他就走了，所以李登辉上台之后开放的步伐已经停不住了。

向：李登辉个人对媒体影响力如何？

倪：也不是没有影响力，他只有选择开放，那个时候根本已经没有控制媒体这一说了。

报纸真正出现了所谓政治立场的分野

向：按照有的学者的说法以前媒体是侍从报业，后来到了李登辉这个阶段跟媒体的关系您怎么描绘？

倪：《新闻学研究》有一篇我很早期写的论文叫《主流与非主流》，文章分析国民党 1991 年和 1992 年那场政争，国民党的第一次分裂，就是在李登辉第一任“总统”的后期，他要竞选连任的时候，国民党一些团体要挺蒋纬国当“副总统”，结果还是推李元簇当“副总统”，提名他之后就造成国民党内部的分裂，也同时造成报纸媒体上的分裂。我那篇论文就是在分析报纸自主性的操纵意识形态上的对立，分析对象是《自由时报》跟《联合报》，因为在当时《自由时报》是国民党员出身的监委林荣三所办，是亲国民党的，《联合报》是曾经担任过蒋介石侍从官的王惕吾所办，也亲国民党，但在这次事件上两报从此分道扬镳，形成对立冲突，我用论述分析（大陆叫话语分析）的方法来看这两个报怎么样形成两组意识形态的对立。我认为这是国民党转型过程中一个非常有意思的事情，国民党是自己分裂的，他本来是一个很大的党，因为在统治权的争夺上出现了路线分歧，这个路线分歧包括统“独”以及对国民党党内对民主的看法不一致，当然还有族群。当时的报纸也分派，那时候台湾的报纸真正出现了所谓政治立场上的分野。

向：《联合报》《中国时报》的报老板本来就跟政治领袖走得很近、关系很好，他们是否对蒋经国先生还是会有一些敬畏、尊重？而对李登辉则不然呢？

倪：政争的时候，《中国时报》和《自由时报》是挺李登辉的，《联合报》则是反李登辉的。但后来李登辉慢慢开始对大陆不友善，这触到了《中国时报》余老板的禁忌，余老板到晚期也反对李登辉了，可以说到李登辉执政后期媒体和政治领袖的冲突公开化了。那一段时间，二十几张报纸前边三四版都是政治新闻，那时候政治新闻最好看，尤其在政争的时候大家天天像在看戏一样，然后大家的立场开始分开了。

向：陈水扁、马英九这个阶段他们跟媒体的关系如何？您作为报纸主笔，对政治领袖的看法是怎样的？

倪：那个时候都已经定了，我们大家都知道这个报纸是这个立场，那个报纸是那个立场，已经清清楚楚了。我在《中国时报》考虑的第一个因素当然是我们报老板的想法、报老板的立场，我作为一个报纸的主笔必须要选择一个立场，再去与老板的立场之间做一个均衡，我要去寻找一个最恰当的点。我并不是一个完全听我老板话的人，可是最后老板认为我是对的，像我们老板到晚期他非常不喜欢李登辉，有一次蒋经国逝世十年我们写了三篇社论，那时候我还不是总主笔，我只是主笔之一，开主笔会的时候他们觉得写了蒋经国逝世十年，李登辉也执政了十年，应该要给李登辉一个评价，余老先生很不想写，他不喜欢李登辉，就不想写，可是他觉得如果写了三篇蒋经国，一篇都不提李登辉，从言论的角度来说这不对，对一个过世的“总统”写了三篇文章纪念他，而对一个现任的“总统”做了十年你却不想评价他，有点怪，大家觉得还是要评价。老先生很心不甘情不愿地来开会，然后问要怎么谈呢？他讲了一些他的看法，基本上贬多于褒，他对李登辉的两岸政策很不以为然，他个人希望两岸开放。那天商量的结果居然要我写，我从来没写过两岸的东西，老先生当时可能想要试试我，那天一个长桌大概围坐了一二十人，我坐在一个角落里打瞌睡，他没看到，他说找谁写？其他人就推了几个人的名字，老先生突然说我看这个题目叫炎元来写，我那时才清醒，没办法，那天晚上就留在报社想把文章写完了直接送到老板家去。后来我看了整个资料，觉得我不能骂李登辉，于是我做了七三开，七褒他三贬他，文章给总主笔，报纸登了。

第二天，老板把我找去跟我笑着说：“你好像把他写得太好了。”我就跟他说：“老先生，你要骂他的话，不稀奇，你不喜欢他他知道，如果连你都在言论上肯定他过去的一些贡献的话，他才会重视你。”他一听，觉得有道理，他说我做得对，因为他是一个政治算计较精的人，虽然他感情上很讨厌李登辉，可是现实上跟李登辉弄到水火不容也不好，所以说我当时是做这样的一个判断，你在某些地方跟“总统”意见不同你可以批评，但是他做得好的地方你还是要给他掌声，这才是作为我们媒体应该有的态度，后来他被我说服了。而且他把我讲出来的话后来还拿对同仁训话：“我们虽然不同意他的一些意见，但是他做对了的地方我们还是要肯定他，这就是我们报纸。”

向：余先生是不是对蒋经国特别有感情？比如对蒋经国十周年纪念的时候肯定是百分之百褒扬的？

倪：有，感情非常浓。我们大概找不到任何一篇骂蒋经国的文字，几乎所有的媒体都达成一种共识。在台湾的言论尺度上，即便是民进党对蒋经国都是肯定的，因为他解严了，而且民进党成立的时候，他也不准抓、不准取缔，所以说没有他的决定的话，政治不可能出现那么大的改变，所以即便他曾经在白色恐怖的时候做了很多反民主的事情，可是因为他后来做的那些事情，使得几乎在台湾的论述里头找不到批评他的声音。但对蒋介石的评价就很惨了，最惨的是在高雄的铜像还被大裂八块。

箭在弦上，只是时间问题

向：您觉得是什么促进了报禁开放？结合您政治学的背景，对此您个人是什么看法？

倪：其实还是因为政治上的解严，不开放也不行了，另一方面也是经济发展到那个地步，人们对资讯的需求增加，广告量增加，所以说报禁开发是顺势而为。记得报禁解除前《中国时报》的编辑组织已经扩编了，那一阶段招了60多个记者，就是为了报禁开放做准备，换句话说报禁不是突然而至的，很多人都已经知道了，箭在弦上，只是时间问题，所以主流媒体把人手先布局好，然后一开放报纸全部扩张了。

我一生最好的岁月全都在报纸，我见证了开放的过程，这个过程是很兴奋的，那个时候有一个老师跟我说："在报社里工作的时候，你会有时候觉得历史距离你很远，有时候又觉得历史距离你很近，有时候你用手去击、去拨，你竟然有时会发现历史会动。"

我那个时候写社论的时候我真的出现这种感觉，就是说我会发现第二天国民党或者民进党政治受到我评论文章的影响，而改变了若干作为。因为是无名英雄嘛，我们社论不会署名是我写的，但是我们内部的人知道。有一天国民党开中常会的时候，有一个中常委拿《中央日报》的社论起来念，另一位中常委王金平拿我的社论起来念，后来就有媒体报道说某个人先拿《中央日报》社论念，然后王金平就拿《中国时报》的社论来反驳。结论就照着我写的方向来走，那时节就会感觉写评论所发挥的力量。

一般社论除了总主笔和少数几个主笔没有人会知道是谁写的，基本上也不会讲是谁写的，所以自己暗暗愉快，好像这个历史你有影响到它的走向。我们当时自己也讲这个社论在当时台湾不会超过1500人看，大家一般不会看社论，但是会看社论的人都是那些最重要的人，所以那个时候我们的成就感就来自于此。真正的言论会有影响，特别是那几个领导层的精英，你是不是在争议事件上挺他或者是反他，他是很在乎的。

台湾民主转型不是靠媒体在冲撞

向：以您所在的"中时"为例，您觉得台湾的媒体在民主转型中扮演着什么样的角色？

倪：我必须诚实地说台湾的民主转型不是靠媒体在冲撞。主要是政治人物在冲撞，就是反对的、在野的势力，他们在冲撞，他们很有勇气，也因此很多人坐牢，很多人的杂志被查禁。

向： 您曾经有没有像他们那样的冲动和想法？

倪： 我不会直接想做革命家，但我对他们出版的东西是很有兴趣的，因为他们的东西写得很好看，因为我是学政治学的，他们批判国民党的一些文章会让我们启蒙。那时候看这些东西不方便，所以会到书报摊给老板说我要这期最新的杂志，拿出来包好，我就付钱给他，他不能公开卖，公开卖就被"警总"全部收走了。我在进"中时"之前曾在一家政论杂志《民主平等》做了一年，我必须看所有的党外杂志，我的文笔就是在那一年练出来的，我之前都是写学术论文，读的都是英文的东西，英文读久了就会影响到你的中文，因为英文的语法是长句、倒装句等等，所以写文章句子越来越长、越来越难看，变成文字很不好读、艰涩，因为有这一年阅读党外杂志、办杂志和写文章的经历，把我原来文字上存在的问题给解决掉了。所以我到目前为止能游刃有余地运用报刊政论和学术论文两种写作模式，这完全是两种不同的书写。

我认为媒体有一个功用就是 secularization，即世俗化，就好像我们今天在台湾电视台看到的政治模仿秀，如"全民最大党"，借由模仿与戏谑的手法，把所有神圣的东西都解构掉，让所有神圣的事情看起来都很好笑，把所有曾经很敏感的、很严肃的东西变成很普通、很世俗的东西，甚至于调侃。以前在六七十年代我们连私下谈论政治都会觉得有一点敏感，后来政治就变成一种八卦，甚至是一种消遣，不像以前谈政治时那么严肃、神圣。若干媒体像《苹果日报》已经不报道政治人物上班在干什么，而是追踪他们下班去哪儿了。报你的八卦，报你的绯闻，媒体已经走到这个方向上了，再加上立场上的分野、政治派系的冲突、政党的冲突，媒体已经选边站了，进一步就变成一般民众也选边站，我支持哪个党派我就看哪个媒体，我将此称为"世俗化"的一种过程。

幽微复杂的新政商关系

向： 您怎么看待解禁以后台湾媒体陷于新政商关系的问题？

倪： 一般来讲媒体跟商业的关系都很好，因为媒体需要广告，他们是靠广告生存的，所以没有一个媒体是反商的，而且跑经济路线的记者跟大老板的关系都非常好，之间都是朋友。但是后来某些商人开始想自己拥有媒体，以"旺旺"买下"中时"为例，买之后我跟蔡衍明老板共事了三年，我是少数跟他现在关系还不错的人。他是做食品业的商人，打商战出来的人比较不知道媒体在政治、在经济的网络当中角色是很幽微、很复杂的。就好比在处理言论的时候媒体人总是要去想，这个言论民进党或者国民党看到的时候会怎么想？然后我们就做一个权衡，我可能骂他多一点，但是呢我不会骂到死，我可能骂他少一点，但是也不能不骂他。这就变成到某一个阶段，他们也了解你，所以整个事情的处理过程是复杂的。可是蔡老板是比较敌我分明的，不是我们的同志就是我们的敌人，他面对外界的任何批评，他都选择全面对抗，结果受了不少伤害。

向：这算是公器私用了吧？与之前“中时”的老板是不是存在较大的差别？

倪：商业力量进来媒体之后跟以前的媒体的处理方式完全不一样。就像“三立”电视台的老板是反国民党的，它不可能去替国民党做任何的节目，你要说他是工具我也接受。

向：这算是新政商关系在现实媒体中的一个表现吗？

倪：所谓新政商关系是媒体慢慢落到商人手里，而这些商人本身资金上没有问题，他根本不靠媒体赚钱，他们看媒体跟我们老一代的媒体人看媒体完全不一样了，他们会跟政治、经济利益纠结在一起，所以这个发展其实是很复杂的，但是商人毕竟是商人，他在跟国民党与民进党之间算计的时候，他也会去算，他不会一面倒，跟某个党全部决裂。现在政党影响不到我们的媒体，他们对媒体的姿态是低的。在野党以前骂一下“中时”，第二天报纸就轰他，他们要再骂报纸就再轰，国民党也一样被骂。

从政治管制到社会调节

向：解禁之后新闻媒体管理机构管理方式的变化如何？

倪：以报纸来讲的话其实从报禁解除之后，没有任何部门可以管报纸。“出版法”废了之后就没有任何一个行政部门可以管报纸，但是规定上我们有将近一百多个“法律”可以管到报纸，能够管到报纸的规定大部分和政治没有什么关系，都是跟社会内部的调节有关，譬如说“儿少法”规定不能在报纸上面去公布小孩子的照片，要保护小孩子的权益；比如“医药卫生法”规定不能在去刊登一些医药疗效的内容；其他的还有不能刊登色情内容妨害风化等等，所以说对媒体的这些规定是关于社会调节的，而不是政治的管制。

“中时”曾经报道一个女生她很独立，养活她瘫痪的爸爸，家里还有个祖母，她独立出去做生意，不仅上学还去工作贴补家用，我们《中国时报》报道了这个新闻，很多人看到这个新闻很感动，捐了很多的钱给这个小孩，可是“中时”却因此被台北市府的新闻处处罚，因为我们把小女孩的脸刊登出来了，我们登了这个新闻帮助到那个小孩却没有得到奖励，反而因此被罚款。还有一次“中时”替台北市政府社会局做了一个案子，有点像置入性行销，帮他们宣传“酒节”，记者拍了一坛一坛摆放的酒，这就违反了一些跟广告有关的规定，媒体不能登烟酒广告。等于一边从市政府社会局那边赚到了钱，另一边拿去交了新闻处的罚款，所以行政部门还是可以管报纸，但是已经跟政治没有关系了。

弱智媒体?

向：您认为现行的新闻法规为新闻自由提供了制度性的保障吗?

倪：我们的新闻法规不是用来保障新闻自由的，因为新闻自由是受“宪法”保障的，我们“宪法”就能保障新闻自由。现在的新闻法规很多都与处罚相关，可以说跟新闻自由没有关系，反而是妨碍了新闻自由。媒体官司有的时候打到“宪法”官司的层级，打到“大法官”那里去，要麻烦“大法官”解释说到底有没有触犯到隐私、有没有诽谤。譬如说我写一个新闻骂你或批评你，结果你觉得受到伤害，可以到法院去告我诽谤你。就像一个普通人骂你，你可以告他诽谤，媒体报新闻骂你，你也可以告他诽谤，这个其实不算“新闻法”，在一般的规定里就处理了。

严格来讲我们没有针对新闻的专门立法，我们有的是“广电法”，但“广电法”也不针对媒体内容，只针对频道资源、执照、申诉等等。一般而言我们讲的完整的新闻自由是不应该立法的，如果已经保障了新闻自由何须立法？立法就是要管它。

向：您觉得像“NCC”这样的机构妨碍到新闻自由吗？您对“NCC”怎么评价?

倪：我对“NCC”的评价是不高的，我觉得它有妨碍到。我猜想你之前访谈的很多学者他们可能大部分是肯定“NCC”的，我是不喜欢“NCC”的，因为他们基本上是比较希望去管媒体的。

当然，台湾媒体与社会的关系也出现了很大的改变，现在媒体跟社会和政治发生冲突的时候，很多人是支持行政部门而骂媒体的，所以我个人觉得现在的争议都跟新闻自由没有关系，可是它会影响到新闻自由，就好像说如果我今天报道了一个小孩子的善行，结果我知道我会因此被处罚的话，那我就会受限，我就会不让那个小孩子的脸露出来，躲躲闪闪，不能把有些东西写出来，这样我的新闻自由就会受到干预了。

我们台湾现在的一个社会氛围是觉得要管，觉得媒体太张狂了，媒体太过分了，媒体被冠以很多负面的名词，“媒体乱象”或者“弱智媒体”，说媒体根本不负责任，对媒体有很多负面的评价。但我个人倒不是这么觉得，我在一个主流媒体待了25年，绝大部分朋友也都是在媒体工作的，至少我跟我认识的大部分人都是相信媒体专业的。

向：包括新生代的记者您觉得也是这样吗？

倪：对，因为他做了记者，没有一个记者会说我要搞乱，谁不要尊严？很多记者都是受过学校新闻教育的，到现场就是要客观、中立地报道事实，不能带有个人的感情和倾向，就是要把看到的事实报道出来，这个职业道德到现在还是在的。

从自由权利社会权的转变

向：您觉得台湾现在新闻传播制度是基于什么样的价值观建立起来的？

倪：台湾媒体跟社会的关系、跟政治的关系的转变是一个从自由权到社会权的转变，在自由权关系的时代就是“国家”跟媒体的关系，“国家”只要管，我们媒体的自由就会受到侵害，基本上我们跟“国家”的关系建立在“国家”不能管、不能干预的前提下。没有“出版法”，当局根本不能管报纸，媒体基本要怎么报道都可以，可是现在自由权、人权发展到20世纪之后走向了社会权，社会权所关注的不是国家跟社会的关系，而是社会内部不同团体之间关系的调节。

如果我们媒体是社会的一环的话，它不关注这个，而是关注社会内部的关系，这个概念是左派提出来的，就是说过去没有“劳工三权”，现在劳工享有罢工权、集会权、协议权，这个“劳工三权”就是社会权。不是跟国家、跟企业的关系，而是企业内部的劳资关系，譬如说环境权，人们应该享有好的环境，这不是国家和社会的关系，而是社会内部的关系，就是当一个企业在污染的时候，我们社会内部会要求企业付起社会责任；譬如说教育权，我们认为现代公民都有必要受到一定程度的教育。媒体在这个意义上变成是社会内部的关系之一，公民本身更在乎媒体的情况，公民认为媒体没有负担起公共的责任，或者认为媒体制造的新闻是垃圾新闻。

以前在自由权的时代，媒体要反映民意、代表民意，叫第四权，就是代表人民去监督政府，可是现在走到社会权阶段的时候，人民本身普遍认为媒体已经做大了，就是个既得利益者，不再认为媒体可以代表人民，不仅认为你代表不了我，我还要叫“国家”来管你，就好像说劳工觉得资本家没有对我们负责，劳工就会要政府去管，管这个资本家。

向：在自由权的阶段如果媒体没有做好的话人民不会想让国家来治治媒体吗？

倪：没有，那个时候人民和媒体是一致的，因为他认为媒体是我们人民这一边的，是属于人民的，是反映民意的社会公器、守望者，代表人民监督政府，媒体把政府资讯揭露出来，基本上在自由权阶段媒体是属于人民的。

当我们的媒体从报纸走到电视，从有线电视、无线电视到网络电视，在媒体不断集团化，媒体变成既得利益者，人民不再觉得媒体是代表我们的，媒体只是一个大的产业。我刚刚讲广电频谱的资源是有限的，“国家”要是不介入管理，可能出现只要有钱我就把频谱全部垄断的这种情况，“国家”当然要介入，因为这个资源不是全民的，可是全民没办法管，只能委托“国家”来管，现在“国家”的这个角色扮演得不是很好。真正的传播制度和传播政策是属于社会权的，跟自由权没有关系，它就是要“国家”有作为。

为什么西方欧洲国家分左翼政党和右翼政党，区别就在这里，右翼政党都是相信自由权的，所以希望政府管得越少越好，而左翼党就是想要政府作为，两党常常在冲突。左翼政党一上台，就会把福利扩张，要国家干预。可是右翼政党一上来，就把福利政策削减，然后减税，让经济发达起来，政府只要一不管，经济力量就起来了，做大了的大老板钱就越来越多，社会上很多人就变成弱势了，左翼政党可能再出来干预一下，这就是左右两翼的一个博弈，博弈两边的基础就是自由权和社会权。

向：您觉得当局需要更加有作为，更多介入？现在的台湾新闻传播制度还有那些需要改善的地方？

倪：对于媒体我不愿意用乱象来说，但是媒体的角色在今天所面临的问题不是台湾一个地方的现象，而是全球现象，譬如说做媒体需要更大的资本，媒体慢慢就形成了媒体集团，像默多克新闻集团，还有 CNN、FOX 这种大媒体集团，他们会形成全球话语权，台湾媒体也在形成集团化，集团化也不是不好，可以拥有更多的媒体投资，可是相对的也让这个社会的冲突更激烈，特别是意识形态的冲突，就像代表自由派的 CNN 和代表保守派的 FOX，事实上也把美国社会撕裂成两部分。

媒体会让社会的撕裂更严重，媒体追逐极端化的新闻报道，常常把一些很小、可是很有趣的事情扩大化，媒体的这个扩大会让社会意识关注到一些很耸动的事情上，而不会去注意一些重要的公共事件，这是媒体本身的一个特性，一时半会儿也改不了。

向：按您刚才的理论和说法，走到社会权的阶段让当局更多介入的方式是不是有可能会提供解决的途径？

倪：对的，但现在当局都是被动的，像台湾现在出现的儿少团体、媒观组织、防止新闻公害的这样一些民间组织，他们对于媒体都是很有敌意的，他们常常要求行政部门出面管。我觉得公民社会里对媒体监督的组织、行政部门可以处理媒体违规的游戏规则、媒体本身的一种竞争，这三者每天都在博弈。

讲实在话，我今天虽然已经到了学院，我还是喜欢媒体，因为在媒体更自在一点，反而学院还蛮复杂，因为媒体人他常常必须要到现场去，他必须要跟很多新闻线上的公众人物接触，所以很多事情他真的知道到底是怎么回事。我现在教学生的时候还是把新闻媒体的专业告诉他们，当然我现在做得更多的一件事情是让他们在未来的媒体变化当中，拥有更多的工夫在身上，因为未来的媒体发展情况会不一样，新闻工作者需要的专业职能更多了，他不仅要会采、会写还要会拍，要会剪辑、上传等等，他必须是个全能记者。

我们以前跑新闻还要配一个摄影记者，现在哪里有？照片你自己拍，影像视频也是你自己弄，上传剪辑都是自己弄，编辑的工作最多就是你做好的新闻发过来给他，他帮你把讯号发出去而已，这就是未来。我除了要让学生有这些功夫之外，某些新闻专业的坚持是永远不变的。比如要查证清楚，不能有自己的个人情绪，角度要更宏观一点。新闻的本质是没有变的，只不过是形态变化了。

我在媒体待过，现在又在学界，那些批判媒体的批评我觉得很不公平，媒体会惹那么多误解也是活该，把乱象、弱智这些评价加到媒体身上，它确实自己本身要负责任。但是，台湾绝大多数媒体人其实都是拿着微薄的薪水兢兢业业地在每一条线上做好他的事情，但是我们常常把电视上的名嘴，或某些夸张的主播或者某些让人看起来很憎恶的媒体老板放大为媒体的代言人，其实这都是非常片面的。

第四章　台湾新闻业界访谈录

一、陈国祥访谈录

陈国祥简介

现任中央通讯社董事长。1953年出生，台湾政治大学新闻系学士、新闻研究所硕士。曾任《自立晚报》总编辑、《中国时报》总编辑、《中时晚报》社长、《中国时报》特约主笔。代表作《台湾报业演进40年》（自立晚报文化出版部，1987年）；《硬梗领导》（印刻出版，2011年）。

访谈时间：2013年8月15日

访谈地点：志清大楼中央通讯社

经营媒体的自由是特许的

向芬（以下简称向）：提到报禁给您印象最深刻的事情是什么？

陈国祥（以下简称陈）：所谓"报禁"，第一个是限证，媒体证照是固定的；第二个是限张，就是说你的张数要多少，是要协商的，你不能自己决定；第三就是限印，就是说你只能在某个地方印，不能在另外一个地方印刷。这基本就是当局掌控了两件事：第一，发行报纸是特许制；第二，如何经营报纸是高度规范的、高度管制的。经营媒体的自由权是由当局特许的，所谓特许就是说31张证照是固定的，你不能申领新的证照，31张证照内部的转移是要经过当局核准的。所以说像《联合报》可以拿5张证照，《中国时报》可以拿3张证照，其他的媒体就拿不到证照。

那么在这种情况之下，所有的传媒都是跟当局有友好关系的人才能够办，是由当局来选择谁有办媒体的权力，这种情况下媒体是完全受控制的。在这种情况之下人民没有经营媒体的自由，报纸杂志如此、广播电视也是如此，特许制就是你经过公权力部门核准才可以经营。所以你问我印象最深刻的一件事情，对我而言就是经营传媒的自由是特许的。

在野政治力量撑出一片自由空间

向：何荣幸先生他们汇编的《黑夜中寻找星星》一书中我看到里面有一篇您的谈话，提到您在大学期间大概 75 年的时候给党外杂志《台湾政论》写了关于《台湾自由问题》的文章，还谈到《自由中国》《自立晚报》以及《公论报》这些刊物对您的影响。您曾经说过 60 年代是比较失落的一代，您在当时怎么会有这样的感受？

陈：欧洲的文艺复兴他们是在十五世纪接触到希腊、罗马的文明，他们才有一种觉醒，台湾新闻自由的发展也可以说 50 年代比 60 年代甚至 70 年代还要自由，因为那时候台湾国民党当局刚退到台湾，有很多大陆自由主义知识分子来到台湾，也有在国民党控制台湾之前就已经遗留下来的民间报业传统，当然可能还有美国的支持力量，这些结合起来使得在 1950 年代台湾的媒体比 60 年代还要自由。我 1972 年开始念大学，我们那时候看到的报纸杂志基本上都没有什么新闻自由的表现，可是我在政治大学念书的时候接触到早期从 50 年代到 60 年代甚至 40 年代报纸跟杂志，看到那些内容之后觉得后来台湾的新闻自由是倒退的。

向：当时有没有很受冲击的感觉？

陈：很受冲击，因为我们跟那一段历史已经有点断绝了。台湾在当局高度控制的报禁之下，新闻自由是倒退的，新闻媒体受控制的程度是越来越高的，所以我们那时候接触到的像《自由中国》《公论报》《自立晚报》还有一些其他的杂志，我们就觉得按道理讲台湾应该是与时俱进，为什么却是倒退了？所以我们越来越意识到台湾媒体高度被打压的情况，这样的一个认知让我们更加觉得应该去争取新闻自由。那时候刚好台湾在野政治势力开始成长，逐渐撑起一个空间出来，本来整个政治压制下没有一个自由的言论空间，但因为在野政治力量的成长逐渐撑出一片自由的空间。

我们作为一个新闻学习者，也算是新闻自由的追求者，逐渐地运用这样的一个有限空间去继续争取，所以自由空间越来越大。

基本上对于台湾新闻自由的发展，媒体本身的贡献是有限的，是后来才运用这种政治形势去争取更多的空间。启动者是在野的政治力量，他们透过议会，包括办一些杂志出版物来推动。他们是台湾争取言论自由的先行者，所有的主流媒体都是跟进的，并不是主流媒体本身争取出来的。

向：当时政治大学图书馆的《自由中国》是放开了大家都能看吗？还是有限制？

陈：我们有两种：一种是台湾的刊物可以自由阅读，另外像东亚研究所也就是国际关系研究中心，很多大陆的资料是不能自由阅读的，是要经过申请。《自由中国》在出版的时候是合法刊物，后来在图书馆都能看。

向：您所写的谈《台湾自由问题》的文章发表时会不会受阻？

陈：文章投稿在杂志上发表，那个杂志只办了五期就被停刊了。因为媒体是当局特许的，那种不符合政策规范的可以随时被查禁或者停刊，所以那时候要申请一个杂志非常困难，要申请上了也会被随时停刊的。我投稿的《台湾政论》办了五期，后来《美丽岛》办了四期就停刊了。

用聊一聊的方式让你心生恐惧

向：报禁时期当局掌控媒体的手段，除了您刚刚所说的“查禁”还有什么其他的方式和手段呢？

陈：第一个是笼络既有的媒体，既有的媒体配合当局的政策，所以不但可以存在而且还拥有各种经营上的便利，比如说广告。那时候台湾商业还没有高度发展，很多广告来源是当局广告，比如“国营”事业、银行等。当局就可以影响这些广告给哪些媒体刊登，比如那时候纸张是管制的，纸张进口要经过当局的核准，分配给你多少纸张也是经过当局介入来协调，这些方面当局就可以控制，如果你配合他，他就让你方便一点，你不配合他他就打压你，所以第一个手段就叫作笼络；第二个就是限证，你办报纸办杂志要发行权，也就是证照的取得；第三个就是惩罚或制裁，有人被约谈或者报社被要求把某人撤职或者调动，不让他担任主管，这是人事上的控制。这是非常明显的，很多报纸的人事都是当局控制的。台湾“警备总部”、文工会都会介入媒体内部的人事，这些人他们会私下约谈，渗透到媒体内部去掌控，通常媒体内部会有人跟他通报发生什么状况，开会的时候总编会指示新闻怎么处理。由于很多媒体的情况都会有人通报，所以他们能掌控。另外，有人常常会被“警备总部”的人约谈，就是让你喝杯咖啡，用聊一聊的方式让你心里产生恐怖。

向：您去《自立晚报》之前，该报曾被多次停刊又复刊，结合当时的历史背景您对此怎么评价？

陈：报纸的存在不只是一个新闻工作，它的经营者本身也是政治人物，有些政治人物有方法去沟通，运用自己的政治实力让他可以去游说当权者，当权者也为了做好形象，让人感觉好像也不那么专制，有时候也会网开一面，人情的缘故也有。另外我相信包括美国之类的政府力量的介入，这些都有可能。

李永得、徐璐突破禁令的大陆采访

向：87 年您当总编的时候突破禁令派李永得、徐璐他们去大陆采访的事情曾经轰动一时，他们是以"短期探亲旅行采访"的名义成行的，您和吴先生他们事先已经做好了这样的设想吗？当时的阻力来自哪些方面？预测过会受到什么处罚吗？①

陈：我们的计划是有变化的，最早计划是那时两岸开始有海上的贸易，台湾的船进入厦门，透过船只进行贸易，我们最早计划本来是想搭这个船进入大陆去采访，因为当时还没想到怎样进入中国大陆。但是搭船有它的风险，台湾的渔民上船要经过申请，是当局管制之下的，不是来去自由的。当时本来想买通渔船让我们的记者上去，后来觉得风险太大了，也不知道会出什么状况，后来就决定从日本进入，因为按照当时的规定："出国"采访要申请，没有规定不可以去中国大陆区采访，所以就有漏洞，我们就征询几个同事问他们有没有"护照"，那时候"护照"也是受管制的，刚好那两个记者有"护照"，我们就让他们去日本，然后再从日本想办法、找门路去中国大陆。

风险方面当时考虑的第一个因素是大陆让不让我们去采访？后来我们的人一上飞机，我们透过发布新闻的方式让大陆看到这个新闻，大陆方面就知道这两个记者已经到了东京准备来中国大陆。大陆官方派中新社的人跟他们接触，透过中新社把这门敲开的。本来我们也没有联系中新社，我们是通过新闻发布，他们是主动联系的。当时我们的人与驻日中国大使馆有联络，大概两三次后大使馆才告诉他们大陆方面已经请中新社跟他们接洽此事。我们的记者有去敲大使馆的门，过程就是这样。回来之后当局就把我们起诉了，起初我们的辩解是说中国大陆是"我国国土"，因为不是外国，当局控告我们说是到国外采访没有申请，我们就说去"我国"大陆所以才免于刑事

---

① 关于李永得、徐璐"历史性大陆行"的决策过程可参考吕东熹：《政媒角力下的台湾报业》，台北玉山社出版事业股份有限公司，2010 年 7 月版，第 500—505 页。

责任。

向：当时为什么选择那个时间节点呢？

陈：因为 10 月马上要开放探亲。

向：选择这个节点是否想试探一下国民党开放的诚意？

陈：那时候基本能看出有一个全面开放的趋势。解除党禁、报禁开放，还有大陆探亲这些都是息息相关的。你开了一个口子，社会的冲击和当局的思维已经到了一个临界点，在这个临界点上我们觉得可以冲撞，感觉风险不大了。那时候社会氛围是这样，包括民间的各种街头运动都开始起来了。

向：当时“新闻局”也有要求你们《自立晚报》把记者招回来，但还是成行了。

陈：国民党文工会在幕后掌控，“新闻局”在台前处理事情，所以很多事情都是“新闻局”出来说，但他背后是国民党文工会要他这么说、这么做的。所以要召回记者之类的事情，可能“新闻局”有这样说，但是幕后是文工会要求他们做的。那时候我们主要沟通的对象是跟国民党文工会而不是“新闻局”。

向：1987 年 9 月 28 日中国大陆出版的《参考消息》中报道了《自立晚报》声明，是您出面讲了四个方面的内容，包括：“1. 台湾当局把前往中国大陆视为‘出国’，实是自毁立场；2. 该报将依照法律程序，进行诉冤及行政诉讼；3. 鉴于当局表示会依照刑法以伪造文书罪名处置该报社长及两名记者，报社方面将会聘请台湾最好的律师，组成律师团，依法进行抗争；4. 将此事诉诸国内外新闻同业及国际新闻协会，共同争取新闻自由。”请问您做此声明的效果如何？

陈：那时候我们每天都发表社论，会有媒体来采访，我的回应不是个人的回应而是内部开会决定要怎么回应。我们当时已经在跟当局做抗争了。

向：访问大陆的报社记者李永得、徐璐回来之后跟你交流的时候他们对大陆采访后的印象如何？

陈：他们的看法在媒体上也曾披露过，主要是觉得反差很大，有两个方面的意思：一是他们在五星级酒店或者是餐厅的感觉和坐车经过路上看到民众的生活这两个方面反差非常大；第二个就是大陆方面接待的人态度都很客气，但李永得他们并没有自由地到处走，基本上到一个城市住在酒店里面，然后坐车去某个地方采访，没有在民间社会自由走动。

顺势开放

向：据说有人士还就记者访问大陆的事情与蒋经国先生间接沟通过，但当时蒋经国好像没有表什么态度。您觉得报禁时期政治领袖对媒体影响如何呢？

陈：蒋经国他本身也是在不断的成长变化当中，一直到他过世。我们早期看他，比如他当“行政院长”以后，他是有改变蒋介石的那种政治威权的态度，但基本上是没有自由、民主的开放思想的。1979 年处置“美丽岛事件”的态度本身就是非常强悍的、严厉的，一直到了“江南命案”出现之后，社会的抗争和国际的压力起来，他才有了自由、民主的开放新思维。开放之后他一直往这个方向推进，一直到他过世，所以说蒋经国的态度也一直在变化当中。我们派记者去大陆的时候，已经看到蒋经国进入到自由开放时期的思考，他这种思考并不是一以贯之的，是后来才变成这样的。

向：您如何评价在开放报禁的过程中蒋经国起到的作用？

陈：基本上是被情势所逼，他自己思维的改变并不是主观上一种自我的调整，而是看到情势在变，他受到“国内外”的压力，觉得这个情势不可逆转，他就顺着这个情势，顺势开放。到那时候我们就觉得他已经不会用强烈的手段来镇压媒体，也不会严厉地来惩罚我们。

向：您觉得主要是什么促成了报禁的开放？

陈：还是大情势的逼迫，当局已经没有可能在解严之后、在开放党禁之后仍然实行报禁，这已经不可能了，所以整个大情势让这种管制政策已经不可为了。如果不开放的话显得极度的矛盾，不可能说党禁都开放了报禁还不开放。所以开放当然是全面性的开放，开放报禁是“行政院长”俞国华宣布的，为什么由俞国华宣布，而不是由蒋经国宣布？这是俞国华的思维吗？应该也不是。其实报禁相对来说层次比较低，不像党禁和戒严层次那么高的问题，所以“行政院长”就可以宣布这个事。但是这是总体开放政治下的一个环节，并不是单独的，也不可能是单独限制，所以整体是大势所趋，不可逆转的开放吧。

媒体跟随者的角色

向：您刚才讲过台湾的媒体在民主转型中并没有起到太大的作用。

陈：是的，媒体在新闻自由争取中并不是一个发动者，而是跟随者。

向：您所在的《自立晚报》在70年代对中坜事件、高雄事件都做过翔实报道，80年代大幅报道陈文成命案以及独家报道许信良中正机场事件，它在这一阶段是不是还是起到民主推手的作用？

陈：所谓翔实报道其实是相对别的媒体来说比较翔实，但其实以我们现在的标准来看做得还是很有限的。而且《自立晚报》本身发行量是非常小的，大概不到两大报的十分之一，其发行量是非常有限的。读者群主要是两类：一类就是本土意识比较强的人，另外一类就是股票经营者，因为正好股票市场刚刚结束晚报出报。所以说它的发行量和影响力都是有限的，但是它越来越准确地抓住政治议题去发挥之后，影响力快速生长，发行量也快速成长。所以说它到报禁解除时已经成长为在政治议题方面洞见观瞻的媒体，但要说民主推手有点言过其词。

向：您以前在联合报系，后来为什么会选择到《自立晚报》？

陈：《联合报》绑手绑脚，让人不能发挥。我是1981进入《联合报》，1984进入《自立晚报》。《联合报》收入高得多，到了《自立晚报》收入也就《联合报》的三分之一。但《自立晚报》能够给与自由度的发挥，因为绑手绑脚、没有自由会活得很闷。

党外路线

向：您在《联合报》和《自立晚报》上班的时候还会去给党外报刊写稿？

陈：给党外报刊写很多稿，我离开《联合报》之后过了几年别人还跟我讲，我有一阵子被调去跑"立法院"和党外新闻，后来又叫我回到专栏组做访问学者专家（不是直接采访新闻）。我离开之后人家才告诉我国民党的秘书长蒋彦士，他要《联合报》把我调换了路线。

向：所以您已经是他们盯住的分子了。

陈：对。他们比较不能够接受我去做政治路线的采访。

向：您当时去采访党外新闻那条线的时候跟党外的人联系多了，反倒走到了党外的那条路线上去了吗？

陈：比较同情他们的政治处境。其实那时候我也不愿意去《联合报》，是因为《联合报》要办一个杂志《联合月刊》，叫我去做政治版的主编。那时候我觉得报纸和杂志是两回事，我说报纸我不愿意去，因为那时候《联合报》算比较保守的，我认为杂志受管制的程度不如报纸。《联合月刊》是综合性的月刊，杂志我能接受，所以我去了杂志社，但在杂志做了一段时间后把我调到报纸去了，因为那时候政治新闻人才比较缺乏。

向：当时政治大学毕业是不是基本上对口就去了《联合报》之类的大报？

陈：主要去《联合报》《中央日报》、中央社这三家，《中国时报》也有但是相对少些。

向：当时是不是国民党员是否作为入职优先考虑的一个因素？

陈：主要不是看你是不是党员，而是看你的政治思维是不是跟他们接近。我去那边坦白说是有些勉强，就是说他们用我和我选择去都有一些勉强。主要那时候是做杂志我才愿意去的，也是做杂志他们才愿意让我去的。后来党外力量起来了，做政治新闻需要一些跟党外势力比较熟悉的记者，所以就把我调到报纸去采访这类新闻。

媒体政治立场的分化

向：报禁解禁以后，台湾媒体和当局之间的关系有些什么变化？

陈：这个变化是两方面：一方面原先只有党政的控制力量，媒体是受政治威权控制的。报禁开放之后，这种控制力量慢慢削弱，媒体开始取得了自主的权利，就是说媒体可以自主选择跟某个党或者某一个力量做比较紧密度结合。所以台湾的媒体过去是被控制的，后来开始做一个政治立场的分化。有的跟国民党所谓主流派，有的跟所谓非主流派，有的越来越接近民进党，有的基本保持独立。基本上过去是一个全面受控制的情况，解严之后媒体政治立场开始分化，这种转变和分化是自我选择的；第二个方面就是媒体开始党派化，党派化一直到现在，无论报纸还是电视党派化的情况非常明显，比如《自由时报》是完全选择贴近民进党的，不是说民进党控制它，而是它贴近民进党，这一方面是受其经营者政治思维的影响，另外一个方面是出于市场切割策略的考虑。《苹果日报》是“反中”加上反国民党，黎智英引进的很多人才都是反国民党的。反国民党的人很多都是“反中”的，举个典型的例子江春男也就是司马文武，他在民进党执政时代就是“国安会”的“咨询委员”，是陈水扁的幕僚，他“反中”跟反国民党是在一起的，所以《苹果日报》很多的评论都是“反中”也反国民党的。他们这些人认为国民党跟大陆政府有各种协议，国民党是贴近大陆的，所以这些人集结在一起跟这个思维是有关系的。《中国时报》现在被认为是完全投向中国大陆的，被人认为是“红色报人”。《联合报》也是比较蓝甚至加点红，比较贴近统派的。这都是媒体自我政治立场的选择，也是一个媒体的党派化，本来媒体不应该有党派，但台湾媒体党派分化非常清楚。电视大家也非常清楚，比如“三立”、“民视”就选择“反中”也反国民党的，TVBS 和“东森”跟当局立场就比较接近，跟国民党立场比较接近。所以媒体分化之后党派化的发展是台湾媒体跟当局之间的关系变化，就是说媒体跟不同的政治力量结合选择了不同的关系。

向：您现在所在的中央通讯社 1995 年的时候从党营改成财团法人，改制前后有何种变化？

陈：中央社经过三个阶段：第一个阶段是国民党文宣机构，相当于党的宣传喉舌；第二个阶段变成国民党的党营事业，采用公司化的经营；第三个阶段变成财团法人，即“国家通讯社”，国民党把中央社捐给当局，当局就捐助成立一个基金会把中央社纳进来。财团法人既不是党的组织也不是当局的组织，本身就是一个财团法人，财团法人的经营形态就是行政部门每年捐助支付一半的预算，另外一半的预算要通讯社自己去赚。所以在体制上非党非政，是独立的财团法人，但它财政上无法独立，有一半是行政部门预算。

向：行政部门每年一般给多少钱？

陈：我们预算一年六亿，三亿是行政部门拨款的，但是这三亿要经过“立法院”同意，所以“立法委员”无论哪一党都会来监督中央社，因为你拿了行政部门的预算。“立法院”有各个不同的党派，这种情况下中央社变成不但不能够为党服务，甚至是也不能够完全为当局服务，必须受各党派“立法委员”的监督，本来就要超党派。我们在行政上、预算上受到当局的节制，但内容上行政部门跟执政党是不能来管控的，因为管控是要受到“立法院”监督的，“立法院”可以监督中央社也可以监督管控者。

向：从中央社的历史上来讲是国民党的，到目前为止中央社内部底色上是不是还是偏蓝？

陈：民进党也执政了八年，这八年中有两届董事会，由民进党派董事长和董事来，社长也是民进党认可的人。民进党在六年期间把中央社所有主管都换掉了，新闻部主管全部换掉，换成他们属意的人，甚至都是空降的，不是内部拔擢的。民进党曾经六年的时间完全掌控了中央社，即使过去有蓝的根底也被绿化掉了，至少也中性化了。国民党重新执政之后我们新闻部的主管是内部产生的，尽量没有从外面来的人，基本上恢复新闻专业机构的一个本质，不但是新闻思维上面要按照新闻专业，主管也尽量从新闻专业方面来取才。

沟通游说的合作关系

向：解禁以台湾的政治领袖对新闻媒体影响是怎么样的？

陈：这个影响基本上是不存在的。无论是执政党或者在野党，跟媒体的关系都是一种通过游说寻求我们的支持，是一种合作关系，他们没法指挥和控制媒体了。比如说“总统府”“行政院”或国民党，不要说《联合报》《中国时报》或是《自由时报》，即使是我们有一半预算来自当局的通讯社，他也不能来指挥我们报什么新闻，他只能提供新闻或者游说我们去做什么报道，或者和我们记者沟通，现在是这样一种沟通或者游说的关系。

那么有没有利益的关系呢？我觉得是极少的，我们现在媒体很多要争取当局预算的，比如说当局有一个文宣案子，像陆委会之前有个项目是要公开招标的，很多媒体都会去争取，《联合报》去争取，我们也会去争取，后来就是《联合报》得标我们没有得标。所以当局不会说你是中央社的我们优先给你，还得通过公开招标，因为我们有“政府采购法”，“政府采购法”有一个既定的程序，某些人来评审，最后谁得标并不是主管说了算的，是这个评审委员会里面很多外部学者专家投票决定的。所以当局用利益关系来收买媒体基本上不存在，当然我不排除媒体与官方之间有彼此配合的友谊或者善意，通过运作上的技巧来实现一些利益。我不能说绝对没有，这是一种无形的影响或者技巧的操作。

向：1998 年的《商业周刊》刊登了您跟随李登辉去南部的采访报道，您当时对他个人的评价是认为他不再像以前那样高谈阔论，可见当时政治人物对媒体人而言已经不再高不可攀，是否更能平等对话了？

陈：1996 年“总统大选”那年开始是台湾很重要的一个政治发展的分水岭，媒体跟当局的关系已经是媒体扮演一个充分的监督者，不受当局管制。96 年之前政治威权的成分还是比较高，媒体跟行政部门、政党的新关系是“总统”民选之后开始建立的。

当媒体沦为政商工具

向：1994 年为了让新的经营者能够尊重“自立报系”的办报风格，曾发起“抢救自立”的运动，您如何看待媒体被当成政商资源的问题？

陈: 我1989年已经去了《中国时报》，其实把媒体当作政商资源是很多人的一个意图。89年之后《自立晚报》经营越来越困难，主要的一个原因就是光有自由度已经不会成为你的资产了，因为大家都自由了，所以“自立”存在的价值已经不高了，因为别的媒体除了自由之外还有更多无形的资产、有形的资产。有形的资产就是它的财务，无形资产就是其专业人士的素质都不比你差，甚至比你更强。所以，光有自由已经无法支撑你的媒体了。

台湾的一些政治人物或者一些企业界的人士他们总是认为媒体可以成为他的工具，通过媒体获取政治上的利益或获取经济上的利益，所以很多政商人士明知道《自立晚报》已经无法赚钱，但还是想去购买这个媒体，当时陆续有几个产权的变化，就是因为他们想把媒体当作一个政商的工具。这些人他们没有真心要好好经营媒体，当然也可能是经济实力不够，所以“自立”救不起来就是这个原因造成的。

有限的影响力

向: 现在新闻传播的主管单位的管理方式与之前相比有些什么转变?

陈: “出版法”废掉后“新闻局”已经没有法源、没有权力来管制出版品的内容，因为没有法规依据了，所以“新闻局”与媒体之间只存在一种公共关系的业务。因为“新闻局”以前是双重身份，一方面它是媒体的主管机关，一方面是“行政院”的发言人。这两种立场本身是矛盾的，在民主国家是不允许的，既可以管制媒体又是政府的发言人，就等于你可以利用管制媒体的权力来推动政府发言人的作用，这是一种矛盾的关系。“出版法”废掉之后“新闻局”没有管制媒体的规定依据，所以只能继续扮演发言人的角色，去联系媒体、沟通媒体来做对当局有利的报道，“新闻局”已经没办法用管制力量促使媒体为当局的宣传服务。所以“新闻局”的角色也改变了，不像原来的双重身份，他变成单一的身份之后，其管制媒体的权威完全没有了，他只能联系媒体、恳求媒体帮当局做有利的报道。

后来“NCC”建立了，“NCC”掌握了广播电视的一个管理权，但是这个机构所拥有的相关规定依据中能够对媒体的内容予以管制的部分是非常有限的，至少不能做政治性的管制，只能说某个媒体违背“广播电视法”中对青少年保护的内容，或者某个媒体不能有影响社会风气的淫秽行为等等，就是说只能根据个别的法规来做事情，没办法做政治性的管理。所以说媒体的内容只要不违法，当局是完全不能管制的，基本上媒体在政治上的自由度是完全能够保障的，包括广播、电视、报纸等等媒体都是这样的。

向：现在“新闻局”的出版业务划拨到“文化部”之后您认为其工作成效如何？

陈：他们基本上是个别的法规赋予其权力，要不然它没有管理的依据，至少没有一个单一的法规可以来管理出版品。像我们中央社，“文化部”只能管我们的预算和行政，内容是没法管的。我们的主管是“行政院长”任命，包括董事长、董事、监事全部都是“行政院长”任命的，不是“文化部”任命的。另外，“中央广播电台”也是直接任命的，只有公共电视的董事是要“立法委员”来选的，公共电视是台湾政党政治激烈竞争之后的一个产物，所以立法的时候就要求经过“立法院”的推派，按照政党比例推派，由“立法委员”来审查。“中央广播电台”跟我们中央社从 1996 年之前就立法通过我们的主管由“行政院长”直接任命。“文化部”对公共电视所有的管理都是通过“立法院”同意的，它没办法直接任命。“公视”董事长也是董事经过“立法院”推派，同意之后互选，选出董事长，“文化部”在这个过程中的影响力是有限的，它只是提名者，不是任命者。

向：您觉得现台湾现行的新闻法规为新闻自由提供了新的保障吗？

陈：台湾现在新闻法规已经极其简化了，主要是广播电视这块有传播法，其他的就是散见于各种不同的规定里，没有一个单一的法规来管理出版品。广播电视有广播电视的“三法”，那是另外一个层面的问题。所谓保障应该不是法本身的保障，今天的政治体制以及在这个政治体制下所有产生的传播法规就已经提供了制度性的保障，因为不能对一般性的新闻做管制，除非媒体侵犯了法规所保障的法益（比如“国家”法益、社会法益或者个人法益），否则的话是不能来管制的，比如媒体如果侵犯“青少年福利法”的法益，相关管理机构可以依法罚款之类的。处罚有两种，一种是行政处罚，基本就是罚款；另外一个是移请法院来审判。比如说媒体侵犯个人法益，个人去告媒体，主管机关也不能管制，那就由法院来管理。所以台湾的政治体制之下所立的传播法规，已经对媒体提供了制度性的保障，也就是说除非你侵犯法规所规定的法益，否则你是不受任何管制的。

向：您认为现在台湾的新闻传播制度基于什么价值观建立起的？

陈：台湾的传播制度是建立在新闻自由不容侵犯的价值观之上。媒体本身是由新闻自由价值观念建立起来的，除非你是违反了当局相关的保障各种法益的法规，一般而言媒体都是自由的，受到绝对的尊重。

向：我看中央社的新闻报道还是以严肃的硬新闻为主的，包括中央社的网页也是中规中矩、不花哨的，是否中央社与商业化媒体还是有一定的区隔？

陈：因为我们是所谓“国家通讯社”，本身不追逐商业利益，所以不像报纸要追逐阅读率，不像电视要追逐收视率，但是我们也是希望透过正规的新闻服务去得到媒体的重视，得到读者的肯定，因为我们现在不但为新闻媒体服务也为读者直接服务。我们是透过正规的新闻作业来取得肯定和支持，而不是直接去追逐收视率和阅读率。

向：您刚说到当局资助中央社三亿，然后你这边一年预算是六亿，从经营上来讲中央社情况如何？

陈：勉强平衡，所以我们每天都很拼命。

提升媒体专业素养和社会责任意识

向：您觉得台湾民主转型以后，现在的新闻传播制度还有哪些改善的地方？

陈：我觉得制度面是没有问题的，现在只是说我们媒体的专业素养、社会责任是远远不够的。特别是台湾媒体追逐商业利益，过度的侵犯新闻专业的规范，这对社会造成很大的伤害，另外媒体的自我党派化造成内容上的偏差，比如说新闻跟评论是应该分离的，评论可以有你的观点，但你新闻上面不能按照你政治的思维去操作，你还是应该要按照新闻专业的规范去操作，但是台湾现在媒体党派化之后完全不顾这个东西，这就侵犯了新闻专业，同时造成“国民”意识的分裂，比如说一个人看到的媒体报道和另外一个人看到的媒体报道的事实完全不一样，所以大家对世界的认知是不同的，不同之后会让人们的政治立场更加分化。

所以今天台湾媒体问题就是媒体的自我党派化造成新闻专业受到严重的侵犯，民众所见的事实太过分歧。比如美国人无论你通过哪家报纸、电视看美国政府在干些什么事，大家的认知都是差不多的，因为他们按照新闻专业规范来做。台湾则不是，你看《自由时报》和《联合报》完全没有共同的想象，所以这个是一个严重的问题。这不是制度问题，而是公民社会民间自己的媒体应该有社会责任的意识，要有社会责任意识的提升，要不然没法解决，政府也不可能介入。

二、尤英夫访谈录

尤英夫简介

现任世纪联合法律事务所主持律师，财团法人台北市赛珍珠基金会董事长。1939 年出生，无党籍。台湾大学法律系学士，台湾政治大学新闻研究所硕士，美国德克萨斯理工大学法律系（Texas Tech University School of Law）博士。代表作：《新闻法论》（上下册）（获 1988 年曾虚白先生新闻奖基金会颁发新闻学术奖）、《广告法之理论与实务》（获 1997 年曾虚白先生新闻奖基金会颁发新闻学术奖）。

访谈时间：2013 年 8 月 16 日

访谈地点：世界贸易大楼世界联合法律事务所

报禁时期的地下出版

向芬（以下简称向）：提到报禁给您印象最深刻的事情是什么？

尤英夫（以下简称尤）：我 1962 年台大法律系毕业，当了一年兵，在台糖工作一段时间后去政大新闻研究所读硕士，毕业论文是“报纸审判”，后来还在几个大学教传播法及广告法。在报禁时期，我最深刻的印象是报禁的时候，虽然当局禁止办报，但还是有人地下出版，报禁就是限证（限制设立）、限张（限制张数）、限印（限制印刷地点），当时只有 31 家报纸，当局不准第 32 家设立。报纸老板只要转手都很值钱。不过杂志没有被禁，于是有人想打破报禁，想出的方法是星期一到星期日每天都出杂志，但用不同名称，这样一来，就把对报纸的限制打破了，你拿他也没办法，这叫上有政策下有对策，很有趣。印象深刻的还有查禁的方式，有些媒体批评当局的话就会被查禁，甚至查禁的人进印刷厂抢杂志，但如果没有被查禁掉，印出来就卖得非常好，他们经常跟当局打对台。

向：《自由中国》是从 1949 年到 1960 年期间办的，您经历了那个时期，请您谈谈当时的情况。

尤：我在中学就读过《自由中国》，我们学校有，我们中学是非常开放的学校。《文星》《自由中国》都能读到，我可能还是受到影响，自己的个性也是比较崇尚自由，同情弱者，关心“国家”、社会，所以也常常撰文批评当局及国民党。

向：选择学法律是不是也受到这方面的影响呢？

尤：学法律是谋生工具，当然看到很多不公平的事情，也会有正气油然而生，所以像刚才讲到的抢杂志、查禁这些事我印象特别深刻。

欲加之罪，何患无辞

向：报禁时期，当局管控媒体的方式和手段主要有哪些？

尤：有"戒严法""出版法"，最主要是"出版法"及其行政命令，处罚最重要的是撤销登记，等于是判死刑。但当时几个民主国家都在看，当局有时候也比较不敢随便查禁报纸，而报纸也不敢过分反对当局，你撤销了很难再拿到准许证了。当局表明上根据"出版法"及其行政命令控制，通过警告、停刊、撤销登记的方式。

向：您在学习法律和新闻的过程中，学校老师在"白色恐怖"那个阶段是怎么来教？如何解读？会不会受到政治环境的影响？

尤：台大还是比较开放的情况，那时候彭明敏教"国际公法"，老师基本上比较守本分不会讲其他的，偶尔也会批评。戒严时期台大发生过几次事件，但不是很公开，和现在什么都公开很不一样了。以前还是稍微有点顾忌，台大老师讲课基本上就法言法，比如林纪东是"大法官"，他就站在保护"国家"安全的立场，这些"法官""大法官"都比较保守，在学校教书也都不像现在一样开放了。

向：当时以妨碍"国家"安全的罪名定罪的时候，您对这样的判定怎么看？

尤：我做律师的时候碰到过，我办过几件叛乱案件，当时政大老师被抓进去，政大新闻系的朱传誉老师。

向：写《宋代新闻史》的朱老师，他是因为什么事情？

尤：好像是在《中央日报》写文章，引用了什么资料。我办过他的叛乱案件，我帮他辩护，但当时是军法控制，审判并不独立，我的帮忙非常有限。

向：您参与辩护的时候您内心是怎么想的？

尤：欲加之罪，何患无辞。这就牵涉到审判公平与独立的问题，那时候军法审判就会受政治方面很大的影响，我比较没办法。政法系统都是国民党控制的，表面上看是依据"法律"，但其实不是。"叛乱罪"都是有问题的，党的机器在那里运作所以也没办法。

向：那时候当律师会不会有一种无力感？

尤：对，常常这样觉得，大的环境是那样。我曾经办过一个叛乱案件，军法官还打电话给我说，有没有考虑“国家”的利益，其实我认真执行律师义务，就是有考虑“国家”的利益。

想要看起来很自由民主

向：报禁时期，政治领袖对媒体的影响如何？您在写《新闻法论》的时候有没有碰到这样的案例？

尤：因为当局一定想要控制媒体，但也有所顾忌，要弄得很细腻，控制也不能太明显，美国，还有各国在看。

向：即使是在“白色恐怖”阶段也还是会有所顾忌吗？

尤：会，因为太过分，美国及其他民主国家会干涉，“台湾是小国”，没办法，蒋介石是独裁专制，也想要看起来很自由民主。内心就是想控制，只是他害怕、不敢。有些媒体蛮争气，像《联合报》的王惕吾，还有《中国时报》的余纪忠，他们站在长远立场上主张要开放、民主、自由与人权，这方面他们都有功劳，他们还都是国民党中常委，国民党也不能说他们怎么样，反正是自己人批评。王惕吾、余纪忠他们对台湾民主还是有贡献的。而另外的政治领袖敢于主张开放，甚至经营地下媒体冲撞独裁专制，民主机制就这样产生了。

没有任何限制的报禁开放

向：您听到报禁开放的时候是什么感受？

尤：很高兴。在报禁开放前，国民党成立报禁开放小组我有被邀请参与，有一个杂志当时说我是唯一参与的自由派人士。其实我早就有写文章批评当局，那时候国民党还蛮有雅量请我进去，这跟我的专业也有关系，《新闻法论》这种书很少人来写，而书中批判当时体制的，好像没有人写。我这本书曾经得过曾虚白新闻学术奖，其实我对国民党没有好感，但他们还是请我去，也还不错。

开放之前当局找很多人来讨论，我是其中一员。可是现在回想起来，我觉得一下子开放了，也不是很好。以前只限印三大张报纸，这几家报社都是经过长期经营的，新成立的哪有实力拼？所以应该慢慢来，比如先增加到五张，逐渐开放。因为如果整个开放，没有任何限制，新办的报纸当然拼不过了。

向：当时您们讨论的时候有提到这一点吗？

尤：我当时没想到这一点，完全是主张全部开放的。至于其他人，记忆所及，众说纷纭，莫衷一是。

向：是因为当时希望开放的心太迫切了，没有想到这样的结果？

尤：应该是，当时群雄并起都主张开放，当局报禁一直也被批评得一塌糊涂，它也不得不开放，每次去查禁、关闭报纸的时候，做得很难看，其他民主国家也在看，美国也干涉，当局其实也是被迫的，没办法。

向：您刚才讲到《联合报》和《中国时报》在民主转型中扮演了重要的角色，有没有具体事例？

尤：是啊，比如关于雷震案件的审判，他们基本上做到客观如实的报道。另外《自立晚报》《自立早报》贡献也蛮大，我常常写文章给它们，党外的杂志我也有写。

向：解禁后，您写的《新闻法论》出版后，陆陆续续出了一系列《新闻法论》的书，是不是因为当时社会、媒体及当局都有需要？

尤：解禁前，我就出版。至于解除戒严恢复正常，戒严时期的法规全部不能用了，所以书籍需要修改，配合当时的需求。我的书每一次改版，都有新的修法资料纳入。

向：解禁后，台湾媒体与当局之间关系有些什么变化？

尤：对于解禁，媒体都是欢迎的态度，因为对他们来说，至少不要花大钱去买许可证。本来当局管得越少越好，“出版法”后来就慢慢废掉了。

政治人物对媒体又爱又恨

向：报禁解除后台湾政治领袖对新闻媒体的影响如何？

尤：每个政治人物都想利用媒体，执政的、在野的都是一样。媒体说错话、乱批评，没有根据客观事实报道，对政治人物名誉造成影响，他们就会打官司告媒体诽谤，要求赔偿。所以政治人物是想要利用媒体，但是又爱又恨。

谢长廷就曾告过《联合报》，但有些政治人物也会选择不告，即使选择告，有时候也不告媒体而选择告个人，比如李登辉太太曾文慧曾经告冯沪祥诽谤、毁损名誉。政治人物要利用媒体，当然不告最好了，没办法才告，又爱又恨，想利用媒体壮大自己。现在媒体没有禁忌，你不登别人也要登，政治人物不想跟媒体交恶，他们是尽量避免的。如果媒体太过分，影响到他的政治前途，这是一定要告的。

有格调的报纸要站在老百姓的立场

向：有一种说法认为，解禁后的台湾媒体陷入新的政商关系之中？您怎么认为？

尤：这是事实，要看媒体有没有格调。如果不谈意识形态，媒体利用政治的关系争取利益、登当局广告（当局广告给你不给他）、拿项目计划，甚至拍当局马屁、做当局的传声筒，本来是不可以这样的，可是他们多多少少还是在做。商人也想控制媒体，因为万一自己将来有什么麻烦，还可以利用自己的媒体来辩护自己的错误，这些现象都在所难免。有格调的报纸要站在老百姓的立场，媒体本身就是要监督当局、启迪心智、引导社会风气，不能做政治的跟屁虫，这是最基本的格调。

文人办报是最好的，可是文人没有钱怎么办报？办不起来，有格调没钱怎么办？不过现在有了网络的电子报，使得文人办报变得比较有可能。现在的报纸，就几家大报比较而言，《中国时报》最没有格调，你看昨天的报纸头版登了上海神旺大酒店的事情，这是他们家自己的事情（可以刊登，但不是这样来刊登），商人办报的利己目的太多明显了；《苹果日报》是商人办报，常挖当局疮疤，似乎政商关系少些，可惜有些膻色腥；《自由时报》贴近台湾人民一点，你看他的“自由广场”，很多文章代表人民的心声。

总之，我也不好说哪家更有格调，其实大家都有问题，只是程度问题。我也是以最严格的态度来批评，媒体也要讲生存之道嘛。我也办过杂志，大型的“生活杂志”，谈法律的，亏了很多钱，办了四年，亏钱没办法继续，办媒体不容易，很难办。办媒体不是光有理想而已，还要受很多其他因素影响，讲起来容易做起来不容易。

主管单位比较被动

向：您做杂志的时候，也接触到一些新闻主管单位，您觉得现在的新闻传播主管单位与报禁时期相比有哪些变更？他们的管理方式有哪些变化？

尤：管理上至少讲究所谓的法制，根据广电法规来解决问题。当然可以说管理上还是比较开放，他们不想得罪人，不像以前随时要管你，现在都不会太管制，也不太会处罚。可是有时候媒体过分也不行，明明触犯广电法规，舆论批评得厉害还是会被处罚。不过，现在基本上是能够不处罚就不处罚，主管单位感觉上比较被动；以前是不能处罚，就想办法处罚。

“出版法”现在没有了，没有人管平面媒体，杂志、报纸如果乱写，你也拿他没办法，变成只告他诽谤而已。就当局来讲的话，仍有“‘国家’通讯传播法”，对广告、节目、新闻有一些规定，但是他们不太碰政治敏感的东西。

向：“NCC”是相对独立的机构，创立之初设想很好，在运作期间有人批评“NCC”行政处分时有点滥用职权，您从法律的角度如何看待？

尤：由于媒体经过一段时间要申请换照再延续，过去的处罚记录都要列进来作为换照延续申请的参考，如果处罚很多次媒体会受影响，但我印象里不给媒体延续执照的事情几乎很少，所以“NCC”就没办法有力控制这些媒体了。如果执行严厉一点，有些媒体才会害怕不能再延续，几年审理一次，他才会紧张和顾忌。我主张严格依法执行，要不然媒体不会紧张这个事情，当然太严格又会被批评管得太厉害，管理机关有时候拿捏也很难。

向：1999 年废除“出版法”的时候，很多专家学者也是一片叫好声，不过您在当时提到应该有一个长期规划，不能一下子放开，这和您刚才谈到报禁时候的一些想法有点类似，如今看来您当时的说法还是比较有预见性的，请您谈谈当时您的具体想法？

尤：“出版法”是应该废止，因为报纸杂志可以无限增张，但电波是有限的，不过现在有线电视没这个问题，我们台湾 24 小时新闻台有好多家，其他国家和地区都没台湾这么多的，这牵涉到华人社会控制媒体的心态问题，很多华人想利用媒体宣传自己。我个人觉得这和华人社会爱面子、充面子，喜欢自大有关系，很多电视台赔钱也做，没人看也照做，可是在相关规定上拿他没办法，只能让市场来淘汰。

“出版法”废止时，其实我也没想得那么精细，只不过因为当时“出版法”很讨厌，动不动就查禁，我当然希望开放，也没想那么多。现在事后聪明地说，不管是报禁解除还是“出版法”都只有那么几家媒体能占便宜，新的只有《自由时报》爬起来了，其他报纸都不成功。自立早、晚报、《民生报》都关了，媒体不好经营啊。同时，也受外国影响，人家没有“出版法”，我们台湾也要这样。

向：您认为台湾现行的新闻法规为新闻自由提供了制度性保障吗？

尤：看保障哪一方面了，从记者角度来讲，都是看老板眼色，还是内部问题，媒体工作者受老板影响，看老板要你做什么了。不过如果从“大法官第 509 号解释”来看，“能证明真实者，非谓指摘或传述诽谤事项之行为人，必须自行证明其言论确属真实”“惟行为人虽不能证明言论内容为真实，但依其所提证据资料，认为行为人有相当理由确信其真实者，即不能以诽谤罪之刑责相绳”，对于台湾的言论自由或新闻自由是具有很大的制度性保障。

媒体乱象无法避免

向：“出版法”废止后，有批评者认为台湾媒体过于自由，甚至出现媒体乱象，你怎么看待？

尤：我觉得“出版法”废止是没有问题的，媒体乱象是没法避免的，但我想慢慢会好的。你不能太管制广电媒体，太管制的话似乎不妥当，我还是主张市场机制的方式，但要有自律的观念与做法，也鼓励媒体批判组织的更多产生。面对媒体乱象，精明的读者会判断出来，《苹果日报》上充满尸体、裸体，很多人有看但不敢带回家里，怕家里小孩子看到。但《苹果日报》还是有他的市场，另外一方面同样也有人去报社抗议。

媒体自律与他律

向：您认为台湾现行的新闻传播制度是基于什么价值观建立起来的？

尤：价值观是有受到英美国家的影响。台湾新闻传播制度就是要新闻自由，越少管越好，这我是接受的。乱象怎么来处理？我觉得靠读者监督、外部批评，促使媒体尽到社会责任。当然内部形成机制最好了，但媒体为了赚钱难以达到。内部监督机制，不能干涉记者参访和节目制作，这倒是可以做到，新闻媒体要客观、公正、多角度，不能片面，要平衡报道，我想这样应该会好点。电子媒体的管理就用所谓审查制度、执照制度来影响媒体。

媒体本身就应该报道客观事实，启迪心智、带领社会，应该多一些深度报道，如果没有做到这一点就需要检讨、改进，问题是靠当局有时候比较难，当局都是想控制的。所以要靠学者以及公民团体，学者如果被收买那就很可悲了。

法律法规当然要根据时代的变化增加新东西，现在问题是各种势力量在互斗，所以很难如愿。

向：您之前有文章针对《苹果日报》报道的一则师生恋新闻引发教师自杀，指出这是“媒体杀人”“媒体审判”，您还组成公益律师团援助，最后结果怎样？

尤：这个学生和老师确实有某种关系，可是报道的时候媒体不应该连名带姓地写出来，那个老师说过你登我就自杀。媒体不能只考虑报纸立场，这则新闻对报纸来讲是有新闻价值，可是人家跟你说你登他就自杀，你不能说人命不重要吧。那个老师跟媒体说过了登了会自杀，结果真的自杀了，媒体是很不应该的，你不能指名道姓，你可以登、应该登，但是有很多方式。

我本来是要组成公益律师团准备告媒体，但后来家属自己不愿意，那个老师的太太是印度尼西亚来的，后来就算了。如果告媒体，能不能赢我也没有把握，但要给他教训，媒体登载后，当事者果然自杀，这里面有因果关系的问题。但媒体这种“要业绩，人死无所谓”“未审先判”的报道手法，应该受到约束。

我后来听说报道的那个记者很内疚，你赚到钱了又怎样？那个记者一辈子可能都要受到这个事件的影响，但媒体老板只要赚钱管他三七二十一。

向：您认为台湾民主转型后，现行新闻传播制度还有哪些需要改善的地方？

尤：人有时候都会滥用权力，新闻如果是所谓第四权的话还是要被监督的。问题是要怎么监督？法律法规是最下策，如果媒体能自律当然是最好了，外部应该让民间NGO来主导，像媒体改造社这样的组织我都赞同和支持，记者协会也不错，批判媒体是应该的，至于官员应该尽量容忍媒体的批判。

三、何荣幸访谈录

何荣幸简介

1966年出生，曾任《天下杂志》总主笔、“独立评论@天下”网站执行主编，《自由时报》市政组组长，《中国时报》主笔、政治组主任、副总编辑兼调查采访室主任，台湾记者协会首任会长。曾获吴舜文新闻奖、曾虚白新闻奖报纸评论奖、卓越新闻奖新闻采访报道奖。代表作有《学运世代》《媒体突围》《黑夜中寻找星星——走过戒严的资深记者生命史》等。

访谈时间：2013 年 8 月 19 日
访谈地点：《天下杂志》书香花园

“野百合学运”世代

向：提到报禁给您印象最深刻的事情是什么？

何：我自己是解严之后进入台湾新闻界的，对于解严和报禁解除之前的台湾新闻界的了解也只是根据我一些访谈的观察，还有就是我作为学生身份感受到的氛围。我高中的时候曾经因为编学生刊物被学校“安全维护秘书”查禁，母亲则被约谈，学校“安全维护秘书”还恫吓表示，要把我和另两位同学移送“警备总部”调查。

向：您所编的刊物内容是涉及哪方面的？

何：其实就是文艺创作，但被认为思想有问题、有左倾思想，因为我编的刊物里面有我同学写的一篇文章，被学校“安全维护秘书”认为有左倾思想。在当时禁闭政策的时代气氛下，就有人查禁校刊，并约谈我们几个学生，这是我高中时印象比较深的事情。到了大学时期，我念的是台大，台大的对面新生南路有一排卖禁书和查禁杂志的小书摊，买党外杂志就跟买黄色书刊一样，要去跟他说有没有党外杂志？摊主就像卖黄色书刊一样偷偷地递给你，这大概就是当时印象比较深刻的事情，你要看党外杂志这种被查禁的杂志就只能到旧书摊上偷偷摸摸买。所以，在报禁期间对一个学生来说，印象比较深刻的一个是自己的刊物被查禁，另一个是大学时候偷偷去买被查禁的书和杂志。我 85 年进入台大，我念台大那四年正好是解严前后。

向：大学图书馆能看见哪些刊物？

何：能够看到的都是通过审查制度了的，不过《美丽岛》《80 年代》这些党外杂志就没有了。

向：您出过一本书叫《学运世代——众声喧哗的十年》，可以从中了解到当时台大自由风气盛行。

何：台大是领头羊，是 80 年代末期学运的重要发源地，“野百合学运”的时候台大学运是其中的主力之一，《学运世代》是写这一个世代的人进入社会的第一个十年他们的生命历程。

向：在“野百合学运”中媒体的表现如何呢？

何：那一年我在当兵，我和罗文嘉是同一届。“野百合学运”现场我没办法去，当时媒体报道的氛围我也错过了，我感受到的是“野百合学运”

发生之前，当时台湾媒体报道不算多，但基本上进入到一个比较开明、比较能够理解学生争取校园民主状态。不像早期在国民党文工会控制下的媒体报道，把学运与工运、农运同样视为洪水猛兽，认为参加运动的这些人思想有问题。我在念书的那几年所感受到的媒体对于学运的报道比较开明、宽容，可以接受对于校园民主的提倡。

向：当时台大的校园刊物办得也比较开放吗？

何：我在台大也办校园刊物，学生不会直接感觉到来自“警总”或者文工会的压力，那时候我们的要求是希望废除校园审稿制度。当时学校有一个课外活动中心，校园刊物都要送到课外活动中心，或者送到社团指导老师那边，制度上来讲还是要经过指导老师的审稿，有一层审核的机制在那里，没问题才能印行。我们当时校园民主的要求之一就是要废除校园审稿制度，所以说校园审稿制度是台湾报禁和媒体控制在校园里面的体现，是一个更小型的制度，也是台湾报禁一以贯之、一层一层的嵌入，用校园审稿制这样的方式钳制言论自由。

向：校园审稿制也是一个小的缩影。

何：外在大环境改变，报禁解除后，台大校园里面也废除审稿制。内外环境其实都会是呼应的。

一把抓一条鞭式的管控

向：报禁时期，当局管控媒体的方式和手段主要有哪些？

何：报禁时期因为国民党一党独大，威权的控制，所以对媒体外在的控制，主要通过国民党文工会，“警备总部”。文工会是体制上面的媒体的主管机关，“警备总部”是军方的单位，虽然不是体制上的主管机关，但是它当时握有这样的权力进行报刊的查禁，进行思想审查，这是媒体外部的控制力量，即政党、军方和情治单位的控制；媒体内部早期当局的控制是在各个媒体尤其是比较大的媒体都设有新闻党部，比较大的媒体像《中央日报》本身就是国民党的党营媒体，即使是非党营的媒体，党部同样都有书记或主委对媒体内部进行政治指导，这是在媒体内部的控制。

向：报禁时期，政治领袖对媒体的影响如何？

何：报禁时期是强人政治，从蒋介石到蒋经国，强人政治的特色是党、政、军、特一把抓，一条鞭式的，对媒体的掌控没有什么漏洞和空隙，强人决定这段时间他的言论尺度是宽一点或松一点，基本上一个口令就可以贯彻到党政系统、军情系统和媒体内部的党部系统，命令都不会打太多的折扣，并在不同的地方得到同样的落实。

现在解除解严和报禁后已经不是强人政治了，权力的来源多元分散，来自于行政部门和比较有影响力的个别政治人物，在解除报禁后，政治干扰力量比不上强人政治的时候那么强，但变得多元，更多人可以影响媒体，“总统”可能、宋楚瑜当省长的时候可能、现在的市长也有可能影响媒体，而报禁时期的强人政治使得其他的政治人物相较之下影响力都不大。

向：现在的政治人物对媒体的影响是通过什么方式呢？

何：除了延续过去用政治的手段和影响力来影响媒体，现在更常惯用的是经济的手段，提供广告或者以置入性行销的方式来影响媒体，正如你访谈提纲中所提到的这的确是“新的政商关系”，所以影响媒体的权力来源变得多元，影响的方式跟过去强人政治时候也不一样。强人政治的时候影响媒体的方式只需要政治上的指令，或者下面的人揣摩意向，强人甚至不需要自己直接下指令，我们事后回顾，不管是媒体的负责人还是控制机构，有很多指令不是强人自己下达的，而是某些人揣摩上意，认为蒋经国可能会生气、不高兴什么报道，就做出那样的处理。

内外压力下的强人顺应

向：您在《黑夜中寻找星星》一书中访谈了很多资深报人，听他们亲口讲述报禁前后的从业经历，那么您认为是什么促成了报禁开放？

何：内外因素同样重要，我们过去谈到解严和开放报禁会太强调蒋经国个人发挥的作用，可是如果这几年有做过比较完整的研究大概就会发现，即使是蒋经国的意志也应归因到国际社会的压力这个脉络里面，才可以比较忠实还原当时的情境。

促成报禁开放的因素一来是台湾内部争取民主自由的反对党的力量逐渐壮大，“美丽岛事件”这种比较受到国际瞩目的事件，引起更多国际社会的声援和奥援。当时的强人蒋经国在当时内外压力之下，的确发挥了临门一脚的功能，他在临终前做出了比较开明的决定。大概内外压力、强人的顺应时势是报禁开放的原因吧。

向：对蒋经国个人起到的作用也有一部分人认为并没那么重要，对蒋经国个人评价的分野您感觉是从何时开始的？

何：应该从蒋经国做出决定的时候就有那样的评价，只是当时没成为台湾社会的主流观点。虽然政治上已经做出解严和解除报禁的决定，可是当时的绝大多数大众媒体都还是操控在政治强人的手上，他们也还在观察这样一个开明的决定幅度到底有多大？会走向何方？当时主流媒体的报道是相对谨慎和保守的，一般都会归因强人所做出的明智决定，但还是在观察未来会走向何方。不像现在，事后过了几十年越来越清晰的认为内外压力才是做出决定的重要原因，当时主流媒体都不会提。不过对于“美丽岛事件”发生之后可能引起国际声援有一些基本认识的人士，当时就已经这么解读了，如果我们回头去看那时候的党外杂志，有杂志就已经很明确地说国际潮流和国际压力会逼着台湾更加开放，这种解读一直存在，但始终无法成为主流媒体上面的观点。

向：是否当时强人政治的烙印还在人们的心里，所以评价上形成这样的倾向？

何：当然有可能。当时有这样认知的，局限在少数比较有国际视野的知识分子，还有本来就在反抗蒋家政权的人，显然不是普遍、多数的认知。

敲边鼓的媒体

向：您认为台湾媒体在民主转型中扮演了什么样的角色？

何：催化。我觉得还没有到领航者的地步，不是领头羊。有些人把主流媒体贬低为只是纯粹的追随者，我觉得这又过度贬低了大众媒体的角色。我认为主流媒体有扮演催生、催化的角色，这样说算是比较适切的，它虽然没有办法引领潮流，但它的确在强人决定解严之前就已经有不一样的声音，譬如说当时被认为比较独立自主的媒体《自立晚报》。总体看，强人决定民主开放的前后媒体在敲边鼓，在推波助澜。

以“卧底”身份“偷渡”想法

向：您有一篇文章说自己是“卧底”在媒体里面，其实在民主转型过程中您所说的主流媒体的催化作用，是否也有类似的意味？

何：有一些有理想的人当年进入主流媒体，一直有一些没有言说出来的想法，其实是希望打倒一党独大的威权体制，只是借由在主流媒体里面服务来实现。一个比较有趣的现象是蛮多在《中国时报》等主流媒体的新闻工作者，下班后都在替党外杂志写稿，只是用笔名，这就代表进入主流媒体是一个工具也好，是“卧底”的身份也好，最后是希望在主流媒体的影响力里面“偷渡”自己的一些想法。

我所处的时代比较晚，我并不是在报禁解除前“卧底”，我是报禁解除之后才“卧底”，而且我“卧底”的方向也和当年的人不一样，当年“卧底”的人是要打倒一党专政，但在台湾民主开放之后，由于一党独大的威权体制已经瓦解，我过去二十几年“卧底”是希望能够贴近台湾底层人民的生活，用人道主义、理想主义的角度去报道弱势，让弱势的声音能够被听见，我“卧底”的初衷与他们当年是不一样的了。

政治光谱与媒体风格

向：您记者生涯中一直以来都比较提倡和践行人道主义和理想主义，作为年轻人坚持很长一段时间可能没有问题，如果到达一定的阶段或许会有泯灭的过程，不过我看目前您还在坚持。您在《自由时报》待了9年，《中国时报》待了12年，这两家媒体各有侧重的，如果按照蓝、绿政治光谱来讲的话也分得很清晰，请您根据您在这两家报纸的从业经历谈谈解严后台湾媒体与当局之间关系有些什么变化？

何：我是1991年进入《自由时报》，2000年离开，《自由时报》一开始不“绿”，2000年“总统”选举的时候明显是支持连战的，它是2000年“总统”选举之后才转而支持绿营，《自由时报》会支持连战是因为它长年支持李登辉，它最精确的定义是国民党的主流派，报纸老板林荣三还是国民党籍，曾经当上“监察院副院长”。《自由时报》由蓝转绿也不过是过去十几年的事情，我在的时候是蓝的，虽然政治上是蓝的，但它因为是上升中的媒体，所以当时还蛮有空间报道台湾各个领域社会力的发展，我在《自由时报》很长一段时间去报道台湾的工人运动和其他各类型的社会运动，譬如说“原住民运动”、妇女运动、环保运动。

《自由时报》虽然在政治上面亲国民党主流派，一直支持李登辉，可是正巧是台湾那十年最微妙的转变，一党独大的力量还没有完全消退，国民党的主流派（本土派）和民进党是有某种程度的结合，当时很多人认为民进党有李登辉情结，因为李登辉是第一位“台湾人总统”。《自由时报》支持李登辉，对党外以及后来的民进党的新闻愿意报得比较多，也愿意把当时各种本土的社会运动用比较大的篇幅去报道。在那十年的时代氛围里，这些活动有助于李登辉巩固国民党主流派与台湾社会结合的正当性，以此来防堵郝柏村、李焕这些国民党非主流派的夺权，即要与本土势力的结合来援引国民党外部的力量，以求在国民党内部的斗争里面占得上风。当时《自由时报》是在这样的脉络里面被认为是李登辉最重要的支持者，这个支持者并不像过去强人政治时期一样就去敌视台湾民间的社会力发展，或者敌视民进党新闻，刚好相反那时候它愿意大力拥抱，因为这对李登辉是很重要的助力，但是回到政治层面当选择表态的时候它仍然是支持国民党的，2000 年之前一直是这样。

2000 年之后，李登辉才和连战决裂，李登辉创立“台联党”，转而走到国民党的对立面。所以我在《自由时报》九年并不觉得特别不舒服，尽管它之前的立场是亲蓝的，而我的政治立场和倾向比较本土派，《自由时报》对本土派是比较友善的，对于民进党长期的某些主张也是友善的。我 2000 年进入《中国时报》，《中国时报》一直被认为是挺蓝营的，我的政治立场没有改变，但“中时”让我没觉得不舒服，是因为它和《联合报》比较起来，对蓝营的支持不是用一言堂的方式，愿意让报社内部的记者用多元的方式和声音去呈现，《中国时报》向来的风格是这样，它比较有自由派和开明派的传统，不像《联合报》以同一种声音去支持蓝营。所以在《中国时报》记者的专业自主空间比较受到尊重，这是我在《中国时报》12 年时间里觉得有发挥空间的原因，尽管它很清楚地是支持蓝营的，是比较不本土、具有统派立场的媒体。

向：您进入记者的行业，走政治记者的路线，您认为解严后台湾政治领袖对新闻媒体的影响如何？

何：我后来对媒体与政治人物有比较深刻的了解，我的感触是以台湾来说，蓝绿阵营的政治人物本质都差不多，掌权之后都还是千方百计地想要掌控媒体，并不会因为他还没有掌权之前是自由派、开明派以及争取言论自由的人士，等到他有一天掌权之后就会愿意放手，或是对于媒体的操控比较自我节制。我后来觉得不是这样，而是权力的本质使得不同阵营、不同理念的人当他拥抱权力之后展现出来的样态都差不多，都是希望利用他掌握的权力或当局的资源去影响和操控媒体，这是我当记者之后比较深的感受。

媒体老板的公器私用

向：您在 1994 年有参与抢救“自立”，签订《编辑室公约》，并创立台湾记者协会，那时候你还非常年轻，那么年轻的记者就去做这样一些事情，是因为什么事情的触动？

何：成立记协时我刚刚做记者三四年。我们刚提到的报禁时期国民党对于媒体的控制，在我当记者以及成立记协的时候，已经开始明显感受到政党对媒体操控的影响力大幅度消退，取而代之的是各个媒体老板自己对于政党或统“独”立场的表态和效忠，那时已经不是外在的政治钳制，而是媒体老板自己去为政治服务，这是在政治方面的变化；经济结构上的变化当时还没那么清楚，后来比较清楚浮现的是，不管蓝绿的掌权者都是用当局的资源来进行置入性行销，而且是在媒体越来越不景气的情况之下用置入性行销来当“胡萝卜”，让媒体对他效忠、听话或者报道友善的消息，这个在我成立记协的时候还不明显，是后来比较明显。所以，这个新的政商关系是后期慢慢地成形。

向：到 2012 年“旺中案”的时候是不是已经到达极致了？

何：对，已经到达极点，媒体老板的公器私用到达极点。

向：台湾媒体和人士谈到“旺中案”会突出蔡衍明亲大陆，并说他是为了谋图经济上的利益，所以买了这个报纸公器私用，但我也看到蔡衍明自己辩解不是出于这样的目的，是外国的记者断章取义和台湾现在的媒体过度解读，对此您怎么看？

何：两岸关系始终敏感，跟中国大陆有关的因素在媒体上会被特别放大。去大陆做生意的台商不知凡几，多得不得了，这些台商也有人对买媒体有兴趣，可是没有人像蔡衍明先生这样引起这么大的争议或疑虑，显示台湾社会的确有一个倾向，就是担心过度向大陆倾斜是对台湾的民主发展不利的。大陆因素当然是我们在看“旺中案”时重要的因素，另外一个我还是觉得跟个人的行事作风相关，蔡董事长他的行事作风非常强势霸道，而且照他自己的说法是斗犬性格，任何人若惹到他，他一定不会沉默，会还击。如果某个老板被认为亲中，但没有那样的斗犬性格的话，“旺中案”也不会弄得这么瞩目，社会也不会给予蔡董事长这么大的敌意。我觉得这两个因素非常重要，他已经给外界“亲中”的疑虑，个人作风又毫不遮掩，公器私用，所以很自然而然成为箭靶、焦点和核心。

向：“中时”离职潮的爆发是与此紧密相关的吗？

何：黄国昌“走路工事件”爆发后，因为黄国昌是“反媒体垄断运动”、反对“中嘉案”（旺中集团购买有线系统业者中嘉）的大将，外界质疑“中时”对涉己事务公器私用、新闻造假。当时有一波包括我在内的人同时离开，有些人表面上的原因说不是因为蔡董事长公器私用，但时机上的巧合还是有引起这样的联想。至少直接因为对黄国昌事件的新闻处理表达不满离开的人，包括我、国际中心的主任阎纪宇、调查采访室的资深记者高有智、副总主笔庄佩璋（虽然他是申请退休，其实也是这样的脉络下的抉择），以及因为不满特稿被扭曲而离职的教科文组记者游婉琪。

“小帝国主义者”

向：你在“中时”待的时间也很长了，您对老“中时”的感情是怎样的?

何：我决定要走的那几天刚好碰到台风来，我在台风天写离职信，边写边觉得悲从中来，在计算机前面哭了好几次，哭了两三天。

我当时听歌手“乱弹阿翔”的专辑，心有所感，有几首歌让我觉得感触挺深，其中有一首叫《春天回来》，我那时候每次听到这首歌就痛哭，大意就是说公理和正义什么时候回来。那时候的心情是觉得像跟相恋十二年的恋人分开，明明对她还有很深厚的感情却因为理念不合被迫离开，如果不是因为理念严重不合我其实是很眷恋《中国时报》的，我很喜欢《中国时报》长期以来自由派和开明的传统，它对于记者的尊重是台湾所有媒体里面尊重程度最高的，我很喜欢那样的环境。

《中国时报》让我得到了最大的发挥，“中时”的总编辑王健壮形容我是一个“小帝国主义者”，我在做政治组主任时，除了写政治组的各种新闻、要闻版面的新闻，我也常常替《中国时报》的“人间副刊”写运动散文（因为我很喜欢看球赛），去替《中国时报》其他不同版面写文章，还在时报出版社出版刚才提到的《学运世代》这样的书。所以，在“时报”我多元的兴趣都可以得以发挥，我很喜欢这样的氛围，如果不是碰到旺中事件，我其实以为我会在《中国时报》待一辈子。

向：您现在所在“天下”也是很专业的财经媒体，从“中时”到“天下”对您来说是一个什么样的转变?

何：两家媒体内部文化不一样，“中时”的内部文化比较像野地，我在里面可以自由的乱生乱长，“天下”是很有方法论，很严谨，有点精英的媒体。从“中时”到“天下”就好像从野地进入高楼大厦的感觉，我比较喜欢野地里打滚的感觉，当然在高楼大厦也会有很正统的记者的养成，有发展的空间，也蛮好的，不过我是喜欢自由的人，可能更习惯在野地里打滚，需要时间适应高楼大厦。

北风与太阳

向：您写过一篇文章《北风与太阳》来谈媒体角色，当媒体严重犯规的时候，里面的记者应该走向何方？

何：我当时写那篇的时候，当然期待媒体老板在自己想要发挥影响力的面向上面，他能够以太阳自居，不要当北风，不要用媒体公器私用的恫吓力量来发挥媒体影响力，而是应该用议题设定，或者是媒体对于一个事情的调查报道，挖掘真相，用这样的方式来影响社会，我觉得这才是媒体影响社会的正道，而不是用媒体的影响力来遂行你个人的私利，其他反对的人你就用媒体的力量打压，这就是北风和太阳的差别。

只要是主流媒体的工作者都会陷入一种双重矛盾，因为很多人基本上都会认为媒体是恶势力、文化流氓、社会乱源，所以社会上的人常常不把媒体当太阳，当媒体自己说自己是太阳的时候，社会上基本是不信任的，社会上会认为媒体就是北风，你就是文化流氓，用媒体的恶势力来遂行媒体老板的目的，社会上很多人其实是这样看待的。主流媒体严重公器私用的时候，里面的记者应该思考战场是否已经变质？要不要继续待下去？但每个记者各有不同考虑，社会各界也应该尊重记者的不同抉择。

媒体生态被商业媒体牵着鼻子走

向：媒体的过度商业化或许也是人们产生这种认识的根源。

何：我觉得会加深，因为民众久而久之会觉得，媒体老板也不过就是为他的经济利益服务而已，所以愈来愈不信任媒体，对于媒体与记者的印象也愈来愈坏。

向：前段时间邵玉铭先生出任“公视”董事长，您曾经对此提出质疑，认为戒严时期的“新闻局局长”能不能扮演好“公视”董事长的角色。

何：我觉得我那篇写得不好，写得太客气了，应该批判得更凶一点。

向：“公视”曾经算是理想的一个设计，现实却面临内耗和斗争的局面，问题出在哪里？

何：就媒体发展的历程来说，台湾公共媒体先天不足、后天失调，表现在台湾公共媒体的发展顺序本末倒置。常被称道的英国 BBC、日本 NHK，他们都是公共媒体先有成熟的发展，后来才有商业媒体的竞争。台湾刚好相反，从早期的三台进入到有线电视台百花齐放，已经经过了有线电视台的激烈竞争，后来才来发展公共媒体。

向：你觉得是新闻主管单位的设计问题？

何：当然。这是当局的传播政策出了问题，我们在二十几年前台湾解严的重要时刻，并没有采取优先发展和壮大公共媒体的政策，而是一味地按照自由市场机制开放，让第四家无线电视台出现，让所有的电台、频道释出，让有线电视台蓬勃发展，等到商业竞争到一定程度才来开始推公共媒体。可是在这样顺序颠倒的情况之下，台湾民众对公共媒体并没有清楚的认识，在漫长的戒严时期对于公共媒体始终缺乏应有认知和支持，在解除报禁后民众也没这方面认知，在这种情况下如果一个比较有担当和方向感的当局，他应该在那时带领人民建立对公共媒体的认识，去制定政策、移拨资源，去支持类似 BBC、NHK 这样的媒体，让它不断壮大，接着才开始发展商业媒体。如果按照这样的顺序发展，就会变得我们比较可能对公共媒体有认识、有资源，公共媒体有影响力，就不至于担心整个媒体的生态被商业媒体牵着鼻子走。

制度问题与人事问题

向：报禁解除之时国民党政权的权力在一瞬间削弱，您刚才所谈的“一个有方向感的当局”是不是显得要求太高？

何：我觉得不是实力不足，是眼光不够，没有视野。国民党的势力还是残存的，因为反对党的势力始终无法在“立法院”过半，无力阻止国民党想要推的任何政策。

我觉得是没有视野和远见，当时当局唯一能做的、愿意做的就是把频道资源不断释出，释出之后让民间竞争，他觉得这就是开放，觉得开放就是进步，这是线性的、简单的执政思维。当局认为尊重自由市场机制就是对媒体最好的方式，可是这么多年来我们知道其实不是这样。这是第一个层面，当局的传播政策本末倒置，有很大的盲点。

第二个部分，公广集团近年来人事的斗争，公广董事会两派的人马长期内耗和空转，这也让社会对公广集团没有了信心，产生厌恶的感觉，但我觉得这一部分是人的问题不是制度的问题，这对像我们这样长期支持公广集团的人来说伤害更大，所以即便是人的问题，仍会疑惑当初这么大力推动公广集团是对的吗？

向：这个疑问目前还无法解决？

何：无法解决，因为现实是挫败的。（按：何荣幸在 2014 年补充说明，由于新一届“公视”董监事在 2013 年已通过“立法院”任命，“公视”董事会终于走出内耗空转局面，恢复常态运作。）可是很多事情还不应该用结果论来推断当初该不该做这样的事情，用结果论来看，公广集团现在是失败的，发展是不好的，可是如果重回决定的时间点，我还是会那么选择，支持创立与壮大公共媒体。

“大法官释字 509 号”

向：您认为台湾现行的新闻法规为新闻自由提供了制度性保障吗？

何：它们对于媒体管制提供了保障，可是对于新闻自由我不觉得提供什么保障，这几年来对新闻自由比较重要的保障是“大法官释字 509 号”，“释字 509 号解释”缘起于“《商业周刊》案”（“交通部长”蔡兆阳控告《商业周刊》），在台湾近年来新闻自由发展中扮演最关键的角色，因为它首度把“真实恶意”的原则导入言论自由的保障中，过去只是“宪法”对于言论自由一个抽象的保障，可是“大法官释字 509 号”导入司法判决之后，只要媒体在尽力求证之后确信为真的报道，就可以免除法规上面的刑责。

向：这有点像美国过去的曾格案件。

何：是，美国是用判例，我们是大陆法系，是用法官的判决和条文的调整来达成对言论自由的保障。据我来看，“释字 509 号解释”文自从提出后，刑事层面的言论自由案件基本上有落实“释字 509 号”的精神。但其他新闻法规，我认为都没有在这样的层次上保障新闻自由。

向：为什么没有到达这样的层次？

何：“新闻局”过去都被定位为管制机关，管制机关可以在实际的作为上尝试努力保障新闻自由，但没有办法在法规制定和新闻法规上做一些相关的保障，它们的存在是为了管制，没有办法在这个高度上去保障新闻自由。“立法院”也缺乏这样的视野，无法制定能够保障言论自由的进步法令。

向：2007 年您写了一篇文章谈到捍卫新闻自由和新闻价值与结构性改革广电媒体并不冲突，主要关注“NCC”、广电媒体与公民社会如何各尽其职，“NCC”成立这么多年您怎么评价他们的工作？

何：“NCC”也是管制机关，从成立发展到现在，它整体的解释对于言论自由的保护不足，多数的时间、心力和它制定的法规，主要还是侧重对媒体市场的管制，不是说这些不重要，但是它的高度始终无法提升到保障言论自由的层次。

向：但它的管制对于台湾所谓的媒体乱象是否也还是一个帮助？

何：有时候是帮助，“NCC”最近一直在推的“反媒体垄断法”，也做了很多努力，不过目前为止还没有成功地说服外界，让外界相信 NCC 的高度足以让媒体垄断的现象得以解决。

向：之前跟别的学者谈的时候提到台湾不需要这么多的媒体，但不要这么多，只限定那么几家不是就成了垄断吗？您怎么看反媒体垄断？

何：台湾媒体太多，是从人口密度拥有多少家媒体来看，比较起来台湾媒体数量太多，这个方面我同意，我当然是觉得太多。可是解决的方式不是规定我们只要三家或者五家就好，如果这样的话反而落到另外的倾向，就是往垄断的方向去了。我们现在要做的，其实是在知道过去发展太放任的情况下，就媒体的实质影响力找到一条界线，让过去放任的尺度受到一定的监督，并且避免让极少数财团实质掌控大多数媒体与频道，这对台湾的民主发展与多元价值会造成严重伤害。

善尽社会功能、社会责任的良性媒体文化

向：您还在文章中提倡建立一个良性的媒体文化，您心目中良性的媒体文化是什么样的？

何：我举个例子，在英国你看《泰晤士报》《卫报》和《太阳报》，英国人民会用很不一样的标准。当你在看《泰晤士报》《卫报》的时候，他们的报份远比《太阳报》少很多，可是你真的觉得在看一份“质报”，或者在看一份真正关注公共议题的媒体，你不会期待在《泰晤士报》《卫报》上看见像《太阳报》上的明星、八卦和绯闻，可是英国人在看《太阳报》的时候就很清楚知道在看一份小报，不会不切实际的苛求社会责任或道德压力，不会说《太阳报》你要克尽社会责任，不要败坏社会风俗，你应该报道对社会公益有关的事情。他们不会这样，因为他们知道自己在看什么样的媒体，大家各取所需。

我比较期待的良性媒体环境就是这样，在成熟的公民社会，不同媒体依据它想要达到的不同目的，能够在这个社会有各自的分工和角色，我们不会用同一个标准要求所有的媒体都要有高度社会责任，我们也不会因为一些媒体关心公共政策，可是它不够八卦、不够好看，所以不支持它，让它活不下去。以英国社会来说，能够让《泰晤士报》《卫报》这样有质量的媒体活得

下去，但是它的报份永远没有《太阳报》卖得好，去看《太阳报》的人就高高兴兴去看八卦、绯闻，也不必期待它善尽社会功能、社会责任。

回到台湾的现状，当我们看《苹果日报》的时候，就是高高兴兴看一份八卦绯闻的报纸，但是我们也愿意在看《苹果日报》的同时，这个社会上也有足够的力量去支持质量比较好的报纸，让他活得下去，而不必所有的报纸都学《苹果日报》才活得下去。

电视台也是一样的道理，如果台湾的电视台愿意去好好地做国际新闻，做有质量的新闻，台湾社会有一股力量，不管是高质量、高价位的广告主，还是一群高级知识分子，愿意支持它让它活得下去，这样良好的媒体环境才能有一个区隔和分工，对于社会产生不同的影响。我比较期待的良性环境是这样的。

不必用同一把尺度去看待所有的媒体，而且这个社会不会那么伪善，如果有些媒体表现不错，你给它广告或者订阅它，让它活得下去。现在大家都骂媒体表现很烂，但电视台都需要有收视率高的节目才活得下去，而一些优质的媒体反而活不下去，我觉得生存是很重要的一件事情，优质的媒体要能够生存，摆明只想赚钱的媒体就去自由市场机制里面去接受检验，让他们各自有各自发展的空间。

自由市场原则不应是唯一原则

向：您认为台湾现行的新闻传播制度是基于什么价值观建立起来的？

何：自由市场还是最高原则，但我觉得这不应该是唯一原则，因为自由市场里面有一部分，一定要靠公权力制定传播政策进行一定程度的引导，这个引导可能包括几个面向，譬如公共媒体的壮大影响力，还有对于媒体多元化要有制度性的保障等等。欧洲有一些国家有媒体补助政策，为了让媒体能够多元存在，不至于让有钱的媒体老板把所有的媒体都买下来变成都是他的，政府可以采取某一个标准，只要对这个社会民主发展及多元文化有益的、比较小的媒体它都愿意补贴，台湾目前只有对于小区报纸有一些补贴，但这不算对媒体多元文化的补贴政策。

当局有成立“原住民”电视台、客家电视台，也有固定编预算，这是多元族群的发展问题，当局在有限的资源里面帮助他们至少能够存在。如果公权力发挥更大作用的话，它需要给公广集团更多的资源，譬如说台湾公共电视的预算现在是每年 9 亿台币，这跟任何要做好节目质量的电视台比，一年 9 亿做不了多少事情，预算远远不够，我觉得“公视”应该拥有的资源应该比现在至少要多两倍。我跟媒体改造学社的朋友这几年有粗算过，曾经建议公广集团要有 30 到 35 亿的预算，才是公权力善尽制定传播政策、壮大公广集团的一个起码的预算规模。

制度整体发展的传播政策

向：您认为台湾民主转型后，现行新闻传播制度还有哪些需要改善的地方？

何：我觉得当局要承担起制定传播政策的责任，“文化部”目前所做的工作只是组成了“公视”董监事会，并没有制定类似我刚才所讲的壮大公广集团的政策，没有去尝试建构理想的传播环境，让优质的媒体活得下去，让只是要争取利润的媒体不至于垄断，这需要一个整体的传播政策，目前“文化部”完全没有在推这些。“文化部”曾经有意在征询各界意见之后，制定有利于整体发展的传播政策，但还没有具体方案和执行。

向：如果“文化部”征询您的意见时，您会怎么建议？

何：我现阶段最优先的建议仍是壮大公广集团，从预算、规模到影响力这几个层面，让以“公视”为首的几个公广集团电视台能够发挥更大的影响力，借此来平衡现在已经太过恶性竞争的商业电视台环境，让公广集团对台湾社会发挥正面的影响力，推动媒体环境的改善，这是当局要承担起责任的着力点。

四、邱家宜访谈录

邱家宜简介

现任财团法人卓越新闻奖基金会执行长。1964 年出生，台湾大学历史学士、东海大学社会研究所硕士、世新大学传播研究所博士；曾任《自立晚报》《新新闻周刊》记者，公共电视研究员。邱家宜在记者岗位上经历台湾政治解严初期的传播媒体转型过程，之后转为媒体改革运动者与研究者，以及与媒体相关之 NGO 经营者的角色。除全程参与“卓越新闻奖基金会”的创立与经营，并加入以传播学者为骨干的“媒体改造学社”，担任理事职务。

访谈时间：2013 年 8 月 14 日

访谈地点：卓越新闻基金会办公室

报禁时期做新闻都有一定的公式

向：提到报禁给您印象最深刻的事情是什么？

邱：报禁解除的时候 1988 年，那时候我还没有开始工作，我其实对报禁就是一些小时候的印象。报禁刚刚开放的时候我还在东海大学念社会学硕士，当时影响比较大的是在中正纪念堂的“野百合学运”，我有去参加，感觉台湾社会变动特别快。那时很喜欢读报纸，报禁刚刚解除有很多新的报纸，我记得有一个在野人士办的《首都早报》，后来这个报纸支撑不下去很快结束了，最喜欢看的是《自立晚报》，我后来一毕业就选择进去做记者了。

我是在报禁刚开放的时间点念研究所，当时感觉媒体是一个新兴的、蓬勃的部门，我们过去看到的都是三大张，字非常的小，因为东西太多放不下。报禁时期做新闻都有一定的公式，比如说“总统”讲了什么话？“行政院长”讲了什么话？什么要放在头版？什么要放在头条？或者说“总统”的元旦文稿、“双十节”文稿、光复节文稿、“行政院”会决议、国民党中常会决议等政治新闻都有一定的格式。报禁解除后，媒体环境呈现新的景象，对年轻人来讲觉得非常有趣，而且我所学的社会学本身也提供给我很多观察社会的角度和框架，觉得新闻工作是一个可以尝试和投入的职业。

媒体与社会运动的联动

向：您当时跑什么线？

邱：在《自立晚报》我跑的线是社会运动、环境运动、少数民族运动。

向：看来您其实在关注社会运动方面是一以贯之的。

邱：是的，我跟社会运动这一块比较有关系，这跟《自立晚报》的属性也有关系，报禁开放之前《自立晚报》有异议色彩，那时候其他主流的报纸，或者其他既有的大报他们基本上比较靠近政治主流。《自立晚报》比较有异议性，同情在野的力量，报禁开放之后百家争鸣，《自立晚报》在政治意义上的角色反倒没有那么凸显。《自由时报》我不确定，但是《首都早报》和《中时晚报》在政治言论的尺度方面都开放了，没有报禁时期的自我限缩。“自立报系”比较同情社会运动、社会弱势，是思想有一点左的媒体，比如《自立早报》有一些文化工作者，还有一个政经研究室，台湾少数的左派文化人曾以此作为据点，“自立”的版面是在台湾唯一把社会运动的事件持续突出报道的。《中时晚报》有一段时间对社会运动报道比较多，但没有多久就被压下来。

台湾解严前后劳工运动很凸显，那时候有一个“520 事件”，是农民运动事件。台湾的农村长久以来被剥削很严重，工业化过程中很多农村的利益要被牺牲，为了将劳力和投资挹注到工业部门，很多政策都是对农民不利的。过去是不准集会、游行和抗议的，解严之后，农渔民有了一个很大的社会运动，《自立晚报》就很关注这个事情。再比如“无住屋运动”，针对都市年轻人或者低收入的人买不起房子的问题，很多人跑到忠孝东路四段，好几万人躺在街上抗议，那是我刚刚跑新闻的时候跑到的第一个社会运动。还有环保运动，包括反核、反公害，针对跨国企业经营的污染性工业的扩建计划。当时就在做反核电、反核废料了，跟少数民族运动结合做，因为那时台湾的核废料丢到兰屿去，兰屿有少数民族，所以环境、生态和少数民族问题叠加在了一起，我曾去了好几次报道他们反核废料的运动。

在我进入《自立晚报》之后的四、五年间，对台湾最大的贡献不是在政治言论上的激进，而是对社会运动的持续关注，基本上社会运动刚开始都是非主流的、激进的、同情弱势的。

“异议小报纸”

向：报禁时期，当局管控媒体的方式和手段主要有哪些？特别是“自立报系”作为异议媒体处境如何？

邱：“自立”还好，“自立”的老板很多元，这牵扯到“自立”的历史，它为什么在戒严时期相对比较自由？这跟它早期主事的人有关系，吴三连他们属于比较本土派的报人。有关吴三连的故事就很长，他在日据时代在日本当过记者，“二二八”他没有出事，因为他当时去了中国大陆，他在日据时代被日本殖民政府看不顺眼，他就到中国大陆做生意，战后他协助很多台湾人回到台湾，那时候累积了很多的社会资本。他和“二二八事件”中出事的很多人在日据时代是文化运动的同志，他自己本身也是受日本教育，当过记者，后来是商人。国民党政权早期在台湾笼络一些本土的精英来协助它的统治，吴三连属于比较合作的。基本上吴三连有草根的影响力，有他自己的想法，再说像《自立晚报》这种小型的报纸也撼动不了大局，可以多少有维系香火的作用，使得在民间舆论里面有一家“吃不饱、饿不死”的异议小报纸。吴三连是台南人，他背后有一些台南帮的企业家，这些老朋友拿一点钱给他办报纸，也不求赚钱，报纸基本维持不赔不赚或小赔小赚的状况，反正就是撑着维持。

向：在“白色恐怖”时期《自立晚报》因政治话题被查禁的事情您有无了解？

邱：有。就是一些奇怪的事情，在“国庆日”登了一个花絮得罪了某人，权力很集中的时候有一些很奇怪的事情。我昨天还读了一个资料，有一个老报人以前是《中央日报》的主管，他去编《中央日报》头版的时候，他爸爸很担心地说：“不要去编头版，编头版很危险。老蒋每天都要人给他念头版，如果有什么闪失你可能会吃不了兜着走。”以前因为印错字或者笔误这些小毛病，都有可能会被认为是“奸细匪谍”，动辄得咎，现在看起来很荒谬。

“自立报系”很特别，你可以看吕东熹写的《政媒角力下的台湾报业》，书里面的资料非常的多。“自立报系”的贡献在于它对社会运动的关注，之前提到的《中时晚报》的相关内容为什么会被压下来？因为它的广告主都是房地产的老板、商业总会或工业总会的资本家，报纸一天到晚说劳工需要权益、要抗议，老板会不高兴，所以如果向资本家靠拢那么在这些方面就会有所顾虑，“自立报系”不同是因为投资的老板基本是不管事的，管事的人不是真正出钱的人。

向：所以说“自立”的经营权和编辑权真的做到分开了？

邱：是比较独立的。后来这个报纸没有经营下去，是因为出钱的人不想再出钱了，报禁开放之后《自立晚报》的经营反倒变得比较困难，它过去是一个相对较小的报纸，报禁时整个环境是冻结的，不发新的执照给报纸，广告市场大家分，这个报纸有自己的特色，就会有读者和广告，可是报禁开放之后大的媒体变成报团，成为资本游戏，小的报纸资本不够大就变得经营困难。

充满抗争精神的报人

向：您进去报社之后有没有听到老记者讲以前报禁时期的管制方式和手段？

邱：其实《自立晚报》里面也不是每一个人都充满抗争的精神，我们的老同事跟我说，报社里面也有来卧底的人，来自情治单位、“调查局”、“警总”这些单位的。有些事情要很小心，你如果去跟陈国祥谈，他可能会给你提到他怎么会出事，他在《自立晚报》的时候有一个大新闻出错，但是这个出错是因为有人给了他一个假资料，这个假资料可能是有人想陷害他，陈国祥离开总编辑的岗位是跟那个事情有关。台湾大学新闻所出的一本书《在黑暗中寻找星星》，里面有很多用口述历史的方式来讲述那个时代，里面有访问到陈国祥、李永得、徐璐这些“自立”的前辈。

传媒教育的规训与内化

向：您以前的博士论文研究了雷震、李万居等台湾报人，就您的了解报禁时期政治领袖对媒体的影响如何？

邱：毋庸置疑是非常大的，举个例子，那时台湾造纸厂里面都有安全人员，我爸爸以前有一个朋友在纸厂安全室里面工作，安全室里面的人员都是政战官退伍的人，军方的人，纸张是当局管制的物资。印刷厂也是，以前抓党外杂志常常是从印刷厂直接扣住，杂志根本出不了印刷厂，算是落实源头管理，纸厂、印刷厂在监控之下。

当然还有传媒高等教育，也是很重要的、内化的部门，训练记者怎么样去体认他自己的工作呢？我研究过曾虚白，他在台湾报业和传媒生态中是一个什么角色？他在高等教育人才培训里面是怎么理解记者的自我角色的？他曾经做过“诸葛亮和阿斗”的比喻，政府就好像诸葛亮，人民是阿斗，你要怎么让人民能够了解？人民是不知不觉的，记者要去做一个沟通的桥梁，记者是后知后觉的，统治者是先知先觉的，记者就是要做好不知不觉者和先知先觉者的沟通，使得政府的美意能够让人民了解。

向：孙中山以前在对记者的演讲中也提到先知先觉、后知后觉和不知不觉，李瞻先生后来概括出三民主义新闻学，我想孙中山、曾虚白、李瞻他们都是一脉相承的。

邱：曾虚白算是李瞻的老师和前辈，他们的想法是非常接近的。他们没有第四权的说法，从西方自由主义理念过来的东西他们觉得不好，西方的东西太强调自由，太强调自由就乱了套，他们认为应要有自己的三民主义新闻学。

他们是那个时候主要的老师，在教新闻史，可能他们的观点在当时是一个主流的想法吧。这也是需要被理解的部分，就是说台湾的媒体作为文化霸权的一部分是怎么运作和维系的，除了外在的、强制性的管制，内部也有一些自我理解的内化，让人觉得事情就是应该这样，有一些软性的钳制在那边告诉你怎么做才是对的。当这些受过传播高等教育的人做到媒体高层时，他们会发挥一定的影响力。像《自立晚报》这类比较张牙舞爪的媒体就不一样，在解严前后他们属于非主流的媒体。但是大部分媒体在媒体生态里面时，刚才我讲的那些东西还有很有主导性的，甚至现在它的主导性也还没有完全丧失，遗绪还存在。

民主化的累积

向：您认为是什么促成了报禁开放？请列举具有代表性的事件和人物？

邱：能量是慢慢累积的，像那个时代雷震他们的牺牲和抗争被压下去，60 年代就坐牢了一直到 70 年代，可是对党外杂志有启蒙的作用，搞党外杂志的那些人他们都提到雷震是他们的启蒙者。齐世英在台湾也办了一个杂志叫《时与潮》，1959 年开办一直到 1967 年才停刊，就是说雷震坐牢之后还维持了一段时间才停刊，齐世英是东北的“老国代”，那时候跟他们一起做新党的运动，要组织一个“中国民主党”，一方面他们办媒体，一方面做政治运动，结果完全失败，可是影响了一些人，这些人接续了这个香火，虽然隔了十年、十几年。后来康宁祥也有提到雷震、齐世英这些人的影响，那十几年表面上看起来事情已经过去了，像张俊宏他们都说受到《自由中国》的影响非常大，早期政治的启蒙是受到老一辈的影响。

是什么原因促成了报禁？报禁开放当然是解除戒严的一环，解除戒严是台湾整个民主化的累积。我觉得国民党也了解，蒋经国无法再像他父亲一样把政权交给他的儿子，一方面是他的儿子没那个能耐，一方面也是知道一个民主的政权没办法继续这样做下去。国民党内部也有这样的觉悟，他们想要维系政权，想要维系国民党继续执政，怎么办呢？就想到要本土化，国民党的在地化，“反攻大陆”的种种早就是不可能的事，雷震那个时候就说过：“我们不要再反攻大陆，反攻大陆是不可能的。”但他就是因为讲这个实话被抓起来了。

那时，美国一方面“防卫台湾”，一方面限制台湾，台湾变成整个美国冷战布局的棋子，跟韩国、日本变成一个防卫链，当美军驻防台湾海峡之后，就表示蒋政权他们已经非常的稳固了，所以他们内部就可以开始抓人。刚开始，在朝鲜战争之前，两蒋政权为了强化他们的正当性，还会让雷震、胡适这些人放言高论，表示我们是民主橱窗，我们是所谓的“自由中国”，这是近代史学者的一般的看法。朝鲜战争之后“中美协防条约”签署，台湾被纳入整个冷战布局之后，美国对两蒋政权承认、支持，也不管它内部的不正义这些问题，国民党对内部就开始高压，雷震他们反而是刚开始还有一点空间，包括台湾有一个民意代表李万居在那个时候办《公论报》，有一段时间在政坛和媒体上都很活跃。大概 1960 年自由中国事件之后，一直到 87 年解严之前，国民党对媒体的控制基本处于没有漏洞的状况。

乡土文学论战

向：您认为台湾媒体在民主转型中扮演了什么样的角色？

邱：《自由中国》属于比较早期论政的、批判的刊物，早期还有《公论报》《时与潮》这种媒体的存在，可是后来整个控制很严密。我觉得刚开始在松动的时候，不是从政治言论开始，而是从乡土文学论战开始。乡土文学论战认为我们不应该无病呻吟，我们的文学一定要关怀社会，应该要写实，可是国民党的文宣系统就会说你这是不是工农兵文学？就给他戴帽子，陈映真就是乡土文学的代表性人物。乡土文学论战里面有两条线，一条是台湾本土派，另一条是台湾所谓的左派。台湾左派发育得不是很好，陈映真他们这些人是台湾本土的左派，陈映真本身是台湾人，但他是中国民族主义的、极左的老马克思派，他现在人在大陆。

那时国共对立很严重，你只要说他是共产党他就完蛋了，有一些亲当局的文人或者说御用文人就开始给乡土文学作家戴帽子。总之，不是从政治议题开始炒，是从文学开始。媒体开始有一些不同的空气和氛围进来，其实不是在政治场域，而是在报纸副刊，从边缘的地方开始，其实对台湾的民主转型有冲击到。当时有很多 1949 年跟着国民党到台湾来的作家，会写东北小时候家乡怎么样，在北京吃什么东西。可是台湾作家就会说；我们很多人没有去过中国大陆，就只好写一些台湾乡土的故事，我们就是应该写这个，这是我们的生活经验，是有生命的。可是有一些所谓的官方作家就会说这是地域主义，我们应该放眼中国，不能写地域主义的东西。有些人就疑惑为什么写北京就不是地域主义，写台湾就是地域主义？

我们在念小学的时候，地理课有一个学年学习中国各省的地理，这个各省是指国民政府时期的各省，我们学的是东北九省，可是 1949 年以后东北只有三省，我们还在念根本已经不存在的行政区规划和地理，这是一个非常奇怪的状况。我们读的地理是1949年之前的地理，现在中国大陆根本就不叫那个名字了，可是我们小学和中学的教科书还在用。反倒我们不太知道自己生活的环境，台湾史读得很少，对台湾了解很少，可能只有两课。我父亲从江苏来的，可能我读江苏的地理和读台湾的地理内容一样多，虽然我从来没有去过江苏，可能江苏也已经不是我教科书里面读到的样子。

我们以前会考一个题，你要从广州到北平去（是叫北平而不是北京）怎么坐火车？我们就会回答搭乘粤汉铁路先从广州到汉口，然后再搭平汉铁路从汉口到北京。如果我要去迪化的话（你们叫乌鲁木齐），我要从连云港坐陇海铁路。那时候成绩很好的学生，就可以告诉你如果从广州到迪化要怎么坐车，可是他可能不知道从他家到台湾某个地方怎么走。

就是说，我们处于一个很奇特的状况，这些东西很有效的主导了你对你的国家、民族的想象，我们想象的是“反攻大陆”成功以后的那个中国，而且不是现在共产党统治下的中国，而是过去国民党曾经统治下的中国，你能想象那种状况吗？后来我们幡然大悟的时候，回头看我们那个时候的生活觉得不可思议。

向：幡然大悟是什么时候？

邱：大概是读大学吧，整个台湾解严之后很多论述出来。比如“二二八事件”，它是1947年发生的，我爸爸1949年才到台湾，他也没经历过，只是听说，我妈妈是本省人，她那时候也很小，大概三四岁，我外婆对“二二八”有印象，可是我外婆从来不讲，绝口不提，所以很长一段时间里很多人都不知道“二二八事件”。

政治禁忌与集体沉默

向：您外婆绝口不提是因为在“二二八事件”中有受到伤害吗？

邱：我们家不是属于受难家属的家庭，只是因为政治禁忌所以不提，也不会对下一代讲，对下一代讲只会说读大学不要读政治系，很多老一辈的人觉得不安全，会对子弟这么说。很多老一辈的人抑郁而终，受教育程度越好的人其实越不快乐，知道的事情越多理解的越多，心里是越不舒服的，这和每个人成长的经历有关系。

我是成长在外省文化的家庭中，很晚才知道“二二八事件”。如果家里有政治受难者，就会比较深刻，如果家里有一个叔叔、伯伯不见了，全家每年都有一个悼念，那又是另外一个状况，但这类人基本上也是保持沉默，必须要保持沉默。

我大学念历史系，可是我在历史系读书的时候读中国近代史、中国现代史统统不会讲这些，其实 1947 年也没有很远，我是 1964 年生的，不过是我出生前 17 年的事情。那是一个很大的事情，可是我从来不知道，报纸也绝不会提，除非家族亲属中有人知道这个事情才有可能会隐秘的、非公开地谈一下。

后来，在大学里面社团里面有人会讲你知道台湾发生这样的事情吗？就会觉得惊讶，然后报纸一点点慢慢出来谈“二二八”，现在每年都有一些新的故事。你可以去看一下“二二八纪念馆”。

向：我参观过，是以纪念公园的形式去反思和正视这个事情。

邱：这个事情告诉我们历史被隐藏或抹除的时候可以非常彻底。这个事情让我想起一个报老板蔡衍明，他买了《中国时报》，他接受《华盛顿邮报》采访的言论传到台湾来之后引起台湾社会非常大的反感，大家觉得他是一个强势的资本家，好像他可以取得事情的解释权，我们当然是一朝被蛇咬十年怕井绳，对这个报老板采取非常大的社会运动反对他，他后来要买《苹果日报》和壹电视，就被整个民间社会反对。如果媒体变成一言堂，当然蔡衍明还没这么大的能耐，至少《华盛顿邮报》还会吐槽他，给他难堪，我们就觉得千万不能再出现媒体一言堂的局面，没有任何人可以把媒体控制在手上，告诉你能说什么不能说什么，过去的历史告诉我们很多事情。

非骂不可，爱恨交织

向：您 1990 年到 1995 年在《自立晚报》，1995 年到 2001 年在批判性的政论周刊《新新闻》，您的从业经历中对解禁后台湾媒体与当局之间关系的变化应该有比较切身的感受，请您谈一谈。

邱：我觉得改变很大，媒体从侍从的角色和地位转变为“非骂不可”，我在《新新闻》工作的时候，基本上，政治人物已经变成是媒体的资本和资产，像李登辉、宋楚瑜、林洋港这些政治明星，对《新新闻》这种政论杂志来讲非常重要。因为写这几个重要的政治人物的话，那一期的销路就比较好，政治人物变成很重要的报道对象。像我工作的杂志即使没什么事情也最好找他们来做文章，我自己处理过很多宋楚瑜的新闻，熟悉他那时跟李登辉的分分合合、爱恨情仇。李登辉在国民党的崛起中，宋楚瑜是他得力的助手和幕僚，后来他们反目成仇，因为李登辉掌权之后对宋楚瑜有戒心，把他排除出去，对宋楚瑜比较不信任，李登辉扶植连战起来，利用重要的政治人物之间的制衡，比如吴伯雄、宋楚瑜、连战。这种政治斗争的内幕新闻《新新闻》很喜欢出，有时候我觉得有一点夸大其词、捕风捉影。

对于解严后的媒体来讲，当局没什么可怕的，如果媒体不批评当局就太逊了，你可以看出来媒体有自己的立场，比如《自由时报》和《联合报》厮杀非常明显，《自由时报》在李登辉时代非常拥护李登辉，李登辉说什么都是对的，后来李登辉结束任期后，进入民进党时代，《自由时报》对民进党也很捧场，本土的、绿的基本上都是它挺的；《联合报》刚好相反，是对立面，李登辉是千古罪人，是最可恶的国民党内部的叛徒，出卖国民党的、罪大恶极的人，《联合报》讨厌李登辉、痛恨陈水扁。如果一个报团是拥护李登辉、支持陈水扁，另一个报团就是在批判李登辉、反对陈水扁。媒体就是用这种方式，跟当局的关系就是爱恨交织，看你的媒体本身是什么立场，台湾媒体的立场非常清楚。面对同样的事件，你去看他们所出的社论就很清楚反映出他们的立场。

政治人物走下神坛

向：解禁后，在做这种政治新闻的时候，台湾政治领袖对新闻媒体还有比较大的影响吗？就像您刚才所说的那种媒体可能捕风捉影的情况下，政治人物会怎么对待媒体？

邱：这让我想起吕秀莲告《新新闻》的“嘿嘿嘿事件”，那时候我在《新新闻》，吕秀莲给总编辑打电话说“总统府”有绯闻，隐射陈水扁与萧美琴有绯闻，这个事情做了《新新闻》的封面故事，吕秀莲就告《新新闻》。但是告媒体的事情不多，之前还有李登辉的幕僚刘泰英告《亚洲周刊》，是关于钱的事情，刘泰英有一个党产处置的问题，《亚洲周刊》是胜诉的，这个事情还牵涉到“大法官解释”，“大法官解释”对言论自由是比较有利的，就是说《亚洲周刊》虽然报道也许是不对的，但它已经善尽查证的义务。从那时候开始就出现政治人物与媒体的官司，政治人物也是一般的报道对象，甚至帮我卖杂志、卖报纸，甚至有一些跟政治没有关系的事情媒体也报，比如政治人物在山上有一个别墅这样的话题，吴淑珍有没有去美容这类的事情。

向：政治人物已经走下神坛了。解严后媒体都乐于揭露政治人物的内幕和隐私。

邱：对。还有媒体报道李登辉的太太曾文惠带美金坐飞机携款潜逃，一直到现在还有人说这件事情是真的。《新新闻》的报道也还有人觉得是真的，我自己在《新新闻》，我是不相信了。《新新闻》卖得最好的时候是解严前后的时候，当环境恶劣的时候其实是媒体最夯的时候，当大家都可以做的时候也就没什么了。

卓越新闻奖

向：解禁后，台湾媒体与当局之间关系已经发生了巨大的变化。

邱：是的。可是我相信很多台湾的记者或者说受传媒高等教育出来的人，可能并不符合我或者我们一些朋友们对一个好的记者的期待，所以我们做这个卓越新闻奖基金会，是因为我们有一些价值标准。

你或许会说这些是来自西方，但我们认为这是普世的价值。在你的问题中有提到台湾的新闻传播制度是建立在什么样的价值观上的，台湾现在没有"出版法"，平面媒体基本上不受什么法规的管制，广播和电视是受到"广播电视法"的一些规范，那它是基于什么样的价值观建立起来的？其实过去官方对媒体的管理、管制或者是钳制，是有一个威权的遗绪。后来不断打破，就是说当局你什么都不要管，这个当然也是矫枉过正，因为其实当局有一些公共的社会责任，需要保护那些弱势的人，或者保护保护有些人的权利不受侵害，比如强调文化的多元性，保护少数民族的语言，反对媒体上对儿童、青少年身心有伤害的内容等等。

大家还在磨合，新闻媒体完全不受限制，那么它会不会对社会产生伤害？我们还是要讨论的，因为媒体的过度商业化，向市场靠拢的时候可能会做出一些违反我们基本价值的事情。我们是不是要去给它适度的规范？规范怎么做？是不是完全由官方做？是不是要立法？我觉得目前台湾都还在发展中，那么新闻传播制度是基于什么价值观建立起来的，我想可能就是我们认为普世的价值，例如民主、自由、多元这些观念。

向：卓越基金会是2002年成立的，当时还有新闻公害防治基金会、媒改社等媒体监督组织也在那个阶段陆续成立。这是因为在那个时候你们意识到台湾媒体存在比较大的问题而成立的吗？

邱：2000年是台湾第一次政党轮替，卓越新闻奖基金会的成立跟政党轮替是有关系的，过去台湾的新闻奖都是官方做的，也有民间的新闻奖，有一个叫吴舜文新闻奖，吴舜文当过《自立晚报》的发行人，他们有钱也有兴趣去做一个新闻奖。但那时最主要的新闻奖还是官方颁的，我们有一个记者组织叫台湾新闻记者协会，记者协会就说："官方不能颁新闻奖，西方的新闻奖都是民间的。"因为媒体是要监督当局的，官方再来颁新闻奖就是球员兼裁判，这是不对的，你可以去奖励优良电视节目，可是你不能颁新闻奖。那个时候反对官方颁新闻奖的新闻记者协会的会长苏正平，在政党轮替时当了"新闻局局长"，所以这个人就觉得很尴尬，后来他觉得既然官方不能颁新闻奖，那就不要继续下去了。不过，"新闻局"也是一个奇怪的东西，现在已经撤销了。

但是也是在经过那么多年之后，政党轮替也不代表从此天下太平，后来又一次轮替。现在反正觉得民主得来不易，我们对台湾的社会多不满意，大家都是处于持续不满意的状态，台湾从解严以后就这样，我们已经习惯了，也许在不满意中进步吧。

再说回来，金鼎奖、金钟奖一直都还有，但是官方新闻奖被拿掉，苏正平就跟一些企业家说捐一点钱，成立卓越新闻奖基金会。所以，卓越新闻奖是与政党轮替有关系的。

媒体改造学社是从党政军退出媒体开始的，解严后党政军并没有退出媒体，广播电视这块影响力是很大的，以"台视""中视""华视"为代表，后来好不容易才开办了"民视"。呼吁党政军退出媒体的时候，有一些传播学者以"无党团结联盟"为基础，鼓吹壮大公共电视，媒改社里面有很多人是留英的，他们就看到 BBC，他们认为台湾要有公共电视。BBC 经常和英国政府唱反调，批评政府，他们认为他们拿的是纳税人的钱，并不是效忠于哪个党和政府。

公共电视与公共利益

向：这些学者他们是要学 BBC，但是结果他们学成了美国的 PBS?

邱：其实台湾也不是学 PBS，PBS 是把很多小的政府资助的电视台形成联盟，本身有一些政府经费，但也在各个地方做募款，是结合联盟的关系。台湾的状况不像 PBS 也不太像 BBC、NHK，因为我们没有收视费，但他们都有直接的经费可以保障他们的经费来源。在台湾，老三台的做法一方面受"党国"的奥援，一方面他们的经营手法是商业性的，但也就是三台的竞争而已，这个非常特别，一时之间不知道怎么解释，牵扯到很多历史特殊性。

我现在还是媒改社的召集人，我们继续在推公共电视，我们认为解严之后如何解决台湾媒体的问题，让台湾媒体的维持一定的水准，能够契合公共期待和公共利益以及公共需求，可能要有一个类似西方民主先进国家的做法，要有一个有公共资源支持的公广系统。其实很多国家都有，不只是NHK、BBC还有韩国的KBS，希腊最近没有钱公共电视出了状况，但还是有很多人支持他们。公共广电媒体在西方民主国家是一个常态，美国比较特别就是它的商业电视系统比较强大，我们也不觉得美国是一个比较好的我们可以效仿的对象。台湾现在有一个公共电视，现在“华视”也纳入到这个系统，但当局一分钱也不给他，所以它没办法发挥，名义上它是公广集团的一部分，但它其实没办法做公广集团应该做的事情。

向：“华视”纳入公广集团后还能那么商业化，做广告之类的吗？

邱：理论上不行，但它没有经费，所以它还是在做，做得又不好，我们正在努力的。

文化不只是商业

向：台湾在学习西方模式的过程中，并没有达到预期的理想效果，这是否因为西方模式与台湾本土价值观融入中存在问题？

邱：应该说是没有资源，大家没有觉得公共电视很重要，不愿意为这个事情花钱，因为我们不是已经有电视看了吗？可是大部分人也会觉得电视好烂，电视台的状况并不好，市场这么小，台湾还要面对很多的所谓“文化侵略”，去买日剧、韩剧、大陆剧，台湾演员没有戏演，开拍新戏太贵了直接买还比较便宜。

文化不只是一个商业，它本身有一个价值和意义，当局应该要去扶植它，应该把一些资源挹注到它上面。我们认为公广集团在它的文化产业领域都扮演火车头的角色，如果我们每年有几十亿、上百亿的钱给公共电视，它就可以培养本土的导演、演员、制作团队，产制优良的作品，我就可以产生很多周边效益，文化的影响力很难以金钱计算的。我们一直在讲这些事情，可是主政的人没觉得这个事情很重要，他在分配资源的时候，公共电视不在优先序列中，只能再等等。

向：公共电视对当局存在很强的依赖关系，这会不会影响到它保持真正的公共和独立？

邱：基本上公共电视的预算都来自行政部门的预算。我们有“公共电视法”，其中规定行政部门每年要给它多少钱，本来成立的时候是每年12

亿，然后递减。但大家对这个事情的重要性不了解，刚开始在立法的时候，有的“立法委员”本身在经营电视台，他根本不希望多一个竞争者，有一些民营的电视台业者在“立法院”有他们的代言人，他们提出不让公共电视做每日新闻，所以公共电视成立五年之内不能做每日新闻。公共电视做起来的时候是因为有一些人认为很重要而做起来，但这些人他们的想象也完全不一样，有些人觉得应该每天播古典音乐，做一些精致的东西，就是小而美，但像我们媒改社就认为要做一个公共论坛，台湾公共电视要是有一些议题就要讨论，本身要服务公众，社会可以问责它，而不是小而美的象牙塔，我们的看法不是这样。

英国也有商业电视台，可是因为它有公共电视，商业电视如果做得太烂，民众至少还可以看 BBC，还有选择。台湾的观众频道转来转去，觉得怎么台湾的电视都做得这么烂，我认为台湾的电视是配不上台湾观众的，我们期望更好的东西给我们看，我们一直觉得当局没有重视这个东西，这当然是善意的理解，不善意的理解可以说一个独立的、有社会影响力的公共电视台，对于想要利用各种手段去影响媒体内容的人都是不利的，就像你采访提纲中所提到的“新政商关系”。

置入性行销与媒体伦理

向：您怎么看待解禁后的台湾媒体陷入新的政商关系的问题？

邱：过去老三台的状况就是政治挂帅，当局给你商业利益，你只要听话，就可以大赚其钱。老三台的员工都是躺着吃的，做广告的不用出去拉业务，别人自动上门。这就是垄断之下的结果，这时候是以政领商。可是现在媒体为了要生存、要获利，会屈从于两个力量，一个是经济的、一个是政治透过经济的，比如当局可以采购，要花两千万办一个活动，各个电视台来竞标为我这个活动做宣传、做包装，各个电视台提方案，在新闻里面置入几条、多少秒数，当家主播访问我们的首长等等，用置入性行销的方式将政治力量透过经济的手段来影响媒体。直接的经济影响就是商业广告，一般房地产广告居多，如果媒体刊登对房地产不利的报道，类似无住屋运动、土地争议等，他们的这些言论就很难在媒体出现，否则房地产的广告主就可能会抽掉广告。当然，当局是不能做置入性行销，“预算法”规定花钱的时候不能做置入性行销，现在不敢明目张胆做了，但还是有人做，用比较隐晦的方法做，现在电视台竞争激烈还是会去做，在电视剧里面置入也比较常见，但让人比较困扰的是在电视新闻里面做置入性行销，就媒体伦理来讲是不应该的。我曾经在“NCC”一个委员会担任咨询工作，现在“NCC”有一些管理措施，也会罚钱。

从控制到管制到管理

向：现在的新闻传播主管单位与报禁时期相比有哪些变更？他们的管理方式有哪些变化？

邱：差别很多，对媒体的规范方面甚至有一些官员认为统统不要管，他们会认为最好不要有公共电视，尊重市场机制，弱肉强食。不过这是否符合社会正义？有一些官员尊重市场机制，但背后是什么意思呢？如果强者是他需要服务的对象，强者就是游戏的赢家。我们会觉得有一些主事的官员他们的思想太右倾，完全没有该做什么事情的概念，我们觉得太天真、太简单。我们不确定这真的是他的信仰，还是服务于他背后的力量？NCC 委员会的人是政务官，他们决策大方向，我刚讲的是事务官的，事务官他们是常态操作这些管理工作。事务官的素质在我们看来并不好，他们是从过去旧的制度过渡过来的人，有些人想法可能慢慢改变，有些人素质还是不是那么好，对自己的工作和任务不是很清楚。当然还有文官系统的通病就是“不管不错”，只要不出错，存在认识不够积极的通病。

向：“新闻局”在解严前和解严后工作方式完全改变了吗？

邱：“新闻局”很尴尬，本来过去是在钳制和控制媒体，一方面是当局发言人，一方面是控制媒体。“新闻局”有一个“国内处”第一科的科长，打电话给报社总编辑，什么可以写、什么不要写、写到什么程度。戒严时代，“国内处”的科长多么威风，可以直接打电话到报社总编辑的办公室下达指示。我没经过那个年代，是听“新闻局”的人讲，以前官威很大，后来转变角色了，从以前的状态转变到现在也不容易。过去对于广播电视就是控制、管制，后来慢慢变成一种规范，整个是从控制到管制到管理的过程。

向：2006 年“新闻局”把广电的部分交给“NCC”，当时两个部门怎么协调的？

邱：前面说过“新闻局”角色很尴尬，本身就是一个矛盾的制度，“政府组织法”一直没通过，一直拖到 06 年“NCC”才成立，“新闻局”还存在。不过“新闻局”要废掉这是大家的共识，把这些部门放在“新闻局”的意思是“新闻局”要去管，但其实它不应该管，而应该有独立的监理机关，“NCC”是学FCC，“NCC”作为监理机关就独立出来，“新闻局”有一些“国内文宣”，“国际文宣”变成“行政院”下面的发言室。过去两块职能部门合并在“新闻局”，因为过去“国家”是要管制媒体，合在一起形成一条鞭好控制。

向：“NCC”现在工作有成效吗？

邱：有，“NCC”一边被骂，一边在改进。在公权力机关的文化里面，它相对比较透明的，因为它牵涉到的利益都很大，除了广播电视还牵涉到电信，“NCC”要非常谨慎，批评的声音较大。

向：批评主要针对“NCC”的哪方面？

邱：比如说“NCC”要电信公司降价，电信公司就说都赔本了没法降价，当“NCC”的决策触及业者的利益，业者就会抱怨。再比如东森电视台转播《我是歌手》，全部整节转播，“NCC”就说它违反了两岸特殊的条例，在台湾转播大陆的节目是要申请的，东森电视台辩解说它是用新闻报道的方式，但它是在钻漏洞，它用新闻报道的方式把整节节目都转播了。“NCC”认为这样是不行的，要不然台湾电视台以后都转播大陆电视台的节目了，这就不行了，违反两岸关系的法令。“NCC”现在还在想怎么处理，怎么罚他们。

向：这种处罚大致到什么程度？

邱：几万块到十几万块台币。虽然钱不多，但是这样做是在踩红线，“NCC”只是要告诉你这样不行。我个人认为这样是对的，如果不处理大家都跟着做了，“NCC”他们现在也很注意。以前曾经有过一个想法，要让台湾的演员有戏演，八点档不要播外来剧，很多国家都是这样，韩国、大陆都这样做，可是就有人讲打压言论自由、妨碍媒体自主，后来这个事情就不了了之，八点档还是在播外来剧。保护本土戏剧这很正常，只是叫你八点档不要播，“NCC”现在面临出一个什么政策大家马上痛骂，甚至说戒严的幽灵又出来了，白色恐怖又复活了。

向：您认为台湾现行的新闻法规为新闻自由提供了制度性保障吗？

邱：我觉得是法规被社会的演变拖着走，我想法规也还是有保障新闻自由的，比如我刚才提到的“大法官解释”，可能不是新闻法规，但是“宪法”，过去也有“宪法”，可是动员戡乱时期把“宪法”里面的很多规定都冻结了，“警总”可以去查禁刊物、可以实行“三限”。是不是法规自己起作用呢？我觉得不是，而是整个社会已经走到那个位置，那个阶段了。

从政治主子到广告主

向：您认为台湾民主转型后，现行新闻传播制度还有哪些需要改善的地方?

邱：当然还有很多需要改善、补强的地方。我们就好像一个青少年还在发育成长，还在创造这个传统，与其说制度、政策，不如说是一个传统，言论自由、新闻自由的传统。在西方有宪法，但是不是自动就保障了这个东西? 还不如说他们有这个传统，这个传统是靠很多的事件累积出来的，比如五角大厦文件案、水门案，他们就知道一个好的新闻工作是怎么样的。我们的传统也在慢慢建立，过去刚刚解严的时候状况并不好，大家都不知道怎么做一个独立的记者，大家都仰赖官方鼻息，叫我写什么叫我不写什么。一旦给你自由了你不一定知道你自己要干嘛，所以很容易就变了新的主子来指使，过去是听“政治主子”的话，现在“政治主子”突然说我不管了你随便写吧，记者不见得知道他要做什么，他没有了跟随的对象。这时，新的主子来说：“我给你广告，你给我做置入性行销。”广告主让媒体去做对他有益的报道，现在媒体就是往那个方向去。如果没有传统的话，旧的东西移走了，新的东西很容易就取代了那个旧的东西。所以，我们需要的是建立自己的传统。

媒体外围的同业团体

向：您现在在做的卓越基金会以及参与的媒改社是否就是在做这样的传统建立?

邱：是的。我们媒改社做社会的游说和教育，卓越新闻奖基金会也在做这个事情，我们每年颁奖给记者，会形成一个外围的同业团体，可能是得主、参赛人，也可能是电子报的撰稿者，我们经常跟他们联系，让他们知道这个社会有一个组织在为新闻工作的专业性这个价值来服务的，他们有什么需求或委屈、有什么议题的时候这个组织是可以作为代理人、代言人，或者说是可以从那里得到帮忙和协助的。比如蔡衍明买壹电视的时候，我们媒改社就跟其他媒改团体一起组织了一个游行，跑到《中国时报》门口去反对媒体垄断，又跑到“NCC”说我们反对蔡衍明买媒体，后来他就没买成，我们就真的成功了。《苹果日报》和《壹周刊》是赚钱的，壹电视做不起来，黎智英想把这三个媒体捆绑销售，想要获利了结，蔡衍明给他出了一个天价。

向："NCC"以什么理由不让蔡衍明买呢？

邱："NCC"还没有说为什么不让他买，只是说很多人有意见，我们再开公听会，你报送的东西还不够，再去补件，就给他拖着。我们不断游行、抗议、写文章，我们的诉求是立"反媒体垄断法"，这个法现在还没有立成功，我们认为，台湾媒体的市占率不能超过三分之一，反媒体垄断，台湾任何形态的媒体都不能只剩下一两家，最好要有四家，或者至少三家。

向：我觉得也挺矛盾的，一方面在说不需要这么多的媒体，一方面又在反垄断。

邱：你说的也对，看似矛盾。其实我们要的是多元，但现在台湾媒体并不多元。台湾有很多电视台但都是同质化，在竞争下它们趋于一致这其实不是多元，只是分散竞争而已。多元的意思是，不能够垄断，不能只有一种声音，因为商业竞争是可能出现只有一种声音，都追求收视率，追求眼球瞬间的吸引，最后就变成去多元化了。

五、程宗明访谈录

程宗明简介

现任台湾财团法人公共电视文化事业基金会研究员；新媒体运用工作小组召集人。1964年7月生，台湾天主教辅仁大学大众传播学系学士，加拿大卡尔顿大学新闻与传播系硕士（Carleton University Ottawa Canada），台湾政治大学新闻系博士。代表作：《公共电视的治理格局受考验》《论政党二次轮替后数字电视政策之保守化趋势（2008—2010）》《从公视法到公共广电法之提升建构：一个实务者的规划报告》《电视政策对制度型塑的回顾与前瞻》《新闻纸的垄断生产与计划性供应，1945—1967》《党政军退出三台之后：从批判政治经济学思考无线电视制度的改造》《批判台湾的电视政策》。

访谈时间：2013年8月14日

访谈地点：公视办公室

报禁时期党外杂志成为变相的报纸

向：报禁给您印象最深刻的事情是什么？

程： 为了报禁这个事情大家有很多讨论，当然我们这个领域讨论最多，讨论密集在 1980 年后，舆论界、杂志界形成了媒体批判。我认为为了报禁解除社会有很多力量出来，过去主要是专业的新闻记者和知识分子才会谈媒体问题，但是后来成为社会性的讨论，包括社会上的贩夫走卒，或者法律、政治、经济这些专业的人都进来看这个问题，逐渐变成成熟的社会讨论的方式。

我带来了一些资料，都是当初收集成册的专门讨论报禁的资料，从这些资料可以看到形成了一种论述的方式，这都是台湾出版的东西，收集成册的这些东西本身也形成一个舆论的力量，这里所收录的有传统新闻学者的文章，同时又扩张了很多种角度探讨，这都是 1987 年左右出版的。所以对我印象最深的是什么？就是有一个中心的议题把这些想法丢出来，媒体本身也去炒作一些对媒体有利的方向，报纸和杂志都会登。“两大报”当然登，对他有利的他一定登，之前对他不利他就不登。《中央日报》会登另外一种，比如切切不可以瞬间开放，要稳定社会渐进式的安定。

其实要注意到另外一种，你看我带来的这些党外杂志，当时他不能办报他就办杂志，从七天一次到三天一次、四天一次，成为变相的报纸。这类东西在社会上也是一种力量，比较专门的说法也有出现，像这本专辑，都是针对报禁时代做的。他们说他们自己的坎坷史其实是办报史，他们不能办报纸就只能办杂志，他其实是在回溯他在报禁时代的一些创举和抗争。这些都是民间社会不断接触的，其实有不同层面的，你看我这里带来的这本杂志是体制内的，这本则是体制外的。可以看出，党外杂志像雨后春笋、百花争鸣，就我的角度就是这样看的，这些杂志留给我很深刻的印象。

向： 报禁期间您在辅仁大学读书，在校期间有没有参与校园运动？

程： 我们办报，办本系的刊物，我们办报也被查禁，就会跟学校的安全人员做一些讨论、对抗，他们也会威胁我们。

向： 其实社会的各个角落都在做类似的事情。

程： 对，都有类似的事情发生，台大就搞更大型的，台大就是精英嘛，他们都自许甚高，办了《自由之爱》。

向： 政治大学的《野火战线》也是那个时期吧。

程： 是，当时辅仁大学的叫《野声》。这些学生刊物大概都是在解严前两年办的，处于最高潮的时候，学生运动先主打学生的言论自由，后面诉诸的是报禁开放这些东西。

行为管制与结构管制

向：报禁时期当局管控媒体的方式和手段有哪些？

程：这种事情每个人看的角度不一样，我觉得当局管控媒体的方式其实都是笼络，它想要让报禁维持更长时间，就要给现有经营的报纸给予很多优惠，这些人就不会窝里反，因为这些人是最有能力创造更大的混乱的。一方面把报人拉到国民党的中常会当中常委，另一方面文化减税，比如机器买进来减关税等等一大堆优惠。还有给报纸核发记者证，因为记者证是限量的，登记在报社的人要经过忠诚考核，进报纸以前都有忠诚考核，类似查三代这种，“警总”也会给报社一些资料，以便查证这个人有没有参加过党外活动之类的。

向：如果参加过党外活动的记者，像《联合报》和《中国时报》这样的报纸会聘用吗？

程：这些老板也会考虑要，因为那些报老板很聪明，养那些人也是筹码。

向：国民党的党报呢？

程：那当然不要，这种人也不会去申请。记者拿到记者证出入一些场所是特许的，等于也算笼络，还有一些其他的优惠，这些都不属于很台面上的东西。他先控制住这些人，甚至这些人的利益很早就获得了，集中三大张等于控制成本，在我以前的论文里有提及这种经济上的控制是有效果的，但后来为什么越来越弱？因为广告量多了报纸当然希望有更多张，但刚开始三大张对于“联合”“中时”是有利的，因为《中央日报》吸纳不了广告，本来《中央日报》是第一的，当它第一的时候它登不完的广告，就扩张到“联合”“中时”，这就有分配效果，“联合”“中时”得到喘息的空间，甚至可以崛起，经济利益在重新分配的过程中“联合”“中时”获益了，它们利用广告市场的求多于供，以低成本让广告充斥版面（当然这个当局也有规定比例，不可能到无限的数量），广告的增益效果越来越大。报禁的限证、限张、限印使得“联合”“中时”成为最大的获益者，这也是最好的笼络。

为什么报禁会雷打不动四十年？因为报纸变成既得利益者，所以这个控制我觉得比较重要，其他控制我会认为是比较细枝末节的，因为那些控制大部分都是行为管制，比如不可以报不利于国民党的事、不可以揭国民党的疮疤，这些都属于行为管制。在我的管制理论里面我一贯认为行为管制是次要的，结构管制是比较重要的。

向：从结构上抓住它经济的命脉。

程：我是倾向于政治经济学里面比较经济性的讲法，一般我们在学政治经济学的时候会采取不同的角度，我的角度一般比较经济性，比较不会看重那些思想层面的检查和所谓记者行为层面的管制。

媒体造神运动

向：报禁时期政治领袖对媒体的影响如何？

程：当然他会限制媒体发展，另外就是造神运动，至少可以先愚民一下，政治领袖最主要的是造神。蒋经国 1972 年当“行政院长”，“十大建设”是他的主要政绩，也是媒体蓬勃发展阶段，蒋经国每次下乡都大篇幅报道，他下乡访问的行为是没有错的，这是某种普罗大众型的政治策略，是一种苏联民粹型的做法。某种程度上说，针对蒋经国的造神是很成功的，媒体就是配合这种方式。总体来说，报纸还不够明显，电视比较明显，晚间第一则新闻就是蒋中正、蒋经国到哪里去访问、去讲话，三台已经内化成常规了，一律知道蒋中正和蒋经国的讲话一定要放在摆头条，开会讲话、接见外宾都要放在头条，这已经是很清楚的共识。三台的机构更强势地被掌控，它们跟报纸不一样，老三台是党政军背景，政治领袖希望媒体配合造神运动。

美国的势力一直存在

向：您认为是什么促进了报禁开放？

程：在报禁开放中，学者有一种基本的力量，不过是一种体制内温温的力量；制度外的力量就是党外杂志，党外杂志反体制的效果很强大，为了查禁党外杂志当局要付出很高的行政成本，党外杂志的数量一直升，当局需要查禁更多的出版物，这对它来说压力很大。另一方面讲，外国总有点压力，美国总会关怀一下，强调一下他们自由主义的思潮。典型的例子是 1985 年，亚洲基金会（它早期是美国 CIA 外围组织，执行美国文化利益的先驱者的角色）资助了“中国比较法学会”，在台湾大学开了一个所谓世界级的言论自由的法学探讨会，这有点指标性意义，代表了美国人对言论自由这个问题的态度，这是第一次也是唯一的一次。会议请来了美国专家和台湾法学界的大佬，一起探讨言论自由的当代思潮和法学概念，报禁也是他们主要的批判对象。所以，美国的势力一直存在，希望国民党改变。

我举这个例子来告诉你所谓美国人的看法一直在压迫蒋经国做出改变。美国的力量在背后作用，绝对不是那么单纯。为什么后来蒋经国会跟《华盛顿邮报》的发行人 Graham 讲要开放这些？都跟美国人从某种程度的外交性的词汇去反映这些有关系，美国是其中重要的一环。

我们刚谈的都是比较政治性的因素，经济性的因素还是不能忘掉，经济性绝对是一个压力，两大报不可能再忍下去，它已经开始失去利益了，因为广告量它没办法再生产，再怎么穷究于广告版面的安排也到了一个极限，它只能在现有空间下不断将版面极致化，但这不合理，应该是以再生产的模式把这些东西都吸纳进来，跟新闻去搭配变成新闻行销，这才能够放手去做。报禁开放以后这些报纸马上开三、四版，报社真正要的就是这个，甚至三、四版里面已经新闻、广告不分了。对报纸来说不能再生产是不合理的，那样的经济生产模式他们绝对不能忍受了。如果说到底是什么促进了报禁开放，我觉得这才是最核心的力量，有些东西可以忍，但这种报老板一盘算他再也忍不下去了。

向：报老板希望经济利益最大化。

程：是的，但不管怎样就是要蒋经国点头就对了，这些报纸不断在后面作用，利用它自己的政治威力去突破这些。美国人可能也有他的经济利益，但是我们报纸不是很国际化，从这个角度说美国想要获取经济利益好像说不通，不可能说美国想要把报纸拿到台湾印，因为没有这个市场。

无党无派只是一个市场区隔的理论

向：您认为台湾媒体在民主转型过程中起到什么样的作用？

程：我想很重要的作用就是它们是一个论坛，导引这些社会意见出现，让社会知道这些问题是需要讨论和解决的。政治记者其实也扮演两个角色，很多人从党外杂志来，去了新的报纸，他们其实是运动者兼专业者的角色，线上的记者特别是《自立晚报》的人，和运动者保持密切的关系，所以他有些策略性的应用，当然不是他为社会运动所用，他们的主体性本身就比较高。

向：是他们本身有这个意愿？那这与他们宣传自己无党、无派的立场是否矛盾？

程：无党无派只是一个市场区隔的理论，事实上没有人相信他们无党无派。无党无派只是要区隔跟《中央日报》的差别，或者跟《中国时报》《联合报》的差别，其实他们自己也有党派，里面也分很多党，这不是一个解释性的东西，只是一个诉求而已。他们可以深入到运动阵营知道运动者的一些策略，他们有记者证所以也可以进入党政阵营，在两边都有触角，处理新闻的时候有些先机他们可以掌握。

就这些而言他们所扮演的角色可以说是催化角色，他会让运动转向，比如 1986 年 11 月的许信良中正机场事件，原本国民党想塑造的是机场军警被暴民打的事件，但是《自立晚报》当时有这个自由度去把事件做大，他上面有政治力量可以 Cover，下面有运动的细胞可以支撑，所以他把机场事件翻转成为一些阴谋的说法，一些真实的事件在有效的时间内得以呈现，结果突然变成党外大赢，《自立晚报》也获得很大的声誉，在这个过程中他就扮演了所谓催化者的角色，他在社会上也获得声望，对于选举也起到转变的推动作用，他不仅仅是在那里做客观者报道。

放弃媒体规划者的角色

向：解禁以后台湾媒体跟当局的关系有一些什么变化？

程：台湾媒体和当局之间关系不用那么紧张了，几个比较动态的影响第一个就是说媒体势力变大，这些经营者角色变重，媒体管理者影响社会的能量更大，他们利用经济的权力和优势获取更多的社会地位、经营优势，形成了报业慢慢被收并的局面，除了两大报状况还可以，其他的报纸慢慢都不行了。基本上来讲，媒体的扩张甚至垄断是当局需要面对的，当局本身也面对转型，但当局过犹不及，过去是管制者、压迫者的角色，报禁解除之后，随着当局的惰性并行，他就放弃了媒体规划者的角色，他认为完全不要管，只要有自由化的逻辑，让市场决定。这其实是误解，因为这些西方的东西都是有政策的，我们却把自由化理解成什么都不管，其实，自由化也有高度管制的，自由化就是确立进入市场没有障碍，而在台湾，当局把他讲成不去管，用他的惰性来掩盖他的不负责任。

“抢救公视”

向：2009 年的时候有“媒改集团”发起“抢救公视”的活动，就“公视”而言与当局的关系如何？

程：“公视”与当局关系一直良好，这是一个历史的意外，公共电视在解严前后这么多年都成立不了，它没有与当局有对抗的可能，那时候它根本不成气候，台湾从1987年抗争到1998年，公共电视是没有角色的，也是意外地成为与当局没有任何激烈冲突的媒体，好与不好历史再去定论。1998年“公视”成立之后，台湾民主政治上了轨道，“公视”1998年开播，2000年换党执政，“公视”与当局的关系进入到所谓成熟民主制的规范，有“公视法”去规范，很多的东西在现有制度下有缓冲、谈判和沟通的可能。

“公视”从1998年开始茁壮发展，走了七年比较平顺的路。与当局是正面的关系，当局不管公共电视的言论，这成为一种政治上的知识。公共电视也懂得媒体政策要做下去，就是说报纸沦亡了，没有媒体政策，可是公共电视有媒体政策，因为“公视”的研发资源比较强，加上它国际化的触角。所以，我们会帮当局做媒体政策，就是说我们是当局的数字电视政策幕僚单位，这是一个历史的意外，我们本来不知道要做这件事。

公共电视做出来的东西依法必须经过“立法院”检核，做媒体政策本身就在这个范畴里面，“立法院”要检核并衡量你的预算，所以另外一个方面反而促进民主化的常态运作，你的发展目标是有一定制度规划和政策设定的，还要经过“立法”检核和预算的拨划，相对而言问责性是很高，“公视”变成成熟民主政策运作的典范，它比报禁开放前后那种模式要来得顺畅，“公视”七年的发展，走的是一个往上走的高峰过程，包括公共化、数位化，目标都达成了。

向：那是在之后产生了一些争执吗？

程：外面的理解都是错的，为什么在2000年之后开始有问题？民进党末期做了一个很坏的事，它把一些很观念集中偏狭的社运份子弄到公共电视里面来，透过一些所谓票数的盘算和成立登记中的一些巧计。

向：坏的分子是指哪些人？

程：是指与公共电视有业务往来的人。在我们这边做节目可以当我们的董事，你知道吗？我们董事会必须要有利益回避的，不能有利益冲突，可是民进党搞了几位在公共电视作节目的人来当董事，他的目的是什么？是要把他们想要的人放进来，当然每一个政党都想做这样的事，但民进党用了一个很烂的做法，就是用交叉利益捆绑的方法。就是说，我知道你在公共电视做过节目，透过任命熟识的、有助于选任当局的总经理，这个总经理与当时民进党的“新闻局”很熟络，也与“公视”内部的某一政治立场一致，这个总经理是自己人、好朋友。当然好朋友也不是永远的好朋友，好朋友是那个时候的，我们当局脆弱的一点在哪里呢？就是不连贯性，尤其是民进党，换一个“行政院长”什么政策都可以翻盘，你去看民进党的执政方式和国民党不太一样，他们变动性太大，所以我只能说在那个时间段的“行政院长”做了一个很坏的事情，他放任让一些小集团进来掌握公共电视。有几个董事与他们朋友是跟后来被选为总经理的人长久有合作的关系，做“公视”节目，透过这种承揽关系他们当董事之后再把过去有合作的关系人选为总经理，其中充满了政治上的利益，这个总经理任内他们的案子在公共电视可以继续完成，这一系列都是特殊关系，都是利益共生。

向：董事都是这些人，“公视”相对于政治力来讲是不是很弱势？

程：“公视”本来就不是抗争集团，这是“行政立法”要去解决的，更不好的是这个总经理与新闻部有些关联，新闻部某些人是挺他的，连新闻部都沦丧了（我不是说全部），因为他以前是出身新闻部，他就培植了他的子弟兵，这些子弟兵支持他当总经理，新闻部部分人士都沦丧了听起来是不是很荒谬？

这些问题跟国民党根本没关，完全是内部的利益与路线问题，本来我们希望它独立自主、自我负责，结果走到了让我们意外的结局，它不负责地走到了利益的纠结和毫不忌惮的不回避利益的地步。

向：“公视”成立的过程经历了李登辉、陈水扁和马英九执政时期，他们分别对“公视”有一些什么作为和影响？

程：我觉得讲影响力第一个是萧万长，李登辉末期已经不再实际职掌什么，萧万长当“行政院长”的时候算是国民党里面比较开明、务实的角色，他聘任了第一任的董事会后来选出了吴丰山，这是一个比较正式的发展。萧万长本身象征了一个社会折冲能力，他选择了社会可以公认接受的吴丰山这种人物，吴丰山从自立到“公视”的转变合符社会的期待。所以，一开始政治领袖的决定象征台湾民主水到渠成的一个较高的指标。吴丰山在掌权的第一、第二届的时候“公视”向上发展，吴丰山找李永得任总经理（他也是“自立报系”的头号人物），这些搭配有点承接台湾民主化的果实，让它过渡到公共电视来，可以说这样的方法的确让“公视”可以向上发展，因为他可以处理政治关系不至于越轨，当局信任“公视”，“公视”不会谄媚当局，这是“自立报系”的原则。

向：通过“自立报系”的人把它的传统植入进来了。

程：对。加上“公共电视法”的保障，所以员工专业制作是可以运作下去的，同时也做了一些核心的突破，比如把经费的递减给终止掉，经费递减基本上是扼杀“公视”的，这是国民党以前决定的坏事，这个事情在吴丰山这里透过整体的党政协调把它解决掉了，“公视”在 2001 年后开始往上发展这是很重要的一个基石。后来李永得把“公视”带入数位化又是一个成就。

所以，可以看得出来在第一阶段政治人物对“公视”影响是在任命上达到他的目的，任命一个符合社会信赖的、有治理经验的领导分子，这个东西不见得对政治不好。政治人物在思想上的一个转变是不见得身旁的人他才信任得了，而是任命社会上从历史发展中走出来的、取得大家信任的社会人士，以达成双赢的效果。第二任民进党还是选择吴丰山，那个时候是张俊雄当“行政院长”，任命吴丰山当第二任的董事，之后董事又选吴丰山任董事长，可以说当初这些政治人物在选择的时候都有正确的、新的看法，对公共电视的治理基本上是采取政治上选贤，但不干预“公视”如何具体去做，这样的情况下稍微可以达到较为健康的生态环境。

如果政治领袖要分期来看，游锡堃时代把“公视”带到另外一个新领域，这个时期比较积极地要达到实现媒体政策的目标，其实他有另外的压力，是因为“华视”“台视”的问题一定要解决，这是台湾戒严时期新闻、媒体和政治上的遗绪，当局去持股媒体这是一般民主制度都不接受，台湾走的是西方道路，它是没办法接受这一块的。

向：这就是党政军退出媒体的问题。

程：是的。游锡堃为了解决这个问题，进一步把它变成正面的，他不是退出而是变得公共化，这是政策上的策略，公共化也符合全世界新的走向，公共化有积极的一面，但风险比较大，因为这涉及到利益，比如集团跟集团关系的磨合。把“华视”、“原住民”电视、客家电视、宏观电视统统纳进公共电视，他想在短期内把公共电视集团撑起来，这是媒体政策上正确的方向。可是后面的作为是大家没有经验的，这就挑战当时的主政者和公共电视的领导者，这些方面不太顺畅，但是维持了一个样貌——好像有一个公共电视集团不断在那里想办法去谋合。那时候，政治领袖进入到一个管理层次的策略思考，从上到下要去学习一个所谓管理“国家级”媒体的方式，这对台湾来说都是新的东西，因为之前只有管制、压制。这也是一个历史契机，它把公共电视管理层次的问题拉高了。

所以，解严之后政治人物对公共电视的影响，有这两个不同阶段比较好的发展，可是后来纷乱之后就停滞了，后来一系列不得已的运作其实到现在还没有答案，现在还停留在集团管理的综效和愿景还存不存在的问题上。

龙应台在做主管单位负责人的时候，她也提出了一大堆想法，可是还没有答案，希望大家坐下来董事会再研究。可以看出，“公视”从 2007 到现在都处于停滞状态，只做一些必要做的东西，缺乏媒体治理和媒体的策略规划。

新闻层面的话则需要分开了讲，新闻一向是政治上比较敏感的。我刚讲的都是集团政策，可是新闻本身也是有一个政策来运作的，只是决定者是新闻记者，他们有自主权去决定。吴丰山阶段，在新闻部分的情况是不能做每日新闻，“立法院”恶意限制“公视”不能做每日新闻，这是对新闻的致命伤，变成不能跟社会每天有一个定期的接触，“公视”会偏重去做深入报道，但是深入报道又不能真正深入，因为你三天做一次也不能有多深入，三天做一次也不过就是把一般新闻变成十分钟到十五分钟的时长。

向：是不是一开始的初衷也是希望公共电视能够更加注重深入报道，与商业电视的碎片化新闻报道有一个区隔？

程：不是区隔，是被迫，因为“立法院”要求的。有部分“立法委员”在经营新闻台，有几个在审公共电视法案的“立委”背后都有新闻台的势力，他们认为如果公共电视有一天做新闻的话绝对是他们的竞争者，所以他们不要它出现，台湾就是有乱象，当“立法委员”觉得他很民主的时候就开始乱了，这件事不敢写在法里面，而是写在决议里面，很恶劣。

当新闻台背后都是商人

向：所以从您刚才这个例子看是否可以说明解严后台湾媒体陷入新政商关系？

程：对于“公视”而言，并不是对“公视”内部有政商关系，而是外部政商关系的围剿。你问题中所说的新政商关系在民营媒体内部都是存在的，比如说富邦买下媒体，这个媒体就为其服务了。我们是外部在围剿我们，是不一样的形式，这个生态里面有这种呈现还是政治性比较强，因为新闻台的拥有不是在于赚钱，而是为了围困与游说当局。他们这些新闻台就是这样，我今天有个新闻台你不敢来给我查税，他们都是交叉的，新闻台是企业集团附属的，不是一个专业新闻频道，后面都有企业。像某一后期成立的新闻台就是因为被查税所以赶快成立一个新闻台，我都是从经济角度去看，你可以从我的角度来思考这个问题，不见得是真的，但是我要凸显这些。

新闻台都赔钱为什么？新闻台是有运作成本的，但广告利润很低，因为台湾媒体市场一直在萎缩，那么多人抢广告，新闻台的广告价格本来就很低价。他主要是为了赢得政治利益，声音大你就不敢来查我的税，跟你吼我要什么样政商关系的“立法”你就必须听我的，目的都是这样，新闻台背后都是商人。

向：“公视”被政治力量干扰，经营上也处于长期停滞，新一届的董事会有没有将党派的成见抛开？

程：这个言之过早，它也成立没多少天，如果以成立时候的色彩背景来判断，当然是有，台湾的社会就是这样，有分蓝绿。绿的那边目前就信誓旦旦想反攻，要平反，作很多政治对抗策略；蓝的就是一群社会精英，这些人能做出什么事尚难期望，但是他们可能会要做得比较规矩与漂亮。绿的现在很糟，对“公视”有兴趣的人是以前在公共电视里面产生争议的分子或他们的朋友。

向：国民党已经执政了好几年了，绿的没有被洗出去吗？

程：没有，你要看我们的法规，我们选举董事要经过“立法院”，“立法院”就是一个蓝、绿决定的生态，各党各派存在是正常的。其实民进党自己有比较好的明智人士但没有启用，它用了一些以前董事长和总经理的朋友，那是不对的，因为这是一群有利益关系的人，我觉得利益冲突要拿掉，这里面有些人是曾为以前董事长进行辩护，有些是夸赞前任总经理相当优秀的朋友，这些是非不分的人也变成代表，我觉得民进党沦陷了，变成小集团、小裙带关系，不是一个党，党还是要有党的高度的，现在这样的情况是把格局做小了。明明民进党里面有比较好的人士不用，找一些过去在“公视”产生争议之人的朋友，这不是在搅局吗？

谁来规范“公财法人”

向：现在新闻传播主管单位和报禁时期相比有哪些变化？之前“公视”和“新闻局”有几次纷争，甚至有好几次的民事申请，您是什么看法？

程：我要澄清一下，我们跟“新闻局”没有纷争，是那群在“公视”董监事会的部分人士与总经理的小团体那几个人跟“新闻局”有纷争。公共电视与“新闻局”是制度化的运作，我们没有什么政治上的纷争。这几个当事人包括以前的郑同僚董事长和冯贤贤总经理破坏“公视”的长久应有的作法，所以被员工与工会告到“新闻局”，“新闻局”不得不采取策略，要以它作为主管机构和民事法庭非讼事件的关系人，对他们处以所谓的假处分，“新闻局”不得不做这个事情，它根本就不想做，公权力机关都不想惹事，它这样做等于是最低要求，对这些人做出权力的暂时限制，因为他们做出了逾越“公共电视法”董事会开会规定的事情，但他们不承认，而是归因为国民党对他压迫。

其实，不是国民党对他们的压迫，我们都是依法处理的，因为你是属于公共财团法人，你是所谓的“政府基金”进来的，在法的规范里面“新闻局”必须要做好自己的角色，否则“公视”这个组织会拿“国家”的钱乱做事，因为它是以民营的结构来成立的，却有源源不断的公资源，所以它不是民营市场简单的供需关系。市场经济就会有市场规律来规范你，有股东来规范你；可是像这种公财法人谁来规范你？就要靠“行政立法”来规范，因为没有市场经济可以规范你。如果我们还是把它当成独立、自主的主体不能来规范，它就会成为乱源，它会把钱统统放在少数人自己想要的方向上，所以行政的必要措施是一定要有的。

向：您觉得“新闻局”在那段时间是有作为的吗？

程：应该是被社会舆论逼出来的，也被我们员工和工会逼出来的，它的确不想产生争议，希望停滞三年好了，因为三年过后重新任命嘛。“新闻局”是相当低调的，就是说你再乱也只能乱三年。后来“新闻局”是被逼出来的，舆论和内部的陈请正式跟“新闻局”说再这样下去真的很可怕，公共电视会乱掉，所以“新闻局”才开始执行一些法定的行政管制。而且这些管制手段：假处分都是经过民事法庭审判的，不是经过“新闻局”审判的，都是经过第三者去判的，怎么可能有什么政治介入呢？就一个成熟社会来讲，法院是根据真正的责任和他逾越的部分给予他假处分的裁定，所以他们被处置。

冯贤贤是被我们董事会依据董事会的权责解聘的，也是依据正式程序，这并没有什么政治上的迫害。所有的问题都有调查在案，这些调查在案的材料都在董事会手上。我那时候是董事，很清楚地看到他的问题，董事会当然有权利解聘总经理，董事会如果不能解聘总经理那董事会干嘛要聘请总经理呢？我聘的不能解聘，有这种事吗？现在他们就搞另一个理论，说这个总经理不能被解聘，要独立自主，引述一个法官的讲法说你们董事会要解聘他要有哪些条件才能解聘，他制定一个他的标准，裁定说你们董事会解聘他无效。可是民事法庭是不告不理的，而不是主动成案，你来投案说我有遭受某种程序瑕疵问题要厘清，你给我一个答案，他给你了，说你是遭受到某种程序瑕疵的问题，结果呢？民事法庭是不强制执行的，而是倾向双方和解。所以他们在玩游戏，希望社会觉得他们受到迫害，他无法到行政法庭和刑事法庭上去讲，因为这两个都是要有犯意实质认定的，所以他们就执行一个民事法庭的诉案，得到说法宣称说自己受到迫害。

太过个人风格的“文化部长”

向：“新闻局”被“文化部”接手后，在这次“公视”董事推选过程中“文化部”的工作做得如何？

程：有些人不满意，认为太过个人风格，因为这是“行政院”层级的事，行政跟“立法”中长官个人的意向不要太强，也不是说你不能个人化，但是你要遵守这个制度，你要有一些政治智慧，大部分人对龙应台不太谅解的就是她太强化个人意见了。

向：除了个人秀以外，成效如何呢？

程：成效不能怪她一个人，本来这个选举就是涉及“行政立法”，行政不可能说了就算的，“立法院”要负责，“立法院审选委员会”有没有利益回避？如果这些人本来就不公正怎么选得出公正的人出来？有些人就是小团体里面的人，还跟我们公共电视有诉讼，让他来选公共电视董事，合理吗？民主政治成脱缰野马了，你怎么可以独立自主到这种地步？里面的利益关系完全不做清理。

我的 BLOG 上面把所有这些背景都在上面发表了，我讲那么多他们都不敢来告我，因为我讲的都是实情。所以，这个审查的效率有问题，为什么？“立法院”的有些人就是要选他所要的人，排除他不要的人，让前任董事长和总经理的朋友进来，所以他们现在选了两三个朋友进来，其他都给你否决，到最后觉得这些人不知道过去的种种争议，认为是比较乖的社会贤达他才会要。为什么一直排挤我？因为他们的目的就是要掩饰过去的争议，我代表的是工会，后面实力很强大，所以一直抵制我。

关注沉默的大多数

向：您认为台湾现行的新闻法规为新闻自由提供了制度性保障吗？

程：不是积极保障，是消极保障。真正制度性的保障是要保障市场的合理性，必须要有一个经济调控，不要让新闻市场有太多的竞争者，对新闻自由最大的伤害是太多的竞争者，会造成薄利多销、狗血竞争，现在已经不是戒严时代了，所以保障不在言论自由那个层次，因为那已经是社会共识。

向：“公共电视法”里面似乎都考虑到性别的、党派的、地域的这些因素，您怎么评价？

程：当然有承接到比较先进的精神，我们真正的问题是对新闻独立自主的误解太多了，又没有负责任，新闻自由不是没条件的，当你有无限度的新闻自由自主的时候你就会影响到他人自由，公共电视有很多新闻自由，可是你要善用，你要让社会对话，如果你因为新闻自由你滥用，是我的朋友我就说他好、不是我的朋友我就忽略他，你就没办法成为社会尊重的媒体。

新闻部的经理和制作人要负责任，新闻圈本来就很主观，很难逃脱人的色彩，制作人制度中制作人有很大的权利，电视台给他权力不能干预他，所以他的判断很重要。只能说在培养制作人的时候要给予他应有的、合理的媒体视野，他去做制作人的时候才有责任心。制作人素养要增高，要善于对记者进行培训和沟通，要了解什么是真的新闻自由。对我们的挑战并不是外界对我们的干预，而是我们要有更高的自视，要为台湾的冲突提供解决方案。

要有真正的专业自主，建立在雄厚的专业与民主素养。我们对公共的理解要用比较折衷主义的视角来看，不能用极端主义来看，因为公共就是公共，今天反对公共电视立场的人也是公众。有些人错误地认为支持我的就是公共，不支持的我的就不是公共，公共电视从来不能这样运作，因为你的运作结构是社会整体、“国民”全体，所以真的要用折衷主义来看，不能用极端主义，就是说你不是社运分子。

我们今天很多新闻记者以为自己是社运分子，这会把我们的自由给沦亡掉，如果你会这样做，那么将来上台的政权更有正当性来钳制你，以推行另一种社运。我们要找到真正符合公共这个字眼的新闻自由的表现，我们就是要让那些不认同冲突事件发生的人的声音能够出来，不要在冲突事件中总是找那些会“唱”的人，他们也许对，但是他们是特别分子，对整个社会而言他们是走在前面或者是旁边的人。

向：您主张主流、中庸的观点？

程：你可以这样讲。那些冲在前面的人他们是抗争的世界观，不能老是以他们为主角，否则你就老是在社会现况以外。你看现在核四和环保议题，媒体必须有耐心把社会上没有声音的人抓出来，因为他们才是决定这些问题的人，否则你就是走悲情媒体的道路。你就总是只看到——为什么他们呼吁了社会上没有回应？这些现象背后是你需要了解的原因，而不是为这些人同情。我们现在做太多事是为同情这些人，可是怎么没有去看另外那些人为什么没反应？这才是我们需要探讨的问题，这才是你要去关心的人。

Voice out 的这些人永远在社会上都有声音，永远抗争不完，一个完了再一个，那是他的哲学，你不要跟着他走，跟着他走你就成了他的啦啦队，他们怎么演你就怎么播。那些不讲话的人才是你要挖出来的，那些人到底在想什么？为什么他们不被感动？为什么没办法形成跟他合作的力量？这些因素要找出来，才是公共的。我觉得我们现在的记者和制作人普遍没有努力朝这个方向，就变成是悲情媒体，觉得那一部分人他们少数、他们前端、他们刻苦、他们牺牲所有来抗争，我们就要不断歌颂、赞美他，你可以做但不能一直这样做，他们结果还是不能达成，你就会很低落，你这个媒体是个悲情媒体，所有群众也不会理你，因为他们过他们的生活，你不能感动他。

向：就是要把沉默的大多数找出来、激发出来。

程：对，而且要让他们讲为什么？因为他一定有他的理由，公共电视应该做到这一点才叫公共，如果认为跟我唱和的人才叫公共那就完蛋了，还是要看这个社会决定性因素是什么。台湾有这个问题，大家顺着现有的抗争状况往下走，核四的议题就看得出来，为什么那么怕核四公投？因为有太多沉默型的社会结构在那里，核四不应该建的合理性已经太清楚了，但是这些人为什么不跟着走？他有他的理由。我们的社会基础到底是什么？这是我们的盲点，所以我们现在的媒体是悲情媒体。

台湾错解了自由主义和市场经济

向：您认为台湾现行的新闻传播制度是基于什么价值观建立起来的？

程：放任的，相当不负责任的放任，台湾错解了自由主义和市场经济，所以这个制度本身是缺陷。

向：“NCC”效仿 FCC，公共电视也是吸取各个国家成立公共电视的经验，这些西方的经验是如何与台湾本土对接的？

程：我们公共电视没有学 BBC，我们学的是美国的 PBS，学的美国最糟的公共电视制度，因为台湾有太多留美人士。我们这么多年改革就在改这个，我们不能让它像 PBS，搞成募款型，经费递减，全时段要儿童都能看，这不叫公共电视而叫教育电视。第一个错在这个，我们在学 PBS，学 BBC

是嘴上叫叫而已，法律架构里面的精神是 PBS，我们这些年不断修改“公共电视法”，就是希望能够向 BBC 和 NHK 靠拢，那才叫公共电视，这是一个改进的过程。

向：问题的根源还是建制的时候很多的地方学美国。

程：这是台湾知识结构的偏差，都在学美国，什么都是美国。小眼睛就只看到美国，包括执政的国民党和那些留美的“立法委员”都影响力太大了。

向：包括您刚才说的放任的、不负责任的价值观也是和学美国相关吗？

程：我觉得不是，而是因为故意歪曲美国的东西，美国虽然联邦政府要极小化，可是它的经济管制是超强的，Federal Trade Commission（美国联邦贸易委员会）权力多大？为了维系自由市场对很多东西都下重手。

向：它有管有放。

程：它的 deregulation（放松管制）叫 reregulation（再管制），所有的学者都承认它在 1980 年后搞 deregulation 本质是 reregulation，它要重新管制才能让它解禁，不是因为放手它才能解禁。其实我们台湾对自由主义一知半解，这些留美人士不负责任只讲一半，只讲自由经济的手会自己动起来，而不讲前面做了多少的行政手段，美国联邦政府做了很多事，对媒体而言你不可以越雷池一步，自由竞争是铁律，同时管制很强。我们没有这个东西，我们的放任是真的放任，完全没有做经济评估。

比较“NCC”与 FCC

向：美国媒体越过界线会怎么样，台湾又会怎样？

程：FCC 马上就下手，一罚就罚很重，这是对美国自由企业很大的一个紧箍咒。比如说你在上下游做不正当的串联、垂直垄断、不公平交易或者对自己旗下的子公司给予所谓的价差，FCC 专门管这些。我们有线电视的垂直垄断需要经济管制，以前主管单位都不管，现在好一点。

向：“NCC”是从什么时候开始着手管了？

程：从目前石世豪“主任委员”时期开始，他在法学和经济学方面的素养都比较好，他现在是下重手去管了。从经济管制入手，现在“NCC”比以前好，“公平交易委员会”相当消极的，资料送来后再审，没送来就不管。以我们现在有线电视的结构，这些问题反映出我们制度是处于无政府状态，我觉得这个价值观很有问题。现在“NCC”在做比较正向的调整，

"NCC"还是有一个很大的问题，不是它自己造成的，是我们整个当局的错乱造成的。

美国FCC制度绝不是FCC一人定江山，美国是FCC做仲裁，联邦政府有NITA（国家信息与通信管理局）做政府媒体政策的规划，这是双元的，我们故意说FCC讲了就算，不是这样的，美国商业部下面有机构做媒体市场的规划，包括资助、创设、投资，这都要跟FCC对话，FCC要知道它怎么做，这是对应的。我们这边对FCC一知半解，其实都是政治逃避责任，当局会认为什么叫媒体政策规划？干脆让"NCC"一堆学者去弄，反正学者什么都可以讲，从"NCC"反映出我们东方政治里的一些老毛病。台湾相信专家、学者万能，但你去看美国FCC和加拿大CRTC（加拿大广播电视和通讯委员会），里面有很多都是有经营经验的人，他知道产业的部分。

找一堆专门在学术机构研究的学者、专家，第一届"NCC"为什么让人有那么多诟病？因为这些人不愿意认同产业界的问题，第一届很多是这样学者，第二届还好点。"NCC"委员是"行政院"提名，"立法院"审查，半数通过，但问题在于没有为产业人士和行政官员设置特别保障条款，要求的就是崇高，要拒绝利益，所以选出来都是学者。现在开始慢慢调整，在行政任用上放宽，常态事务官可以进入到"NCC"委员，但产业部分还是很难，因为产业太低迷了，找不出有意愿有能力的人。

我讲的就是你管的是一个产业不是研究学问，也不是模式推断，你必须知道它怎么运作。我们的"NCC"委员本质上比较弱，都是学者，必须把一些权力交给当局，媒体事务的创新和投资，需要当局超越产业现存的秩序，当局在竞选的时候要提出媒体白皮书，就要在执政的时候依此做媒体投资和秩序重建。"NCC"则要避免介入，当好裁判者，做越少介入越好。台湾"交通部"说那我们就不要媒体政策了，交给"NCC"就好，因为它希望不要负这个责任，"新闻局"也说我也不懂媒体技术，统统交给"NCC"，他们都在自我卸责。但是，"NCC"没有民意基础，一群专家容易流于独断，如果它还有媒体投资的权力的话，那会进入灾难。

"NCC"光是讨论效率就很难执行，它是共识决，不是首长制。"NCC"为什么要那么多背景的人进来？因为它是裁判，裁判就是要多重观点来平衡。

向：公共电视也是从"立法院"提名过来的，"NCC"也是这样提名过来的，为什么结果差异还挺大的？

程：“NCC”是二分之一通过，公共电视是四分之三通过，其实四分之三早就可以不用了，公共电视当回归民主一般体制，二分之一就可以了，我们有一种传统不信任心态，认为国民党会复辟，就是要限制国民党，现在其实在“公视”问题上偏差得很多，也都有支持民进党的人介入。

向：四分之三门槛很高，“公共电视法”可改进的空间也很大，你觉得改进的重点是哪里?

程：四分之三，二分之一是数字盘算的谋略，我们要改的是首先知道审查委员是怎么产生的，他知道公共电视是什么吗?知道什么叫媒体管理吗?民主政治不能有神圣的东西，而是要常态化，台湾的民主政治错误的地方就是把神圣的东西当成好的，其实神圣的东西只能摆在那边，所以“审查委员会”应该废掉，就跟“NCC”一样回到“立法院”审查。

错误的管制哲学

向：您认为台湾民主转型后，现行新闻传播制度还有哪些需要改善的地方?

程：当局的媒体政策一定要确保下来，如果什么都靠 NCC，是管制哲学上的错误。在台湾对于传播产业管制向来分成业管单位及主管单位。许多民营事业本在市场法则中接受业管，无须公权力部门指导，很明显这类民营事业的行为则需“NCC”做市场管制。一般而言行为管制，多属负面表列，针对真实偏差行为进行矫正，这是惩处多于奖励，由市场规范者执行，对于民营竞争产业尤需市场秩序者扮演如此角色。但公共电视不与民争利，所以只需标准行为规范自身，同时接受一般原则的他律，“NCC”可以作“行为管制”“公视”，但不宜作“公视”的业管。因为相反的，以公共电视这种公用特许事业目的而言，本身事业非市场供需型态可以涵盖，其中涉及许多非营利功能，非成本利润计算的基础建设，非具象的文化社会责任价值等，这类需求仍应由当局的业管机构来面对与处理，特别是创造一种兴利的环境，超越现存市场秩序，让公共电视可以带动整体产业，这类规划仍需要公权力单位为之较为妥当，而非“NCC”这种秩序管制专长者能妥为规划。

第五章　台湾新闻管理界访谈录

一、邵玉铭访谈录

邵玉铭简介

现任“公共电视”董事长、“北美事务协调委员会”主委。1938 年出生，台湾政治大学外交学系学士，美国佛莱契尔（Fletcher）法律与外交学院硕士，芝加哥大学历史学博士。曾任台湾政治大学国际关系研究中心主任，“行政院新闻局长”，中国国民党副秘书长，《中央日报》董事长兼发行人等职务。代表作有《文学、政治、知识分子》（联经出版事业公司，1988）；《An American Missionary in China：John Leighton Stuart and Chinese – American Relations》（Cambridge，Mass.：Council on East Asian Studies，Harvard University，1992）（本书曾由出版单位在 1993 年提名参加“美国历史学会”之“费正清学术著作奖”及美国亚洲学会之 Joseph R. Levenson 学术著作奖）。

访谈时间：2013 年 11 月 27 日

访谈地点：公视办公室

报禁亲历者

邵玉铭（以下简称邵）：我以前写的书里面，开放报禁的内容我有提到很多。最近在写回忆录，也有整理一些。谈到报禁，以前“出版法”对新闻及新闻事业的成立采取登记制，按照登记制只要你申请，合符有关规定的要件，主管机关就必须要核准，但是 1951 年“行政院”以行政命令的方式将登记制改为许可制，这就形成报禁。这完全是“行政院”自己的行政命令把报备登记制改成许可制，等到 1987 年 7 月 15 号解除戒严，党禁也同时开放了，1986 年 9 月 28 号民进党成立，当时还是戒严状态，其实可以取缔，结果蒋经国先生没有取缔，采取默许态度。党禁废掉了，又解除戒严，事实上在 1987 年 2 月俞国华院长就在“行政院”会议上宣布准备开放报禁。

我是 4 月份到“新闻局”去的，在我之前张京育“局长”已经在筹划这个事情，我就接这个事情，既然“行政院”已经表示我们要开放报禁，那这就是“新闻局”的一个工作，所以我 1987 年 4 月 29 号上任一直到 1988 年 1 月 1 号真正开放的时候，我大概经过了八个月的筹划，我也找一些传播界的学者和法律界的人士来咨询。有两个法律顾问就跟我讲事实上我们这是不对的，本来是登记制不是许可制，但是民国 40 年“行政院”把登记制改成许可制形成报禁，这扭曲了“出版法”的原义，这是第一个，而且也违背了“宪法”，保障人民出版自由的明文规定，还有就是数目，以前是“一报一证一所”，一张报纸一个许可证一个印刷所，这是个惯例，但这个并没有法规的依据。

在开放报禁之前，我访问过很多报业的人，尤其是当时的大报《联合报》和《中国时报》，他们在 2 月份听到俞国华在“行政院”会议宣布筹备开放报禁，他们都有钱去买机器，就筹备在台中和高雄设印刷所，因为以前在台北印刷，印好要赶着运到中南部去，开午夜快车很不安全，而且还得提早印刷。所以他们就开始买机器，中南部做报纸的人一听你要跑到我们这儿来印，怕这些大报财大气粗让他们活不下来，中南部这些小报纸的负责人就跑到“新闻局”来找我，说你不能让他们来，来了我们就活不了，因为我们资本不雄厚，报社规模小，他们大军压境我们没出路了。我就问我的这个法律顾问“一报一证一所”的问题，他说事实上“出版法”对这个并没有规定，而且“宪法”23 条明文规定你必须要有“法律”才能限制人民的权利，因此以前的“新闻局”都说只能有一个发行所一个印刷所，这个行政命令应该取消，因为这是不合法的。所以我请教了这两位法律顾问，还问了其他一些人士，他们都说这个规定以前都是行政命令。

我想你大概也知道，以前许可制下只有 31 家报纸，而且只能 3 大张 12 页，理由是说节约用纸，其实不是，就是限制，让你想印都不能多印。另外，还可以限定价钱，3 大张规定一定的价钱，这就造成不自由了。新闻界面临几个挑战，第一个是可不可以有别的印刷所或者发行所，第二个是纸张、页数有没有限制。他们说限制纸张是不合理的，而且我在美国念书、教书 20 年，从没看见印刷报纸要规定几个印刷所，都是媒体人愿意怎么印就怎么印，价钱也不限制，张数也不限制，就看你个人本领，这是读者和市场来决定，不能有行政命令。

既然已经解除戒严了，我记得我还去问《中国时报》的余纪忠老先生，因为他们都开始要买印刷机了，我就把中南部报业担心的事情跟他讲，他说假如你们“新闻局”要限制我们印刷所的话，那我们法庭见，他要打官司。我回来就把中南部报业的人找来，我说这个于法无据，我没有办法限制他，他愿意在台中印、高雄印，他只要有钱，他能够负担得了，我“行政院新闻局”不可以管这个事情。时代不一样了，所以报业就整个给开放了。

那么我们是怎么做的呢？主要我们台湾当时有三个报纸的公会，一个是台北市，一个是台湾省，一个是高雄市，这三个报业公协会的理事长跟我们“新闻局”一起谈这个事情，最后所谓决定的六大点是他们的意见，我们“新闻局”基本在开放报禁的过程之中，完全尊重报业的负责人他们的意见。当然，我们还是有一个担心就是假如广告不限制，万一他登很多，而小报页数少怎么办？他们后来研究的结果是一个报纸广告也不能登太多，登广告谁看呢？那自然有市场来均衡下来。所以这六大点我都写出来了，这本书《此生不渝：我的台湾、美国、大陆岁月》送给你。

苏惠群（以下简称苏）：谢谢您了，这本书 8 月份才刚出版呢。

“我基本都是采取开放的态度”

邵：报禁就这样开放了，我们新闻界没有任何意见，只要你们合法，你们报业之间取得协议就可以了。那么，开放过程中还有一个事情连报业的老板都很担心，就是张数多了记者乱写怎么办？他们建议“新闻局”是不是定一个“记者法”来管他们记者，因为报业管不了他们的记者，记者也很大很凶，你要管着他就跑到别的报社去了，有的报社的老板希望定个“记者法”管记者。我就请政大传播学院的很多教授（我在政大教书教了很多年）来讨论，我问世界各国制定“记者法”的状况怎么样？他们回答很简单只有共产党国家大概还是少数几个共产党国家有“记者法”。事实上，记者也是人、是公民，他也受“民法”“刑法”约束，你诽谤别人“民法”“刑法”都可以依据，如果单定一个“记者法”，那请问是不是也定个“牙医法”“工程师法”。所以，这也属于于法无据，“记者法”也就没定。

像现在所谓的名嘴乱讲，你们可以告他，你不告他就拼命讲，他诽谤别人，但是我们中国人没有打官司这个意识，所以名嘴们觉得乱讲也没事儿。

现在已经解除戒严，假如张三被诽谤而张三不告，而让“新闻局”代你去管这个报纸，这是不合理的，“民主国家”就是这样的，你当事人要去告，而不能叫“新闻局”替你解决这个问题，你自己得去提出诉讼，如果你不提我也没办法。

果然报禁一开放蓬勃发展，确实不得了，当然有诽谤、动摇“国本”的东西出现，讲一大堆不该讲的话，这个也没办法。比如报纸要是乱讲“经济部”，但是“经济部”不告，你叫“新闻局”或者“文化部”来管这也是不合理的。“民主国家”都是这样，美国也是。所以，我基本都是采取开放的态度。

如今已经开放25年了，现在大家对我们的报纸还是有些批评，但是我要反问一句，有这么严重吗？现在《联合报》《中国时报》是蓝的，《自由时报》是绿的，《苹果日报》是娱乐性的，有什么不对呢？因为台湾本来就有蓝绿，你不能说你这个绿的讲话不负责任就怎么的。报纸你可以不买、你可以不看，比如我就有很多报纸不看、不买，但你不能不让人家出版。他们常常乱写我们行政机关，我们一般都是算了，因为不想跟媒体交恶。你说《苹果日报》卖得最好，很多老百姓他本来不蓝也不绿，他就是喜欢看个报纸消愁解闷，照片又是彩色的，影视、体育的内容他喜欢看。其实美国也是一样的，我在美国住了20年，《纽约时报》并不是销路最好的，纽约市有些报纸卖得很好，因为美国老百姓就是这样的老百姓，所以你也没什么好抱怨的。

我们讲关于名嘴的问题，你可以不看，你又要看又要骂人家，你换别台可不可以？你每天瞪着眼睛在那儿看，说他动摇“国本”，结果他乱讲行政机关也不去更正，被诽谤的也不去告，他当然可以随便讲。其实他很简单，他什么道理呢？电视台只要六个凳子六个人。一人三千块，一个小时一万八就解决了，也不需要怎么拍摄，广告照卖。如果实实在在做节目，费用还得了。所以这个纯粹是一个商业行为，媒体从中盈利。

但是我也必须要说你可以不看，你可以看有线电视、无线电视，你可以看“公视”，你可以买DVD，甚至你可以不看电视，所以我认为与其骂这些媒体兴风作浪，还不如想想我们这个社会公民的成熟度。比如我不看《苹果日报》，我也不看《自由时报》，我过得也很好，你不能因为这样而限制言论自由。

其实言论自由对台湾的民主政治有很大的贡献，为什么呢？2000年的时候民主党执政，为什么他们执政？民进党很会选举，他讲八个字“政权轮替、终结黑金”，什么叫政权轮替？因为国民党已经执政55年了，打麻将也得轮流坐庄，不能你一个人坐到底，老百姓觉得我们也要给民进党一个机会；终结黑金，到2000年选举的时候，国民党后期在李登辉的主持下确实存在问题。

苏：比如刘泰英。

民主的阵痛

邵：对，刘泰英，还有把地方民代搞到“立法院”去，所以老百姓也觉得很厌烦。而且民进党从来没有执政过，给他个机会试试看，给了八年。1996年李登辉第一次民选“总统”他得了54%的选票，很高对不对？可是到了2008年，马英九得了58%当选了，超过李登辉。那就是因为阿扁八年的贪腐在“红衫军”的报纸、电视上曝光，所以这就是还一个公道，假如没有媒体还得了。

有人就讲他怀念蒋经国时代的日子，你要知道在蒋经国戒严时期台湾不是没有问题，他只是扫到地毯下面去不准你讲，等到开放报禁已经民主了当然都讲了。有人就说怎么乱起来了，那是因为以前乱你不知道，或者不敢报道，并不是社会就完全是公平正义的。所以我认为是民主的阵痛，其实你要算一算台湾的民主也就二十七年，这个阵痛才二十七年，当然现在还是有问题——蓝绿恶斗、内讧，这个是没有办法的。

因为台湾中国现代史就是这么写的，台湾人民有历史的悲情，清朝把台湾割让给日本，日本在这儿五十多年，后来蒋中正来。恐怕台湾的这两个政党，我不知道还有多久，可能还需要一二十年，把整个民怨、怨气疏解之后，他就回复正常，就像小孩子的时候他会哭会闹，青少年的时候有个叛逆期，到二十岁成年的时候他才慢慢地成为正常的健全的人。悲情经过二十多年的疏解，台湾现在的情况也没什么不正常。起码台湾还没有“政变”，像泰国、韩国流血政变，这种情况我们没有过。

我觉得蒋经国还是蛮有贡献的，因为他在民进党1986年建党的时候可以抓，戒严时期他可以学他老爸抓，可是他没有抓，他开放党禁、开放报禁、解除戒严、开放老兵探亲。民进党也只能在“宪政”体制内来跟你竞争，他不能革命、流血。真正蒋经国政治开放是从70年代就开始，搞“十大建设”，对于党外也不太抓，只是抓你的书，没有把你都关起来。

“美丽岛事件”以后，党外的势力就起来了，这个也是没有办法的事情，他本来就是多数，还有很多过去国民党“白色恐怖”时期的问题。你看现在核四的问题，如果没有言论自由的话，真理怎么出来？这就是看双方谁有办法，主张核四的、反对核四的谁能说出一个道理出来。你看上一次蔡英文选举，她对大陆的抵制，两岸关系做得不好，她就没有赢，马英九就赢了。那么对于核四的问题就看双方理性的沟通，假如说你今天确实有道理的话，“台电”也可以办报，办个社区报，到学校、中南部各地区座谈，恐怕得这样做，比如可以把著名的核能专家请到台湾来访问，这是一个民主的社会没有办法避免的事情。

适得其反的禁书、禁歌

苏：当初解除戒严、开放报禁那个时候的背景，大致情况我还算了解，您如何评价？

邵：你要有兴趣，我在今年一月有一本联经出版社出版的《保钓风云录》，我基本就是讲蒋经国为什么会做这些决定，我基本理论是这样的，台湾的政治松动和改革真正什么时候开始的？是1971年10月退出联合国，1972年的2月就是《上海公报》，1972年的9月日本跟中国大陆建交，这三件事情就使得产生一种“内忧外患”的气氛。

那种气氛就很像清末，尤其是八国联军之后，1898年之后你只有两条路，一个是康梁的君主立宪，但是康梁因为戊戌政变失败，所以就要革命。那么蒋经国所面临的情形就是这样，因为那个时候已经是内忧外患，房价大跌。你要想想蒋经国的mentality（心态）是怎样的，他是75年才当“行政院院长”。那个时候有保钓运动，当时我在美国留学，1971年1月在美国游行，游行三四次，这个时候只是保钓，等到一退出联合国，学生就发现台湾完了，就开始要左转，就认同回归大陆。

台大在1971年6月也游行，马英九也跑到美国大使馆去抗议，像台湾《大学杂志》这样的政论杂志研究改革，这股风潮在全社会发酵了，蒋经国就面临一个问题，该怎么处理？他采取的态度是国民党第一次开始放弃“反攻大陆”，在台湾扎根，就是说不是过客，this is also home，所以蒋经国说我也是台湾人。所以才有“十大建设”，为什么以前没有“十大建设”？因为以前要“反攻大陆”，为什么要搞建设呢？“十大建设”，就是本土化，吸收本土人，一个是国民党的在地化，在这儿扎根不去想光复大陆的事情，但是因为你在一个闽南人占多数的地方，你不提拔本土人，这些人就跑到党外去了。“十大建设”一个是经济搞好了，另一个就是吸收广大的知识分子，包括“外省人”“本省人”，这样就使得党外的人才就不够了，到今天为止民进党也没人才，都被国民党吸收进去了，我也是被国民党吸收进去的，然后开始重用。

你看看孙运璇时代，李国鼎时代或者是将经国时代，这么多的科技官僚都受重用。党外本来也不成气候，党外是“美丽岛”之后起来的，因为他们公开审判，老百姓觉得确实存在不公义、不公平，所以党外势力急速上升。蒋经国就面对一个问题，我是跟他竞争还是打压呢？假如“美丽岛事件”之后人都抓起来，像蒋中正时代的话，党外势力可能就走向革命，因为我没办法跟你在体制内竞争，你把我抓起来了。蒋经国不抓，让他们在1986年组党，开放报禁、开放党禁，这就让民怨和政治反对势力有个出口。他不经过选举，他就不遭革命。但是蒋经国这个整个过程是从保卫钓鱼台开始的，所以我说保钓运动就很像保皇党和革命党，因为你不走君主立宪他就革命，而蒋经国采取改革就没办法革命。

到现在为止台湾没有流血、没有一次政变，这点很了不起，你看韩国死多少人，这一点我认为蒋经国能够体察局势变化，让反动势力有一个管道，你可以组党、办报、选举，这就变成一个民主“国家”了。

李登辉在今年6月出了一本书，他讲了一句话，他说：蒋经国做这些决定是他自己的决定，要没有蒋经国的这些决定我李登辉也没有办法做。没有蒋经国的这些决定李登辉后来也没有办法成为所谓“民主先生”。因为在1986年只有蒋经国敢说解除戒严，别人不敢说，这是李登辉自己的回忆录说的。

因此这个保钓运动就起到甲午战争这个作用，甲午战争被日本打败之后形成两种势力，一个是君主立宪，一个是革命，最后因为清廷玩假的，那就革命了。所以保卫钓鱼台就等于甲午战争，内忧外患，被日本打败了，保卫钓鱼台。蒋经国面临两个选择，一个是改革一个是镇压，他采取了改革，所以民进党很自豪。改革就没办法革命了，我是这样来看的。但是改革这个过程要是没有开放报禁、言论自由是没有办法的，举个例子说，以前为什么要出党外杂志，因为你不开放报禁，你要是开放他就不出这个杂志了。

因为你禁、抓，越禁越多。所以我到“新闻局”我就不抓了，因为你不抓他们反而不知道这本书是什么，你一抓他就去买。包括禁歌，以前很多歌不能唱，你可以看怎么开放禁歌的，怎么开放报纸的，怎么开放大陆出版品及一些外文的杂志的。比如这个杂志以前骂我们，“警总”时代有三个办法，一个是在封面的毛泽东像上面盖个“匪囚”，还有就是撕页，还有就是用黑笔把这一段杠黑，我当时就是都不准做这些事情。因为你不盖你不撕大家不注意，你一撕他们一定就会去买。所以禁书是越禁越糟糕，我是从来不禁书的，他本来没那么大力量，这是我在“新闻局”四年半采取这样一个作为。

还有禁歌，那些歌现在大家都可以唱了，以前荒唐到什么地步你知道吗？《橄榄树》都不许唱。你知道为什么吗？歌词“流浪流浪，故乡故乡”，你在台湾讲流浪、故乡你不是想大陆吗？禁掉了，这不是很无聊吗？因为这是戒严时代的思维，现在不是没事吗？再谈《悲情城市》，有人反对，但我怎么把它开放的，其实当时国民党的选择只有两条路，你是要改革还是要革命？你要走改革他跟着你改革，你要不准他党外组党，他就革命，所以蒋经国抚顺民情。

当然我还要讲另外一个事情，蒋经国这个人很了不起的在哪里？民主的四个条件：第一个能够拍板定案的强人，他说解除戒严，这个人没有的话也没有办法；第二个，你要有一个成熟的中产阶级出来，他可以分辨是非，我们给你机会给你八年，但是你做得不是很好，其实我们老百姓还是蛮有智慧的，再就是中产阶级他受过高等教育，能分辨是非，所以当阿扁那么贪污，马英九就 58% 当选；第三个，你有一个开放的社会，就是言论自由，大家可以比较，苏贞昌也败了，蔡英文也败了，这就是开放；第四个就是你有一个执政的团队，蒋经国当年决定解除报禁的时候，我在“行政院”，有一次我在“行政院”开会，我就算了算，整个会议的“部会首长”90% 有博士学位，这 90% 中有 80% 是留美的，5% 是留欧的，15% 是留日的，多么强的阵容。我经过了俞国华、李焕、郝柏村三任“院长”，两个“总统”，蒋经国和李登辉时代我都是发言人。所以，当蒋经国决定要开放报禁的时候叫我当“局长”。

苏：您作为亲历者最清楚整个背景。

“我是忠于蒋经国的”

邵：我不需要向谁请示怎么开放报禁，蒋经国叫关中去当组工会主任委员，所以关中就搞党员初选，让孙运璇当“经济部长”，还有李国鼎。他有一个很强大的执政团队，这个团队是他培养起来的，我是忠于蒋经国的，我和关中都是。他就信任我们，我跟蒋经国非亲非故，所以今天你要没有一个扎实的执政团队也不行。我必须要讲现在马英九的执政团队差得一塌糊涂。

这四个条件使得台湾没有政变，能够改革，政权可以轮替，你现在哗众取宠是没有用的。所以我就说你们“台电”的核四，核能发电有风险吗？确实有，有车诺比①、三里岛，但是之后那么多年有没有核能事故呢？很少，这在于你要有什么应变措施。第二个呢，请问你的替代方式是什么？这种辩论你要没有一个开放的媒体、言论自由，这是做不到的。你要注意奥巴马很厉害，他是辩才无碍，而且有任何的争议他第一个站出来，奥巴马先生做到了。全民健保的事一出来，到国会报告的不是卫生部长而是奥巴马，当美国出兵阿富汗的时候不是国防部长是奥巴马在西点军校宣布。对老百姓来讲我只选了你“总统”，你的什么部长那是你的家臣，关我什么事情，我找你算账，所以你一定要站出来，马英九核能他也不讲，很少看到马英九上电视。这一点你们黄董事长，我跟他都是慈济人，他也很客气，我也很少看他出来讲话。当然站出来之前你要准备，准备辩才无碍，还有就是你要有一个团队，反正很简单，你打不赢他就要被他打败，你要被打败吗？

苏：您的观点和解读让我很受启发。

“新闻局”曾是最大的广告客户

邵：我是学历史的，因为这些事情，一步错就差很多。我们现在很多事情，当事的单位或者是当事人不太出来讲话这是不对的。以前我在“新闻局”的时候，“院长”固定的三个月一次记者会，“总统”是每半年一次，当然那时候好，电视只有三台，大家只能看三台，只要一看就是他播的这些内容，现在太多台了。

以前建设方案、高铁、两岸关系、一个中国问题、台湾国际社会空间这些议题我常去外国演讲，开会、宣传、做文宣，其实台湾的“新闻局”是最大的广告客户，就我那个预算，所有广告业的人都知道“新闻局”是最大的广告客户，我就替“国家”做宣传。

苏：现在“新闻局”没有了，现在当局为什么存在很多问题，就是因为“新闻局”没有了？

邵：现在当局新闻发言人很少，而且分量又不够。

---

① 即切尔诺贝利（Chernoby）核事故。

苏：针对媒体这一部分，有说法认为解严之后存在新政商关系问题以及媒体素养问题，针对这些情形，即使是乱象，似乎您看起来都很乐观？

邵：我基本是乐观的。现在是有内耗，“国会”打架的事情还有，但比较少，在我当“新闻局局长”的时候几乎是每天打。还有一件事情就是现在选举很厉害，你民进党老是抵制，就看 2016 年吧，柯建铭在那里恶形恶状，他是国民党最好的助选员，假如 2016 年民进党没当选就是柯建铭害的。老百姓对你不放心，你这个党公然纵然人家关说（从中给人说好话）。这个要算总账的，投国民党不甘心，投民进党不放心，不甘心好解决，不放心是不敢拿前途开玩笑的。

苏：你现在接任“公视”董事长，这是非常重要的一个工作。

邵：我是被迫的，现在“公视”出了问题就找我过来。

更民主更开放

苏：就您站在现在所处的这个位置，感觉新闻传播制度还有哪些需要改善的？

邵：美国杰斐逊曾经说过，民主是有弊病的，但他是弊病最少的一个。每个政治都有弊病但他是最少的一个；第二个民主的弊病是需要更大的民主而不是紧缩它。因为民主更大，是让言论市场充分挥发，只要一个民智大开的“国家”和社会，他最后的答案应该都是比较正确的。比如核能问题其实是不难辩论的问题，核能是利多弊少，在所有对环境的污染里，它是两害相权取其轻，核能对环境是有不好，但它是最轻微的。你们宣传时，应该多用图表少用文字。

所以台湾新闻传播制度要改善就需要更开放，因为老百姓他有一个购买的自由，他可以买可以不买，他可以看可以不看。但是你假如一紧缩的话，听不到真的声音，很多声音也出不来了。

苏：现在有一些学者讲目前这种各取所需的现象，比如根据调查一般一个人只看一个报纸，到最后民众就变得对立、分裂，因为我们民主素养不够。我之前采访的时候，有人就说每个人只找自己喜欢的那一家媒体去看，台湾社会对立会更严重、更尖锐。

我是很乐观的、我是从悲观走过来的

邵：美国对立也很严重，政府都关门了，但是美国也还是没问题，就像你要是开车总会有车祸。我是很乐观，我是从很悲观走过来的，我 1948 年到台湾来的，我看着台湾整个成长起来的。

现在的问题在哪里？现在就是没有一个更健康的环境。像王金平关说的事情，行政关说和司法关说是两回事情，我弟弟想到台电找个工作，这是行政关说，他没什么受害人，司法关说是不行的，他这个关说是不是关说？为什么司法关说是不可以的？美国有些例子已经在那里，但都没有人在谈，就几个名字在炒来炒去。这就是所谓的不用功，国民党不用功，要是我来负责文宣，我就把涉及司法关说的实际例子登报，来看怎么处理？现在大家都把这个当成人情事情，至于关说，中国就喜欢讲关说，这有什么了不起的，可这是不一样的，“国会议长”的关说跟普通民众的关说是两回事情。美国也有国会议长关说马上下台的例子，但我们没人在讲。

苏：会不会不一定是媒体不用功，而是媒体知道，但是有些什么顾虑而不想写？

邵：大概是不用功，但是马英九、国民党的文宣做得很差，把一个明明他不对的事情弄得好像他有道理。但是你不要急，你看柯建铭的样子。

苏：其实最后选举的时候民心都是知道的。现在有些人不满意是恨铁不成钢的那种心理，未必是是非不分。

邵：我建议你还是参考我那本书，开放禁歌、开放大陆出版品、开放电影，我整个有个逻辑、有个观念在这本书里面。

二、苏正平访谈录

苏正平简介

1950 年出生，现任“新头壳网”董事长；曾任《台湾日报》总主笔，台湾记者协会会长，“行政院新闻局局长”，中央通讯社董事长。

访谈时间：2013 年 8 月 28 日

访谈地点：“新头壳”网站办公室

关在笼子里面过了很久，觉得一切很正常

向芬（以下简称向）：提到报禁给您印象最深刻的事情是什么？

苏正平（以下简称苏）：台湾报禁时间很长，在这么长的时间里面过日

子有时候就不记得有什么东西印象最深刻，因为你关在那个笼子里面过了很久，你就觉得一切很正常，不过假如从现在回想，那当然也就会有一些比较。我想最清楚的就是过去的媒体落在党政军手里，民间的媒体特别少，媒体主要是属于国民党党营的。比如《中央日报》有一段时间是台湾发行最大的报纸，我想在很多社会主义国家大概党报常常是发行量最大的，记得我到东德去的时候他们有一个报纸叫《新时代》，那个时候他们在东德时期发行量大概几百万份，我 1991 年过去访问他们那个报纸的时候减少到十万份。在东德共产党执政的时候他是东德最大的报纸，可是跟西德合并之后大概两年发行量就掉到十万份了。在台湾《中央日报》大概有类似的情境，《中央日报》曾经是最大的报纸，不过现在已经不存在了，现在只有网路版。我生在台南，台南最大的报纸《中华日报》也是国民党的报纸，曾经也是很赚钱的报纸，不过现在亏得一塌糊涂。《中华日报》现在还是党报，他们一直想要把他卖掉，没有卖成功。

向：那您印象中在您小时候家里一般都看什么报纸？

苏：在台南只有《中华日报》，除了那个报纸之外没有其他地方的报纸。刚提到最深刻的印象是基本上一开始都是党政军报纸，1949 年国民党过来的时候台湾还有一些民营报纸，后来都被收编了。一些民间的报纸被收编后，《联合报》交给王惕吾来办，《中国时报》就交给余纪忠来办。所以国民党把民间的报纸收编、集合，然后交给信任的人去办。电视跟广播电台也一样，以前的“老三台”中“台视”属于台湾省政府，“中视”属于国民党，“华视”属于军方的，所以也是党政军把控的。广播也是一样，广播有几个民营电台，可是后来我了解到很多民营电台都是情报局的人，表面上看起来是民间电台，实际上是情报单位办的，基本上媒体都是党政军控制的。

所谓报禁时期有一些这样的规定，比如执照不发新的，新申请办一个报纸他是不给你的，所以你只能够去买现有的执照，要买的话他还会指定某一个人去买，不是随便可以买的，都是他可控的。所以才会有早期几个民营报纸联合起来组成《联合报》交给王惕吾，《中国时报》（曾经叫《征信新闻》）后来就是余纪忠买的。后来像《自立晚报》被吴三连买走了，可是吴三连他是无党籍的，而且他早期是跟雷震一起办《自由中国》的（国民党到台湾来以后，有一些自由主义思想的人合办《自由中国》，他们结合台湾当地的有一些政治思想的人士，包括吴三连。）可是《自由中国》出事的时候，吴三连可能提前得到讯息了，他“出国”去了，他没有被抓，等到事件平息了他又回来，他当选过台北市的市长，所以虽然不是国民党籍，他是有一定名望的地方人士，他在日本《每日新闻》当过记者，所以他一直希望办一个报纸。

吴三连没有钱，他主要依靠台南帮企业投资买《自立晚报》，国民党虽然卖给他，但也指定必须还要有其他的人入股，比如说许金德（国宾大饭店过去的老板），他也算是企业家，但是他基本上是国民党比较信任的企业家，也是国民党党员，所以就要他入股，并要求叶明勋去当社长，叶明勋是中央通讯社在1945年来台接收日本一些机构的时候，作为中央通讯社派来接收日本同盟社的记者，是当年中央通讯社第一个派到台湾来的记者。你就可以看得到虽然好像有民间的、非国民党的人去买报纸，但只能买晚报这样的小报，并且还要安排国民党比较信任的人进来当主要的股东，再指定一个可以信任的人当社长。回想报禁时期，媒体基本上整个很严密地控制在当权者的手里。

大报的商业竞争

向：您70年代大学期间的时候，接触到一些什么报纸？你倾向于看些什么报纸呢？

苏：报禁是很长的一段时间，最早期时当然非常的严峻，《中国时报》《联合报》虽然就是党政军的报纸，可是当它经营之后就开始商业上的竞争，本来为了党的任务经营这个报纸，可后来这个报纸能不能生存、能不能赚钱就变成它最关心的事情。报纸跟报纸之间有一些竞争，虽然其实都是“国营”或者是党营的报纸，它可能会有自负盈亏经营上的任务，经营成功的话它会有比较多的资源，大家都很高兴，没有资源大家都很凄惨。

这些报纸发展到最后报纸跟报纸之间也有竞争，所以我们过去讲两大报，后来变成三大报，现在变四大报，早期就是两大报在竞争——《中国时报》《联合报》，可是在政治上他们不太敢竞争，就是说政治的东西被抓的死死的，他们就在社会新闻上去拼。你直接去批评中央的东西是不能的，但是去批评地方的东西大概就是可以的，或者说碰到贪官污吏太明显了也可以去挖，社会新闻做得非常耸动。

向：在报禁时期就已经是这样的竞争状况了？

苏：在报禁时期就已经开始这一类的竞争，不管是党营的报纸或者是党所指定的报纸方面都产生这种情形，反而是像这种中常委办的报纸，因为他是民营报纸而且是他个人的报纸所以他们就比较敢拼。那种党营的、公营的报纸，因为负责人是去那边当官的，他比较不在乎盈利，他更在乎会不会出事，这种报纸就比较没有人看。所以后来《中国时报》和《联合报》成为发行量最大的报纸，你问在大学时我看什么报纸，我基本上就看这两个报纸。当然两个报纸取向方面不太一样，这跟两位中常委的个性差别也有一点点关系。

报老板的个人风格影响报纸取向

向：两大报在报禁时期他们的取向是怎么区分的？

苏：一般来讲社会性议题都是各自发挥的，到后来慢慢会碰触到一些政治议题的时候，基本上《联合报》比较保守，《联合报》跟军方的关系比较密切，《中国时报》跟余纪忠有关系，相对来讲比较自由而且他也比较敢用人。《联合报》大家都很守规矩、很严谨，相对来讲保守，《中国时报》有时候会有一些比较特殊的情况发生，因为余纪忠他敢用一些年轻敢冲的人，《联合报》讲究规矩，长官部属的关系比较严谨，《中国时报》大家都像哥们儿，整个报社的气氛也不太一样。慢慢地这两个报纸虽然都是中常委的报纸，他们也就开始有些区别。

向：是否在批评当局或者是批评国民党方面的议题《中国时报》做得多一点？

苏：我觉得批评当局是之后的事情。有时候会呈现在开始有党外的事情的时候，比如说《联合报》不报党外的事情，仿佛他们是不存在的，直接忽略掉了。《中国时报》是比较会去报道的，这就跟余纪忠他用人有关，余纪忠他喜欢用一些本地的、年轻的、有才气的人，他会用这样的人他们就可能接触到本土的政治人物，他们就多少会去报道他们的讯息，虽然不一定报道好的一面，但至少在报纸上能看得到这些人，甚至看得到他们的照片。所以讲自由的时候不一定指非常具体的、批评当局的什么东西，他会报道批评当局的人，这就相对比较自由了，其实保守跟自由是相对的。

科长比局长权力还要大

向：在报禁时期当局管制媒体的方式和手段主要有哪些？

苏：控制执照是一种方式，执照发给我信任的人，包括发给中常委，在不得已的情况下开放给非国民党人士的时候也会安排国民党入股，让其受到牵制，甚至主要的管理层方面也要有能够信任的人，我才发给执照。另外还有直接管制媒体的机构，过去大概分成三个部分在管制，一个是“警备总部”，“警备总部”是戒严体系下的一个机构，“警总”里面有专门做市场检查的部门，他们会直接去管制这些媒体；国民党里有文工会；还有“行政院”的“新闻局”，那个时候有“出版法”，一些法规可以对媒体做一些管制。三个部门有时各做各的，有时候会有联合的行动。

我在“新闻局”的时候就常开玩笑说以前报禁时期在“新闻局”里面“国内处”的一科“科长”，他的权力比我在当“局长”的时候权力还要大，一科的“科长”可以打电话给总编辑说今天这条新闻你要上头版或者说那一条新闻就不要上了，另外他们不只派人过去经营，他们也都会派人在里面，我在“自立报系”的时候我就非常清楚，有很多的记者基本上都是“调查局”的。

媒体中潜伏的卧底

向：报社的人都会分辨的很清楚吗？

苏：他们不会明讲，可是同事都晓得，就是说他基本上是“调查局”训练完之后让他当记者，让他直接领报社的薪水之外还领“调查局”的津贴，平常就是当新闻记者，重要的时候他要写报告，所以记者里面有好多是情治单位的人。还有过去排版是抓铅字的，一般报纸是记者写完之后就铅字排版，排版工人有很多人都是学问很好的，许多也都是情治单位派来的，记者的稿子到最后都要他们排版，所以你这个文章有什么问题的话，“警备总部”的人在你的报纸还没有印出来之前就已经知道了，而且就会打电话给报社主管。

向：就是从采访到编辑再到排版的过程都是有人在里面监督的。

苏：是的，我想这部分他们能力都很强，他们不希望在报纸出来之后惊慌失措，看到他们不愿看到的东西，最好就是你根本没有去采访不应该采访的新闻，万一采访的新闻编辑没有管好的话，在排字工人那个环节还是可以通知主管机关的，在报纸还没有印出去之前就叫你把那个新闻撤掉。我想各种可以避免的、让他们产生意外的各种情况他们都设想到了，整个流程他们大概都有思考过。还有就是检查涂黑，以前特别是国外的报纸或者杂志进来的时候，他们不认可的东西就用黑笔涂掉了或者直接剪掉，基本上有一个检查的机制在里面。

另外就是（这也不只是在新闻界）所谓工会，一般来讲是行业工会，工会基本上来自公权力机构，里面的工会干部大概都是当局派去的，比如说报业工会基本上也变成一个管制的机构。

向：像《联合报》这样的民营报纸所设的党部是国民党党部在媒体直接进驻吗？

苏：我想那是不公开的，比如说像文工会他们底下大概会有什么支部？支部底下是否会有小组？因为我不属于那个体系，所以我不晓得他们管到多细。

向：您隶属什么党派吗？

苏：我是无党派。我不晓得他们管到多细，不过我是可以想象在媒体工作的人可能会有一个支部，就是所有在媒体工作的国民党党员会有一个支部。我想这一块有特别的一个支部，然后底下有小组，应该是个别的报社底下也有自己的一个小组，小组他会固定去做小组会议，可是这不是公开设立的，他不是一个公开活动的组织，顶多晚上他们自己开会，即使在报禁时期政党的小组开会也不是多光荣的事情。

向：为什么不光荣？您是说在媒体里面这种党部小组成员开会会让人觉得不光荣？

苏：会让人觉得不是很光荣，开会的人也不会希望让别人晓得。就是说很长一段时间国民党虽然是执政党，可是随着社会越来越开放，基本上你作为一个这样的政党，也是受到很多挑战的，很多人没有公开反对，因为公开批评的话也许会遭受一些坏处，可是这个社会越开放的话你越不可能强迫去称赞这个政党或者必须要跟这个政党走在一处。除非你在特定的一个场域，比如说在官场，你希望能够得到更好的晋升机会，那就必须要加入这个政党，在那里面有好的表现，可是不是都是这个样子的，就是说这个制度还是有些不太一样的。

合法媒体与地下媒体

向：在报禁的时期“两蒋”他们对媒体的影响如何？

苏：我想“两蒋”的影响应该是绝对的。只有少数的媒体直接对蒋经国或者是蒋中正进行批评，那是非常少数的，在蒋介石时期更是如此。蒋经国在他晚年的时候台湾已经开始有反对势力，开始有地下杂志或者地下电台，稍微也有一点控制不住，当然就是在这些地下杂志或地下电台你会听到一些直接针对蒋介石或蒋经国的批评，可是在一般所谓合法的媒体里面这些东西大家是看不到的。所以大概只有特意找地下杂志看、听地下电台的人才能接触到这些信息，一般日常不希望给自己找麻烦的人，基本上接触的都是公开的、正常的媒体报道。

向：您以前是学经济的，德国留学回来后到东吴大学当老师，你是怎么想到要进媒体呢?

苏：有时候人会想他在这个大时代里面他最想做的和最应该做的一件事情是什么？这会让他主动做一些选择，而不是被推着走。我从德国回来之前，早些时候我还在德国的机构工作过，一般讲可能你去做欧洲的生意挣大钱，或者是去当德国大公司的什么经理，好像这样的选择会比较顺其自然，比较合理。不过那是台湾变化很剧烈的时候，可以选择过日子，有比较好的生活条件，或者是说在这个变动很大的时候去参与一些事情或者是至少经历一些事情，所以有了我后来的选择。

威权时期唯一能够批评当局的报纸

向：您选择“自立报系”是不是也出于这个报纸更能实现你的一些想法?

苏：我想这绝对是的。因为这是一个小报纸，我去那边从小记者当起，薪水是我原先薪水一半，当然这是我的一个主动选择。《自立晚报》是一个资源少的报纸，它几乎是威权时期唯一比较能够批评当局的一个报纸，虽然它内部不是那么纯粹，其实内部也有很多奇奇怪怪的事情，但基本上在那个时候所有可能发生影响力的媒体里面《自立晚报》有一个自由的环境，吴三连本来就有一个想法，虽然受到一些牵制，基本上还是会显现出与那个时代比较不一样的声音。

但有几个比较特殊的地方，就是说《自立晚报》是第一个违反法令派记者到中国大陆采访的媒体，在有关反对人士的报道上《自立晚报》跟其他媒体是不太一样的，它比较会从反对派的角度去看，比如许信良他从海外回来的时候他是黑名单上的人，是不许进来的，他可能是冒用其他人的“护照”进来的，然后在机场发生了事情，其他的媒体都报道暴民怎样怎样，《自立晚报》则报道警察是怎么打群众的，就是说他会从不同的角度去报道这个事情。

还有就是在《自立晚报》写评论的人很多是早期《自由中国》那个年代没有被抓去或者是抓去放出来的一些人，因为《自由中国》时代的雷震、夏道平、韦政通等，他们有些人后来是在“自立”写评论的。夏道平基本上是经济学者的，他主张奥地利学派的那种完全自由经济。韦政通他是早期参加《自由中国》的作者。有几个是在国民党高压时期他们就已经在《自由中国》写文章，后来有一个台大哲学系事件，就是台大哲学系有很多老师被抓了，有一些人后来关了之后出来，这些人后来在《自立晚报》也写评论。

这个报纸基本上是当时比较批判性的报纸，在大部分都是党政军的媒体或者是说在政治上基本上是政治正确的媒体里面，《自立晚报》算是比较特殊的。我之所以会选择《自立晚报》大概也是这个理由。资源少的媒体有一个好处就是他因为不能给予好的物质条件，所以他能给予比较大的自由空间，通常是这个样子的。

向：在那样的环境中“自立”能存活下来是否因为跟上层有些特殊的关系的缘故？

苏：的确跟政治的发展都有些关系。就我所了解的《自立晚报》是一直都亏钱，只有在解严前后那三年是赚钱的，那三年之所有赚钱是因为看的人多，看的人之所以多是那时候这个报纸是跟其他的报纸不一样。我记得那时《自立晚报》他的发行量在晚报的市场上几乎占了百分之七十。那几年《自立晚报》是赚钱的，不过后来解严之后它以为它的年代来了，就开始开办《自立早报》，结果没有成功，这是另外一个事，不过在转折的那几年《自立晚报》是蛮成功的报纸。

反倒放开了以后它的特色就不是特色了。原先它是晚报，本来晚报可以报道的新闻就不多，中午大概 1 点多就出报了，所以它能够抓到早上的新闻，可是因为过去的日报连前一天比较敏感的新闻都不敢报道，所以晚报可以当作日报来办，就是把日报不敢报的、其实应该被日报吃掉的新闻由我晚报来报，所以很多人就喜欢看《自立晚报》。

可是当报禁解除，政治气氛不一样的时候，一些国民党中常委的报纸，本来是为了党办的报纸到了最后就异化为给自己办的报纸，为了自己报纸的生存，为报老板办的报纸，他不管是在社会新闻或者到后来政治新闻上什么事情都敢报了，这样的话原先《自立晚报》的特色就被稀释掉，不是说完全被取代了，是被稀释掉。它在市场上就不再具有过去的那种特殊地位，这当然也是他后来失败的很多原因之中的一个。

向：您在《自立早报》做了多久主编？

苏：我起先1988年是在政治经济研究室，在“自立报系”共九年。不过《自立晚报》后来办的不成功就卖掉了。

向：您离开的时候也是《自立晚报》已经走下坡路的时候了。

苏：那也是很特殊的一个过程，因为“自立”在报纸被转卖的时候有一些抗争的活动，我是台湾第一个由编辑部选出来的总编辑。

“编辑室公约”

向：这跟签“编辑室公约”有关系吗？

苏：“编辑室公约”是抗争的一个诉求，其实后来没有签，“编辑室公约”是工会抗争的时候我跟他们建议如果只是劳资抗争的话一般来讲在社会上是不太能取得共鸣的，所以必须要赋予一个比较高层次的抗争诉求。那时社会比较关心的是一个比较批判性的报纸结果卖给一个国民党的财团政客，这对社会来讲是比较难以接收的一个事情。“编辑室公约”使得抗争不只是老板跟记者劳资之间的关系，牵扯到你这个报纸的风格会不会改变掉的问题，所以后来“自立工会”进行抗争的时候提出“编辑室公约”这样一个诉求。

我之前曾经去德国特别针对“编辑室公约”做过一些研究，所以抗争的时候我会提起“编辑室公约”，大概就是根据我的一个提议来做的这个事情。那时“自立”要被卖掉了，大家抗争的时候就是希望能够保留原先“自立”的报风，提出来的诉求就是要求这个新的老板要签公约，同意不会因为所有权的移转而去改变《自立晚报》的风格。本来这个老板是同意的，可是我很清楚当时他的同意只是一个策略上的行为，就是拖时间，拖到你们觉得抗争没有效果的时候就屈服了。所以后来其实“编辑室公约”没有签成功，但那个时候抗争的另外一个诉求就是要形成一个自主性的记者专业组织。

向：就是台湾记者协会的成立？

苏：对，台湾记者协会就是那时成立的。“自立报系”的抗争要求签“编辑室公约”，那时候我非常清楚公约不是那么容易签成的，要求新闻编辑部有一个比较自主的空间那是一个长期抗争的活动，一个长期抗争的活动必须要有一个专业的组织长期来做诉求，所以那时几个诉求是一个接一个，当然“自立”抗争是没有成功的，“编辑室公约”是没有签成功的，可是“记协”成立了，而且到现在都还在。

向：您刚才说您是第一个由编辑部选出来的总编辑，具体是什么情况？

苏：“自立”后来还是卖掉了，其实那时我本来是要离开的，新的老板来他就要换总编辑，编辑部不让他换，要求自己选自己的总编辑，“晚报”投票就选李永得当总编辑，“早报”就选我当总编辑，后来李永得还是离开了，因为整个“自立”的抗争我都有份，结果抗争到一半自己就逃跑感觉会怪怪的，所以后来我跟新的老板要求他不可以干预编辑部的事情，很长的一段时间新的老板都不敢进编辑室，不过我撑了两年也撑不下去了，老板要控制报纸他有很多方法，我后来当了两年总编辑还是离开了。

媒体老板的所有权资源

向：您当时参与推动“编辑室公约”，成立“记协”然后又苦撑了两年主编，对照去年“旺中案”，可以说解禁以后台湾的媒体陷入了新的政商关系之中吗？

苏：过去讲报禁时期或戒严时期对媒体的控制主要讲政治对媒体的控制，为了他政治上的利益他用各种方法去控制媒体的新闻和言论的走向。今天你大概也能观察到，直接用政治的权力手段去干预媒体的情形已经解除了，但是媒体本身的运作是另外的一种机制，这种机制就是报纸媒体的所有权资源，报老板会指定总编辑，总编辑底下有采访主任、记者，采访什么东西不采访什么东西？要写什么东西不写什么东西？你写什么东西我要把你改成什么东西？编辑部内部的权力架构在那个地方，架构跟戒严时期相比其实没有改变多少。现在政治没法干预到媒体，不表示媒体内部不会去干预，所谓“旺中案”就是这个情况，政治没有办法干预媒体，可是报老板会不会干预？报老板是为了什么在干预媒体？当然我们是这样讲：蔡衍明 95% 以上的经济利益都在中国大陆，那你为什么要买这媒体？你是基于什么样的一个目的？

向：这会不会类似“有罪推定”呢？

苏：不是。这不是“法律”上去讲他有罪没有罪的问题，而是社会上的一个质疑。他买这个报纸，但他过去跟媒体一点姻缘都没有，怎么突然就这么有兴趣买时报、买“中天”、买“中广”？一下子买那么多媒体，然后又有要买中嘉系统台，高兴起来差点连《苹果日报》都买走了。就是奇怪到底是在干什么？在政治对媒体的干预没有之后，报老板对媒体的干预到底是为了一个什么样的理由？有些人会认为是为了政治上的利益，也有可能是为了经济利益，很多人买媒体其实也有其他的理由，就是说媒体对我来讲不一定赚钱，可是我有这个媒体可以保护我其他的商业利益，《自由时报》也被怀疑是这样，报老板有银行、做建筑，经济利益比做媒体大得多，我买这个报纸产生影响力，是不是可以保护我其他企业的商业利益？其实我要的是其他商业利益，媒体只是我的一个工具而已。

假如说媒体老板他是为了政治的利益，或者是说为了其他的商业利益来经营媒体的时候，媒体实际上也不是一个我们认为在一个民主开放社会里面理想的媒体，因为你还是在追求特定的政治利益或者追求特定的商业利益，我们在讲政商关系其实在谈的是这样一种情形。

德国他们那边就讲外部新闻自由跟内部新闻自由，外部新闻自由就是针对媒体以外的干预，你不受干预那就争取到了外部新闻自由，主要是针对政治这种干预；内部新闻自由就是说记者也会被干预，像“旺中”的案例，记者明明不是这样写的，报社的长官把稿子都给他改了，然后还挂上记者的名字就这样发表，长官就是在体会老板的心思来帮他修改的。

向：您说这种推定的话是有事实依据的吗？

苏：这个部分是有事实的，因为那个记者后来就离开《中国时报》，他也都把这个过程公开了。

公共媒体

向：您在“新闻局”的时候主导过媒体公共化政策的实施，您当时提媒体公共化是因应媒体所存哪些问题的解决方法？

苏：那主要是针对电视媒体，我刚刚提到过老三台，就是党政军三台。在之前媒体学术圈有一个很强烈的诉求就是要求党政军退出媒体，特别是退出三台。基本上党政军退出三台已达成共识，可是党政军退出三台之后这三台到底是要民营化还是公共化，就有一些争议了。

我想你大概了解我们这边选举的时候候选人会提出他各方面的政见，主要是他当选的话会怎么去做。有关媒体这一块，基本上陈水扁选举的时候大概是找这一批主张党政军退出、主张媒体公共化的这群学者帮他写媒体政策的白皮书，按照这样的一个主张，因为“中视”属于国民党没有办法控制，这毕竟是国民党的财产你没有办法控制，可是“台视”是属于台湾省政府的，“华视”是属于“国防部”的，电视如果说政、军退出的话，媒体最后到底是要卖给谁？到底是交给谁？

那时候有些人主张卖给私人，谁要经营就卖给谁经营，有些学者希望捐赠给公共电视，台湾的公共电视是比较弱小的、缺乏资源的，所以那个时候的想法就是“台视”跟“华视”加入“公视”之后，“公视”可以变成一个比较大的广电集团，我们的想法是包括像“中央广播电台”也应该加进去，这样有广播、有电视可以形成一个大的公共媒体。

大家的概念其实也很清楚，公共媒体和“国营”媒体是不一样的，当然理想跟实际有一些落差，公共是一个概念，可是你在政策上怎么制定一个制度才能够真正实现满足公共的要求？我们可以看到实际执行的时候是有很多的问题的，公共电视的预算必须要通过“立法院”的同意，过去是“新闻局”来编预算，所以就变成了编预算和通过预算的人都有办法来影响媒体的发展，他们基于自己本身目的会希望影响媒体的发展，媒体的主事者——董事长和总经理有没有坚定的意志来抵抗外来的干预？其实在这个想象的层次里面都没有得到真正具体的印证，事实上有些“新闻局局长”他不会去干预，而有些“新闻局局长”就希望去干预，“立法院”里面大部分的“立法委员”都想去干预，公共电视的董事长或总经理有些人敢抵抗、有些人不敢抵抗，所以产生的情形就不一致了。有时候会觉得公共电视弄得还不错，可是怎么有时候好像又软趴趴，人家怎么要求你就怎么做，很容易产生一个执行上的落差。

我那时当然一方面我虽然不是民进党党员，其实当时民进党不小心就执政了，原先他们也没有想到他们会当选，我想他们大概临时找不到人，让我去当“新闻局局长”。基本上“华视”“台视”公共化那是一个执政党的政策，我作为执政团队的一员有责任去把政策落实；另外我自己本身也是相信台湾需要更好、资源更丰厚一点的公共媒体。欧洲国家大部分都是先从公共媒体开始发展，后来才开放民营。而台湾不是，台湾因为党政军三台本来有一个很好的机会变成一个比较有公共性的媒体，可是那时三台都是商业电台，它只是守住政治那一块你不要给我倒下就好，其他都在赚钱，这是一个很糟糕的媒体政策，所以那时会思考其实应该给公共电视更大的资源，本来公共电视每一年都在减少预算，我在当“新闻局局长”的时候把预算守住一年大概九亿，不再减少，虽然不多，可是要一直减少的话更糟糕。就是从我那时开始，本来他们的决议是要逐年减少，这几乎就是凌迟，应该是要给它更多。我那时勉强做到把逐年减少的规定取消掉，“立法院”本来要求逐年减少。每一年要编预算，我记得第一年好像是10多亿，我去的时候已经好几年每一年都在递减，减到我去的时候就是9亿，我要求不要再减，而“立法院”那边通过后就没有再减，公共电视希望把“华视”和“台视”的预算也加进去，除了9亿之外再加2个亿。可是这个政策后来因为“立法院”那边意见不太一致所以执行得不是很好。

另外可能是客观情势的改变，因为过去无线电视台是大家很重视的一个资源，可是台湾因为有线电视其实铺设的比例蛮高的，大约85%以上的家庭都有有线电视，所以基本上不一定需要无线电视，原先电视资源的稀少性就不是那么重要了，特别是现在不管是卫星频道还是什么频道，频道非常多，你是不是一定非得这个样子做？其实客观情境已经改变了，必须要重新去思考。

可是基本上我还是认为台湾需要一个比较强大的公共媒体，这个公共媒体不是“国家”的媒体，不是当局的媒体，他必须要有一个机制让他能够保持他的公共性，类似这样的公共媒体其实欧洲比较多的，美国还是比较小的公共媒体，可是他们的私人媒体对于专业的认同度比较高，欧洲是有很强大的公共媒体的，台湾在这一块是太弱，所以说“台视”现在已经民营化了，“华视”公共化做的并不成功，还是有很多问题必须要处理。

推波助澜的媒体

向：您今天回头去看您认为是什么促进了报禁开放？

苏：对我们来讲台湾的民主是一个正面的发展，在这个发展里面其实媒体并不是最重要的角色。我还是一直认为在这个过程里面媒体其实上是一个推波助澜的角色，他不是一个主导的力量，可能在有一些国家里面媒体扮演更重要的角色，在台湾来讲媒体并没有扮演更重要的角色。就像我们讲的大部分的媒体是党政军包围住的，即使是民营的媒体也是被控制得死死的，如果说发挥作用的就是地下媒体、党外杂志，虽然后来很多人也认为党外杂志、地下媒体基本上还不是一个社会的主流，所以它发挥的影响力我并不认为有那么大。

整个社会发展到一定阶段，即使是早期被控制的媒体也不得不走向这条路，比如说像《联合报》《中国时报》，特别是《中国时报》后来其实也是为了市场上的需求，读者没有办法认那同你那么保守的言论，为了报纸自己本身的生存，为了得到读者的认同，它起先只是在社会新闻方面做挥洒，后来也必须在政治新闻上配合整个社会的需求去做出改变。《联合报》也是不得不跟进的，不跟进的这些党营媒体《中央日报》《新生报》就被逐渐淘汰掉，这是没有办法的事情，毕竟整个时代不一样了。

所以我基本上还是认为是整个台湾、整个社会的变化带动了整个媒体的发展，而不是媒体在台湾民主化的过程里面扮演一个最重要的角色，我一直都不这样认为。可是讲媒体推波助澜，意思是说媒体也有一定的作用，举个例子来讲，比如“美丽岛事件”的大审，那时候我在德国，早期这种新闻不太可能在媒体上那么大篇幅去报道，可是“美丽岛事件”中的八九个人军法审判时，全部都公开审判，也公开辩论，报纸是巨细无遗地报道，包括中常委的报纸《中国时报》《联合报》。类似这样的事情过去都被人们认为是“三合一”的敌人，即是党外势力又是“台独”或者还是共产党，就算被塑造成这样可恶形象的这些人，在公开场合可以完全有那么大的一个空间去讲述他们对于整个台湾发展的看法，为他们的行动辩护，然后在媒体而且是主流媒体可以这么充分地被传达出去，这当然会引起很大的社会震撼和效果，所以说媒体有很重要的、推波助澜的力量。可是之所以会发生“美丽岛事件”，之所以“美丽岛事件”的这些被告能够得到公开的审判和媒体的自由报道，这当然是另外的因素，并不是媒体去主张应该来公开审判而当局不得不公开审判。

我想报禁开放都是跟解严连接在一起的，就是说政治的开放、报禁的开放都是一连串的事情引起的，我想台湾过去虽然是威权政治，可是基本上是走民主开放道路的，台湾“宪法”或者说“中华民国”的“宪法”基本上是一个民主的“宪法”。

向：但当时由于“戡乱”不是没有实现吗？

苏：因为有一个“动员戡乱时期”，所以把“宪法”冻结了，那冻结是什么意思呢？就是说其实这个是对的，我只因为特殊的情况暂时把你冻结，可是暂时多久？你可以讲我因为战乱的情况我冻结一年、冻结两年，可是到1980年已经冻结了三四十年了，一个不正常的状态不可能这么长时间吧？你冻结的时间越长社会的质疑就越大，其实我们所受的教育还是认为自由民主是对的，教育都是这个样子，可是教给你认为对的东西实际上与你看到的却不一样，这是有落差的，对于一般人来讲我们要回到正常的状态这是有说服力的，就是即使你是有动员戡乱，你是戒严体制，你不可能戒严三四十年不解严，所以这有一个回归正常的过程，大家有一个共识在那个地方，对于台湾来讲其实还是比较容易的，只是把一个不正常的、临时的状态恢复到正常的状态。

所以，解除戒严只要有一些事件让大家觉得是时候解除不正常的状态，那个力量冲击会比较大，这个力量可能是来自于比如说美国，台湾一直受到美国很大的影响，美国的对外政策往往都是很矛盾的，喜欢支持专权的政治领袖，因为他符合美国的利益，可是他又喜欢讲自由民主，我想他们也是很矛盾的，所以他们一方面支持蒋家政权，另一方面又支持党外人士，反正就是让两个力量去酝酿。台湾开始有一些民间的反对力量，在地方选举中取得一些政治权力，开始在“国会”有一些声音，这个对于整个社会的冲击还是很大的，他们主要的诉求就是解除戒严，回归民主“宪政”。这个诉求是具有说服力的，国民党不得不回应这个诉求，你不能几十年了还说现在因为跟中国大陆处于敌对状态，所以我们需要戒严，久了之后人家不相信。

另外当然有些具体的事件也会让蒋经国不得不面对，像“江南事件”，他派了竹联帮去美国杀了刘宜良，美国那边也有压力，蒋经国也面临继承人的问题，蒋经国身体也不好，他在接受《华盛顿邮报》老板采访时就明确讲蒋家的人不会继承，甚至包括台湾要解严的事情都做了声明。当然有一些具体的事件加快他做这样决定的时辰，从 70 年代后期整个台湾的反对运动慢慢兴起，也让他不得不面对这样的一个问题。

服务媒体、讨好媒体

向：您觉得解严以后台湾的媒体和当局之间的关系有些什么变化？您在任“新闻局局长”的时候曾经推动将当局的评奖推向民间这个事情，这是出于调整当局与媒体关系的考虑吗？

苏：基本上“新闻局”是一个专权体制的机构，“新闻局”这个名词看起来不是，可是它所经管的业务是。我还在当“新闻局局长”的时候“新闻局”负责“国内”政令传达和“国外”的政治宣传，另外“新闻局”还负责平面媒体的管理，负责广播电视的管理，负责电影的管理。只有在威权体制下才会这样做，因为基本上就是思想控制，媒体不只是报纸、电视，电影也是，这基本上就是一个文化思想的影响，当局设有一个机构把所有文化思想集中到一起，制定一些规定让你有一些管制的手段，这基本上就是思想管制。解禁以后的情况就是当局已经没有做思想控制的条件，可是那个机构还是存在的，控制的能力也还是有，只不过弄得偷偷摸摸的。

当时我去“新闻局”的时候“出版法”已经废除掉了，可是要不要给电视台发给执照还是“新闻局”的权力，我可以不发，谁不听话我可以不发，权力是在的，可是你敢不敢不发？其实那个时候政治情势已经不可能是这个样子的。所以我去第一天就讲“新闻局”应该必须知道它整个机构要变化，我是主张电影、广电、出版这些都必须要拨出去。基本上出版和电影就应该拨到“文化部”，广电主要是模仿美国成立“NCC”这样一个独立机构，基本上后来也是按照这样做的。其实我上任第一天就清楚的讲以后“新闻局”就朝这个方向去改，只不过牵扯“中央体制”的改组，“行政院组织法”必须要“修法”，“修法”必须要通过“立法院”同意，“修法”就有很多利益纠葛在里面。

向：这个事情在您任内有实施吗？

苏：没有，就“新闻局”的部分我有提出“新闻局”要怎么去改，可是在我快下任的时候，当时有提出过“中央政府组织法”修改的一个方案，可是那个时候“立法院”没有让其通过。在我任内并没有完成这个事情，组织改造牵扯到很多人的利益，特别是公务人员的利益，公务人员很多人不愿意去变动这些东西，他们也会透过“立法委员”去反对，假如说“立法委员”那边反对，政党又不是很强有力的去推动的话是不可能实现的。

我在“新闻局”的时候，虽然“总统”是民进党的党员，可是民进党在“立法院”还是少数，国民党还是多数，国民党不可能让你通过什么法就通过什么法，他们会跟你抵制，所以那个时候“中央组织法”没有通过。就是说当局跟媒体关系跟早期当然不一样了，当局已经没有能力干预媒体。其实就是在政党轮替之前，我前几任的“新闻局局长”他们大概也都非常清楚实际上“新闻局”已经没有办法干预媒体了，那时其实是“新闻局”在讨好媒体，你没有办法强力去干预媒体，所以就变成你在服务媒体、讨好媒体。

我在去“新闻局”之前他们每一年都会招待跑“行政院”的记者去“国外”，名义上去“国外”考察，比如说要去夏威夷参访，其实就是招待记者出去玩。“新闻局”以前是管记者，后来因为管不了，实际上是他们在贿赂、讨好记者，我提供你很好的旅游招待，就是让你们高高兴兴的以后少找我麻烦，大概就是这样的关系改变。

向：可以说管理方式发生了很大的转变。

苏：对，就变成那样子了，我也是反对这样的，我在任内把这种记者的福利取消掉了。

向：您说的招待记者的事情从什么时候开始？

苏：我上任前大概三四年的事情。

向：现在还会不会有？

苏：现在不同部会有不同的做法，“行政院”好像没有，可是我晓得其他的部会或地方政府还会有。我想这很具体的讲出当局跟媒体之间的角色变化很多，现在变得当局在讨好媒体，以前是当局在管媒体，我想两种关系都不太对。

另外一个可能更严重的问题就是当局变成媒体最大的一个广告主，因为现在媒体竞争很厉害，竞争环境也不好，收入来源主要依靠广告的媒体会受到当局广告的影响，以前当局是来管制媒体的，后来是讨好媒体，讨好媒体的手段就是我给你媒体广告，希望你对我好，常常行政部门不是真正有广告需求，而主要是做公关，希望能够跟媒体之间的关系更好一点。这个当然也是从专业的角度来讲对媒体影响蛮大的一个情况。甚至于以前更糟糕的就是我们讲的“置入性行销”的问题，行政部门的广告里面有这种做法，比如说媒体给我做一个报道，我出多少钱登在什么地方，让媒体把对当局的报道当作广告来处理，当然后来我们批评得很厉害，大概有一两百个新闻学界的人联合起来反对当局做“置入性行销”。

“置入性行销”也是一个蛮复杂的事情，这个事情被注意到是因为我下任以后，接我的那位“新闻局局长”他们有一个预算送到“立法院”去，被发现里面有条预算要做“置入性行销”，结果就搞得一塌糊涂。

向：已经明确标明这一项叫“置入性行销”吗？

苏：“置入性行销”其实历史非常久的，有一些也不是那么严重，其实我做“新闻局局长”的时候知道“置入性行销”，可是基本上国民党时代大概都有，主要是在地方的一些电台。比如说现在有SARS，“新闻局”的省新闻处就拨一些钱给广播电台，拜托在节目里面顺便帮我推广一些广告，内容就是要洗手呀，手要怎么洗之类的。或者节目里说到天气很热，登革热流行，蚊虫怎么清除，不要让他有积水等等，利用节目提到这东西，在节目里面做广告，那个预算是由当局拨的。

向：这种公共卫生的广告感觉很合理啊？

苏：这在学术上也叫“置入性行销”，所以“置入性行销”是由来已久的，因为我当“新闻局局长”的时候看过我们地方新闻处的预算，里面也有类似这种公共卫生的“置入性行销”。后来变本加厉成为我们后来批评的“置入性行销”，我相信民进党当局时期也有，某个“部会”给电视台多少广告费，电视台就去专访“部会首长”，或者整个“部会”把一个宣传案包给某一个电视台，宣传案就会明确地写你们要如何做，可能包括对首长进行访问，这是我们最反对的那种“置入性行销”。

这种做法后来马英九当选了一直都有，而且做得更严重，包括赖幸媛她当陆委会主任的时候，接受专访的照片广告需要花多少钱，都是这样的。也就是因为这样的情况所以才引起学界非常大的反感，大概有一百多个学者联署，所以后来“立法院”才修法要求当局不可以给“置入性行销”。但这种不能做，可是民间还是在做。

“立法院”修改他们的“会计法”规定当局不可以做“置入性行销”，可是你对当局的规定对民间无效，所以民间也会做“置入性行销”，民间的商品也会做“置入性行销”，这当然对新闻的专业来讲是一个很不好的现象。

所以，当局跟媒体的关系早期是严格的管制到后来变成服务型的角色，甚至服务有点过头了，到最后用广告的方式来处理他跟媒体之间的关系，可是这样子的一个关系后来也引起很大的反弹，虽然行政部门不做这些明目张胆的“置入性行销”，可是行政部门仍然是媒体的大广告主。

向：您认为陈水扁上任以后对新闻媒体的影响如何？

苏：我不认为有太大的影响，假如有影响也是当局对媒体的影响，不是“总统”个人的特殊关系。不是因为他个人关系，而是整个当局跟媒体之间情形的转变，我不认为陈水扁对媒体有太大影响，当然他作为“总统”，作为一个政治明星也是媒体的一个焦点。有人认为在他任内可能对媒体进行一些搜索，好像有一些这方面的反面信息。

向：什么搜索？

苏：他任内好像是因为《中时晚报》报道了一个什么内容，检察官层到媒体去搜索。应该是跟军事机密有关的内容，类似那一类的东西。假如说是陈水扁任内跟媒体的关系，我记得过去也讨论过这个问题，不过我不认为跟陈水扁直接有什么关系，大概就是一般司法跟媒体的这种紧张关系，这在其他地方也有发生。

“新闻局局长”不可能完成的任务

向：您是张俊雄先生做“行政院院长”的时候提名您当“新闻局局长”

的，您觉得您在当“新闻局局长”的时候您个人的工作风格是什么样子的？

苏：任期太短了，谈不上什么风格。“新闻局”其实工作蛮复杂的，“新闻局局长”同样也是“行政院”的发言人，“行政院”的发言人是一个政治性非常强的角色，这跟其他的工作其实是非常不搭配的，就是说你同时还管媒体，比如说出版业、广电、电影，这些过去主要是做思想管制的，可是当你思想管制不再做的时候，实际工作会牵扯到一个产业发展的问题，一个文化政策的问题，这跟长远的制度性思考有关联。所以当你同时是一个政治性很强、必须要处理很多短期突发事件的发言人，同时又是一个负责长期产业政策规划的角色，这两个角色其实是彼此矛盾的。我为什么强烈主张这些要分开，因为“新闻局局长”每天忙当局发言人的角色就已经忙不完了，根本没有能力处理其他事情，除非你真的去做管制，可是你做管制的工作基本上是跟整个时代的发展相违背的。

向：你做“新闻局局长”时会觉得有点困难吗？

苏：我想任何人做都会觉得困难，mission impossible，不可能完成的任务，因为两个角色是彼此矛盾的。

焦头烂额的救火队做不好长久规划的变革

向：有一种说法认为报禁解除以后“新闻局”对文化政策方面采取自由放任的管理方式，您觉得是您刚才所说的困难导致的吗？您如何看待这种说法？

苏：不能这么讲。因为现在到“文化部”以后还是自由放任的，只不过属于长期规划性的东西必须要做比较深的思考，我之所以认为要划出去一部分，是因为要做这种长期的规划，政务官对这个产业或者文化必须要深思熟虑，而且要活化整个制度规章，资源要用到哪个方面去，你必须要思考，现实则是要产生效果需要经过非常长的时间。

“新闻局局长”兼任发言人，每天几乎就是救火队，尤其是台湾这种民意政治，每天大家看报纸就会问你什么事情？每天都焦头烂额，你根本没有时间去做长远的规划，你根本没有办法去思考这些问题。变成这些事情都是事务官在做，就是说他可能只是一个公务员，公务员基本就是以前怎么做现在也还怎么做，所以你根本就做不好长久规划的变革，所以我觉得这个问题比较严重，需要把有些部分剥离出去。过去只要管制的话就会比较容易，我只要不出错就可以了，可是你在不同的时代任务已经不是管制，而是应该能让产业蓬勃发展，所以整个时代的需求不一样了。

向：我在看“新闻局”历任“局长”的时候发现，从李登辉当上“总统”之后96年开始“新闻局”就频繁地换“局长”，基本上能做到一年或者一年半任期就已经是很长时间了，所以我觉得您刚才所说的政策持续性上无疑会有问题，因为他刚上台，有可能半年时间还没有办法开始施展，甚至一年也没有办法施展，所以就会导致这方面的问题比较严重，您是怎么认为?

苏：早期因为“国内”管得死死的，其实也没什么困难，一个科长就可以了，“局长”通常就是处理“国际宣传”的事情，所以早期一些“局长”大概都跟“国际外交”相关，可是到后来这些人已经没有办法处理“国内”的事务，大概79年从宋楚瑜以后就开始比较多处理“国内”的事务，主要因为开始有反对党，必须着手处理“国内”的事务。之所以“局长”换得那么频繁也是因为处理不来、捉襟见肘，如果你“国内”的事务处理不来就必须被换掉，另外也牵扯到媒体开放方面的问题。

向：是不是一般只要“行政院长”换了，就可能相应的换掉“新闻局局长”?

苏：这也是一个原因。为什么“行政院长”会常常换?因为他“国会”的事情处理不了，以前强人政治强人他说什么就是什么，同时政治强人培养人才让其有足够的时间把那个“部会”或地方的事情都熟悉了，在某个地方有一些政绩，然后培养他进入下一个步骤，所以有好多“新闻局局长”后来到“外交部”去了。

可是后来就变成不管“新闻局局长”或者是“行政院长”都任期不长，不管是民进党时期还是马英九时期都换得非常频繁，“新闻局局长”基本上是因为“行政院长”换了后就要改组，也有改组之后“新闻局局长”留下来的。以前你不管在哪里，都是蒋家的人来来去去，都有安排，不过现在不一样了，做官员有随时离开的准备。

向：您觉得您在任期间一开始的计划和设想实现了多少?

苏：我想还是有一些，这与对职务的认识有关，基本上在媒体看到那么多人上上下下，所以你不会有不符合实际的预期，就是对于你什么时候离开或者你在那边任期的时间大概多长，这么短的时间之内你什么事情有办法做，什么事情没办法做，其实基本了然于心，不会有太多不符合实际的预期，所以对我来讲其实没有什么伟大的计划没有实现而一直都非常悔恨不已，没有这种情形。

外部新闻自由与内部新闻自由

向：您觉得台湾现行的新闻法规为新闻自由提供了制度性保障吗？

苏：基本上外部可能有的干预新闻自由的这种东西已经没有了，制度规章大概也都没什么问题，这个就已经足够了。制度规章基本上是来管制的，没有那些制度规章当然不会去影响新闻自由。

其实台湾媒体问题不在于在外部，媒体的问题在于媒体自己的问题、记者本身素质的问题、媒体恶性竞争的问题。整个台湾的媒体市场太小，就是说媒体要去提升媒体的水平、制作好的节目、培养能够做深度采访的记者，或者说媒体要做这些事情的意愿相对来讲比较少。所以台湾现在媒体的问题不在于新闻自由的问题，而是在于新闻品质的问题，我一直也在强调台湾希望有一个比较好的、资源比较多的公共媒体，就说你放眼看去这些私营的媒体、民营的媒体为了自己的生存已经非常困难，当然我们是希望有更好品质的新闻，所以我们常常去批评，可是在这样的环境下产生不出高品质的新闻，所以是不是有办法创造一些社会机制来可以补充这一块就变得非常重要。

公共媒体与公共记者

向：您觉得仅社会机制就够了吗？是否很多这样的事情还是需要行政部门的力量来完成？

苏：这也不一定，你说行政部门去完成这个东西就又回到行政部门去管制这个问题。利用社会的力量，公共媒体就是一个方式，公共媒体当然也是行政部门提供资源的，设计一个机制让他保持公共资源的一个样态。另外我们现在也做一些公民新闻，公民新闻就是说对媒体有不满意，所以创造另外一个可能性，一般的公民他也有办法来提供新闻的材料，可是我们也非常清楚这个只是一个补充，很多人对公民新闻有很大的期待，可是我认为在某一些情况底下他们可以提供好的新闻补充，可是他们没有办法变成一个新闻的主干，因为毕竟他不是全职的、专业的记者。其实现在一般的民众他们的知识水平不会比记者差，对于某一些专业的问题话他们比记者都更深入，可是只是说刚好那个问题记者没有办法处理或者说某一些场景没有办法到，而公共记者在那个地方有比较好的报道。

我在讲的社会机制其实是说现在好多不错的记者他因为对于媒体环境不满，他要脱离这些主流媒体，那么有没有办法产生一些社会机制让这些记者仍然可以继续做好的品质的深入报道？这个不见得是行政机制。

我跟几个朋友在弄“we report”的公共机制平台，其实主要的目的是有一些还不错的记者，他在主流媒体里面受到很大的限制，很多应该要做的采访不让他做，或者让他没有时间去做比较深入的采访，可能上级就让他每天要发多少条稿子而没有办法以一个议题去做深入采访，所以我们设立那个机制是希望假如他能够提出好的提案，要去做哪一类的调查报告的东西，认同的人就在这个网站上给予一些资源上的协助，让他好好做，然后能够找到发表的平台，这是除了传统媒体的领域和公共媒体之外能够创造出来的这样一个空间。当然我们也在设想资源不一定只是行政部门或者媒体，现在其实有很多企业和有钱的人，你不一定都把钱拿去盖庙、铺路、造桥，其实也可以把一些资源投到更有意义的社会活动中。

我们通常举的例子是美国的 Pro Public，它也是一个调查报告的网路平台，它是一个专门做调查采访的网络平台，好像是《华盛顿邮报》的一个副总编辑出来创办的，他们那边有几十个记者，一开始的时候是桑德夫妇提供了大概一两千万美金，桑德夫妇在美国次贷危机发生之前他本身就是做次贷的，他在次贷危机发生之前赚了很多钱，次贷危机发生之前他就把他所有东西都卖掉了，所以当别人亏的一塌糊涂的时候他已经赚到钱了，然后他把其中的一部分钱就捐给 Pro Public，让他们做调查采访，他们做了很好的调查采访，已经连续好几年拿到普利策奖，第一个拿到普利策奖的就是卡特里娜飓风，调查飓风时在医院里面发生的一些事情。这就是我讲的另外的一种社会机制，有钱人不一定就像中国的大善人陈光标那样出去发钱，或者像台湾有钱人把钱都拿给慈济，或者是盖一个庙或者是捐钱做福利事业，还可以将钱捐赠给一些对社会来讲有意义的工作，这其实也是非常重要的。

现在不管是在大陆还是台湾，民间都有一些这样的资源在积累，假如他们的思想跟着时代在进步，他们的钱不一定都是留给子孙后代或者救济贫孤，这个社会上还有很多有意义的事情其实是可以去做的，当然还只是一个想法，必须要去接触、说服他们把钱用到这方面的公益活动中。

向：刚才您讲的其实跟你经营 News Talk（新头壳网站）有关系吗？

苏：其实都是相同的想法，基本上我们一些好朋友对社会是有一些期待的，觉得还是在做一点事情的时候大家积极做。

向：您觉得 News Talk 网站做到了媒体的内部新闻自由吗？

苏：这没有什么太大问题，媒体不可能完美的，就是每天处理那么多新闻，当然会出错误，出错误的时候我们也会承认错误，错了就承认。

新闻自由也常常会发生一些后遗症

向：您认为台湾现行的这个新闻传播制度是基于什么样的价值观建立起来的？

苏：我想基本上还是认同新闻自由，认同一个多元和开放的价值，这个部分没有太大问题，只不过在执行方面可能会有一些不同切入点。当然也有一些要求管制的声音或者管制的需求，所以才有“NCC”这样一个机构，甚至于“出版法”完全废除掉是否好这也有些争议。比如说德国还是有“出版法”，他们的“出版法”也没有造成没有新闻自由的这个情况，因为新闻自由也常常会发生一些后遗症，台湾的新闻是自由了，但我想大多数人对台湾的新闻并不满意。

向：是否在新闻规范上媒体受限较少可能会导致新闻品质方面的问题？

苏：这个就是取舍的问题，你是因为要新闻品质好，还是因为烂新闻不要报那么多，所以要管制，那管制会变成什么样的状况？会不会产生更不好的结果？这个其实就是一个选择，或者说哪一些东西该管制？哪一些东西不该管制？或者说管制到什么样的一个程度？反正这个社会都这么在讨论，最近在讨论媒体垄断的话题，这个争议更清楚，蔡衍明这个媒体要买那个媒体也要买，大家认为应该有个“媒体垄断法”来反媒体垄断，可是当具体的条文出来后，很多人又发觉会不会管制的太多？这是社会在不同的价值里面反复去讨论的问题，最后还是会定出一个制度出来，然后这个制度也不一定让所有的人都会满意。

加强媒体同业合作

向：可能实施之后也不见得满意，就是要摸索前进。那您觉得现行的新闻传播制度还需要哪些改善的地方？

苏：我觉得台湾需要一个更好的、更多自由的公共媒体，这个会跟制度有关，其他的主要是一个机制的问题，不见得是管制而是机制的问题，是不是有办法去整合民间的资源？除了在现有媒体之外，另外也有产出好新闻这样的一个空间。甚至于媒体跟媒体之间有没有一个更好的合作，台湾的媒体跟媒体是彼此不来往的，可是其他地方的媒体并不是这样的。

向：为什么不来往？因为竞争关系吗？

苏：这也是很奇怪的，也有可能是媒体彼此看不起，彼此没有什么好谈的，可是彼此也不会互相批评。这是很奇怪的一个社会现象，蛮复杂的，其实是很有意思去讨论、去研究的一个题目。可能也跟早期媒体的团体基本上是当局的管制机构，这些工会基本上是当局做社会控制的机制，不是真的媒体或者记者彼此在那个地方讨论共同的利益和协调的一个场所，所以大家习惯就是不看重类似这样一个机制。在外国媒体同业之间，媒体老板有媒体老板的一个协会，媒体的高层主管有媒体高管之间可以经常联系和讨论的管道，记者有记者的组织，这种不同层级的组织和跨媒体接触其实对媒体的环境会有好的影响。

我们过去就发生过“白晓燕绑架案”，就是白冰冰女儿被绑架，那时我当“记协”会长，后来白晓燕被撕票了，很多人推测是因为那个绑匪发觉媒体一直在跟，他为了避免被找到，所以就撕票了。其实那个时候我们曾经要跟其他的媒体达成一个采访规范，因为媒体竞争大家都怕漏掉新闻，都跟得太紧，结果对被绑架的人产生危害，这种问题没办法由个别的媒体去处理，因为首先你追到底会不会产生危害你不晓得，你不追也不行，会担心其他的媒体追到了这个新闻而你没有，媒体的竞争有时候会产生一些恶性竞争的情况。这种情况底下假如说有媒体之间对于媒体采访绑票行为的共同约定，就会比较好。其实有很多媒体之间的恶性竞争如果在行业联系的场合会比较好去处理。台湾这种机制机构是完全没有的，这也许是需要加强的地方，不过这个跟法规没有什么关系，这属于一种产业机制，是各个媒体去思考、去解决的一些事项。

后　记

2013 年夏天，由于自己承担的国家社科基金课题的需要，我计划赴台深度访谈相关人士。临行前，我通过《人民日报》和中新社的媒体驻台人员大致了解了一些情况。针对即将进行的访问，结合我的研究问题开列了访谈提纲。不过，对于希望访谈到的人我只是心里有数，却未有行动上的实际联系，就这样忐忑地重回宝岛，落脚之地还是选在熟悉的台湾政治大学。

政治大学附近的街巷一点都没变，那些老店还开着，店面六年间似乎也没有变旧，一切就像我离开了几天回来的样子。安顿下来后，先去新闻馆见林元辉老师，他长须长发，仙风道骨，其间谈到我的《国民党新闻传播制度研究》，他对于前言部分“过激”地谈论民主持有保留意见，我解释了语境和想法，他说不能以民进党那八年的时间来否定民主，而且这种否定也多是国民党在野时的一种宣传，同时，如果按照西方新闻组织的评价，那几年的新闻自由程度并不低。我坦言那本书算是我入阶学者之路的开端，的确存在眼界和认识上的不足，而这也是我为什么会延续过往的研究，并选择“深入其境”进行访谈的促因。

对台湾民主转型和报禁解除问题，很多学者也都做过研究，我这次来有什么优势并做出什么新意呢？我思忖，一者是我的旁观者的身份与视角，再者是我对国民党新闻传播制度的前期研究，最后也最重要的或许就是我此次针对两岸相关人员的访谈。如此，可能我能做出一些有价值的东西来。

一

我询问了林老师对于访谈的建议，并拜托林老师帮我联系访谈对象，他乐于帮忙牵线搭桥，而且办事效率极高，使得我访谈开端非常顺畅。我也给政治大学的冯建三、苏衡、陈百龄老师一一发了邮件，很快都得到善意而真诚的邀约。顺着老师们提供的访谈便利，此后我逐一联系上林丽云、陈国祥、何荣幸、邱家宜、苏正平、尤英夫、程宗明等前辈，访谈“人物链”

就这样自然形成、展开。

林丽云老师是我此行访谈的第一人，她细心周到地随信附了详细的台湾大学新闻馆的地图。在约定的时间，我按着地图顺利找到红砖广场，新闻馆就在一片有些年头的红色建筑中。林老师的办公室门敞开着，她已经等候在那儿，林老师微笑的迎我进去，谦和亲切。在 L 型的办公桌旁坐定，林老师给我倒好水，拿出访谈提纲开始了我们的谈话。我们身后，是一台电扇发出的呼呼声响，在这样一个炎热的下午，我一边聆听，一边感受那份认真严谨。告别时，林老师把我送至楼下，言行间体现出对后辈的尊重。

与苏衡老师在政大传播学院一间教室做了访谈，她准备得非常充分，对我所提的十二个问题她都做足功课，列印了好几张纸的内容来详细答复我。她还建议我访谈赵玉明、张作锦、陈国祥、宋楚瑜等人，并细述每个人的背景和访问到的可能性。我当时想能访问到当然再好不过，只是感觉联络起来困难较大。好在后来有幸访问了陈国祥等两位先生。

冯建三老师是一位爬山爱好者，因此访谈前先应约和冯老师家人以及吴非老师一家爬指南宫后山猴山岳。路上，有几处岩石角度几乎呈九十度，幸好有登山爱好者钉的绳索，抓着绳索小心翼翼地往上攀爬，汗流浃背。爬至山顶，冯老师拿出炉子生火、煮水、泡茶，在大汗淋漓后喝茶，觉得难得的清香和舒畅。远眺淡水河、阳明山，一道霞光穿过乌云映射下来，云青青兮欲雨，水澹澹兮生烟。过几日，约了中午访谈，冯老师的研究室里面堆满了书籍，天花板的吊扇吹动时拂过一串风铃，发出清脆雅致的叮当声。访谈中冯老师不断会想起已有的书籍或文章中提到过相关话题，于是陆续推荐给我，后来还不忘发来电子版和链接，他对既有材料的熟悉让我钦佩。

与林元辉老师的访谈分两次完成，他对每个问题都知无不言、言无不尽。在他的书柜里，我偶见萧乾的繁体书，林老师对其代表作《血肉筑成的滇缅路》和《冷眼看台湾》评价颇高，他说“二二八事件”是对《冷》文的现实注解，《冷眼看台湾》是萧乾 1947 年 1 月发表在《大公报》上的报告文学，萧乾眼光独到，他在这篇游记中已经认识到当时的情势。正是这一偶然的看见和交谈，激发了我对萧乾的研究兴趣，后续撰写了《历史路口的守望者：记者素养与家国情怀——萧乾对战后台湾社会的思考与缘由探析》与《中国与西方的现代意象：抗战时期滇缅公路的舆论建构》两篇文章。

在公共电视台访问程宗明先生，他专门带来了一些他比较看重的文本向我展示，包括《八十年代》《台大之爱》这些旧刊，还有他的研究论文。程先生不愧是一位资料型研究者，可谓得到其师冯建三老师的真传。由于他之前是“公视”员工董事的缘故，我就相应问了比较多“公视”的问题，以期能够得到更多面向的具体回应，他的看法总体较为悲观，由此产生的激荡意见让我印象深刻。

邱家宜博士所任职的卓越新闻奖基金会，位于金华街110号，与龙应台基金会同在月涵楼。“卓越”在三楼，一间小小的办公室放满了参赛作品，略显拥挤。在楼下一间会议室，我开始了与这位爽朗、直率知识女性的访谈，和她的访谈完全是一种舒服聊天的状态，她大笑的时候是她最美、最可爱的时刻。邱博士乐于分享，她直言自己虽然是外省人和台湾人的“结合体”，但却偏向“民进”一些。台湾社会有很多现象令人深思，现在“不统不独”，就是这些思想汇总的表现。

到中央通讯社访问陈国祥先生，中央社大楼指示牌显示美联社、法新社、日本产经新闻等媒体也在此办公，是否中央社变成财团法人性质后，办公室出租也能多些营生和收入呢？离着电梯不远处有个门房先生登记，打电话简单确认后上楼。陈先生不仅是业界资深人士，也多年浸淫理论、著书立说。因缘际会，我对陈先生的访谈也纳入其2016年新作《拯救台湾媒体》一书中。

尤英夫先生是一位资深律师，他的开拓之作《新闻法论》影响不小。他已年逾古稀，仍在其开办的世纪联合法律事务所朝气蓬勃地工作着，他同时还担任赛珍珠基金会的董事长，关照“新移民”团体的利益。尤先生在《新闻法论》一书中，曾以陈百龄作为案例来谈“新闻媒体和妨害‘国家’安全”，而对尤先生的访谈则完全源自与陈百龄老师的一次偶然餐叙。

七月底，绍根兄结束政大访学，一家三口要先行离开，我们与陈百龄老师相约聚餐。大家越聊越开之际，陈老师突然讲到自己因言获罪的事情，我特意深问了一下。他细数道：1984年，他在“新闻局”任公务员，刘宜良“江南案”的时候，社会上流传着《蒋经国传》的出版物，“警总”、文工会和其他情治单位开会，做出了联合捣毁窝点的决议，“新闻局”也收到了这份决议，时任公务员的陈百龄看见这份文件觉得这样做与“宪法”不符，当即油印了一份，并透过石佳音通知党外人士，希望能引起他们的警惕。这份文件流传出去后，陈水扁以此作为材料打官司，同时钱复正在向美国购买治暴武器，美方拿出这份文件说“你们都在做这样的事情，我们怎么会给你们卖这些武器呢?”为此，情治系统开始彻查此事，最后从油印文件锁定文件外流是“新闻局”所为，又从中锁定了接触该文件的三个人陈百龄、其科长及其上级长官，对他们的电话进行了半年的监听。随后，陈百龄在与同学的一次通话中谈及此事，因此被情治机关彻底锁定，随即被抓，以泄密“国家”机密罪论处，判刑十个月，缓期执行。虽未实际坐牢，但是在看守所审讯期间呆了四个月之久。蒋经国当时对涉案人员都宽松处理，没有再扩大惩戒。之后，陈百龄去了美国，再回到台湾，看见自己成为《新闻法论》一书中的案例。[①] 尤先生说没想到陈百龄还会回来，再版的时候将其名字作隐名处理。时过境迁，再论此事，陈老师说：“为什么要划去呢? 这样反倒让人觉得我做了什么不对的事情?”此事在当年曾被《纽约时报》报道，走过“白色恐怖”时期，这样的经历被赋予了正面的、正义的意义。

陈百龄老师还带我去拜访了文化大学的石佳音老师。石老师新北三峡家中二楼有一个藏书丰富的“图书馆”，他的名片上特意注明湖北黄梅人，作为立场鲜明的统派，他对台湾的现状尤其不满，同时觉得大陆现在采取的方式只会让投机分子得利，买不来人心。石老师对于统“独”的多面分析、对于书生误国的感叹，以及所提的文化渗透策略均不落窠臼。

与何荣幸先生的约访因为他去南部采访而推迟，当时他刚到《天下杂志》任总主笔。我们约在《天下杂志》书香花园餐厅，在略显嘈杂的人声中郑重访谈，言谈中感觉何先生是一位饱含新闻理想和职业热情的资深记者。当问到他对“老中时”的感情时，何先生毫不讳言自己离职前夕的“悲从中来”，他曾一次次听着《春天回来》痛哭，情非得已离开宛如相恋十二年的恋人——《中国时报》。由于何先生赶着参加另一场会，访谈结束也未及深谈，临走前他从餐厅书架上抽取好几本天下文化出版公司的书买来送我。不久，何先生抽空带我参观了松烟诚品文创区、大稻埕的铸字行和“有河 BOOK”独立书店。大稻埕的迪化街充满老台北港口特色和历史沉淀的韵味，红色砖房、巴洛克门头、罗马柱、骑楼形成一种混合但和谐的建筑风格。何老师的朋友周奕成先生开设了小艺埕、民艺埕和众艺埕，都是很有文化气息的书店、瓷器店、咖啡馆、酒吧和剧场，风格是淡然出世的姿态。静静地坐落在曾经港口商业的发源地大稻埕，看似不经意地伫立在干货交易仍然繁华的市场中，坚守着自己的理念，不计利益的样子。周先生也为媒体

① 尤英夫:《新闻法论》，台北远景出版事业公司，1988 年 4 月版，第 237 页。

写专栏，本质上是一位文化人而不是生意人。

2014 年初，何先生来信聊及近况：“最近有两位年龄相仿的记者好友接连过世，今天下午去参加其中一位的告别式，我当台湾记者协会第一届会长时，这位好友是副会长，他当第二届会长时，我是执委兼发行人，我们不分职务彼此相挺，虽常有争辩但不影响革命情谊。对我来说，怀念这位好友的意义，其实是在怀念二十年前创立台湾记协那个美好的年代。当时我们如此年轻就走上街头，为了记者尊严举办游行，创立记协后无怨无悔投注最大热情，我们深信自己所做的努力，真的可以提升新闻专业，并让台湾社会变得更加进步。那个美好年代虽已不复返，但我们心中的理想与热情并未因此消散。”及至 2015 年春节，何先生跟我说“今年是我当记者第 25 个年头，天气虽冷，但内心火热。”年底，何先生离开《天下杂志》创建“报道者”网络媒体，成立的时间是 9 月 1 日台湾记者节，我想即使在自媒体的风潮中做出重大职场转换时，他仍时时未忘初衷。

苏正平先生联合媒体同道于 2009 年创办了新头壳（Newstalk）网络媒体，作为一家独立媒体，希望在传播无远弗届的新媒体时代仍坚持新闻专业、保持独立思考。我曾初步了解过年轻人媒体接触习惯，他们常会提及对“新头壳”新闻的关注，看来苏先生几年的尝试和积淀已经初见成效。仁爱路的“新头壳”办公室朴素低调，苏先生则亲切诚恳，尽心地回答我所有的问题，访谈间隙，我时常觉得在他面前，自己感谢的话显得太过苍白。

倪炎元老师与我在 2014 年大百科全书台湾卷的编撰会上偶遇，我提出访谈邀约，倪老师爽快答应下来。他从业界总主笔转任学界传播学院院长不久，兼有新闻学与政治学的背景，所做的“威权政体下的国家与媒体”研究对我具有参考价值。

二

苏惠群先生是旧识，2007 年我去台湾访学时，他在“经济部”工作，同时在政治大学新闻传播学院读博士。2013 年他已换至台湾电力公司工作，整个夏天都在台湾各地做核电的宣讲工作。得空时，他耐心陪我去了历史博物馆、圆山饭店、少帅禅园、士林官邸、林语堂故居、擎天岗等处感受人文历史、放眼风物景致。苏先生是国民党员，他说过去各大部会、机关、学校和组织都有党部，所以组织工作做得相当好，笼络了一大批充满革命热情、意气风发的年轻人加入国民党，但是随着民进党上台后党政分离的实施，这些党部都撤销了，组织也变得涣散起来，他感叹“现在的国民党已经不是我们过去的国民党了”。

作为公务员，他还谈到台湾的公务员制度。台湾的公务员考试叫高考，需要通过九个门类的考试，所以难度很大也相对公平，同时也是底层家庭出生的孩子得以晋升的机会。如今台湾公务员考试仍很热门，待遇和稳定性成为吸引年轻人加入的重要原因。与此同时，一些年轻人不再像父辈一样充满勇往直前的奋斗精神，在欧美接受高等教育其实只想游学而不想稳扎稳打的留学，即使学业结束他们或许也不会选择一条看似光鲜的职场路，而是打定开一个咖啡馆、服装店之类的主意，这在老一辈人看来显得不可理喻，也让人觉得社会充满没有什么发展前途的危机感。

苏先生对我所做的研究建议颇多，不仅为我提供了他认可的访谈名单，最难得的是后期不辞辛劳帮我完成了对郑贞铭、吴丰山、邵玉铭三位前辈的访谈。

在台期间，我还联系了 2007 年访学时的导师朱立教授，翻看过去的通信记录，他曾说“世界很小，我们会再见面的。”果然，我们再见面了。朱老师还是老样子，我这么说时，他回说：是啊，我还是“老”样子。朱老师一向幽默诙谐，精力充沛，老顽童的个性。他谦虚地说因为自己周游世界，对台湾的情况不是很了解，年轻时在师大学的是英文，加之家境原因，半工半学，没有特别注意台湾的情势转变，之后去美国、香港、澳洲，2006 年才回台湾，于是对我的问题无法完整作答，我亦不再勉强，与老先生海阔天空地随谈起来。不过，朱老师倒是给我一些关于“大陆和台湾统合关系”方面的指点和启发。聊到下午 3 点多分开后，外面下起了瓢泼大雨，撑着形同虚设的雨伞行走雨中，想到让老先生淋雨，心有不安。

除了与台湾人士的交流，中新社驻台主任黄少华和记者刘震，也给予我近距离观察驻台媒体人的工作和生活状态的机会。在馥敦饭店的中新社办事处，黄主任给我谈两岸新闻媒体交流今夕的差异和改变，比如驻台记者人数增加、报道范围扩大、短期采访改为媒体驻点、离开台北无需报备等。作为“当地人”，他们带我去莺歌看瓷器、去九份老街感受“悲情城市”、去野柳欣赏海蚀奇岩。我也有幸应邀参加一次大陆驻台记者的聚会，见到了各家各地的媒体驻台人员，得以浮光掠影地了解到大陆媒体驻台的基本情况。

三

短暂的停留，除了较为密集的访谈外，我还去了各处查阅档案、资料。“国史馆”在“总统府”对面，查询资料的电脑全是苹果机，看档存档的工作流程比较顺畅、方便。新店“国史馆”在偏远的山里，查阅原件的阅览室比台北市区的简陋，不过倒是大方地拿出一箱箱的原件给来者参阅（岂料2016年“国史馆”修改查档规则，导致大陆及港澳地区学者不得申请查档，引起学术界一片哗然。）。台大的数典中心，也能查阅“党史馆”“国史馆”的资料，大都是1949年前的一些资料。如果要从台大的电脑打印，还需要联络“党史馆”和“国史馆”的工作人员，搜索的电脑较为老旧，服务人员又似乎并不专职，感觉不是很方便。我在台湾图书馆，办证上网查询“新闻局”公报，里面的内容多是琐碎的日常工作，因为到90年代和2000年后，基本都是按照行政日常来做，公事公办，难有什么特别发现。

中研院近史所档案馆，对外开放了外交和经济类档案，阅览室的工作人员认真负责，待人礼貌。我查阅了一些公开文档，后来利用查阅的部分新生活运动、中央日报和中央通讯社的资料，撰写了两篇小文。

有一天，我从忠孝复兴站走去“党史馆”，进去发现这里并不是纯粹的国民党总部，新搬来的这栋楼叫八德大楼，里面还有电视台、证券投资公司等。本以为需要经过检查证照才能进入，结果根本没人管理，连入门登记都不需要。二楼是文传会，门口挂着牌子，来去自由彻底去除了我内心的神秘感。“党史馆”的资料正在集中编档，电子查阅并不方便，来查阅者也屈指可数。走出国民党总部，想再去找找中央日报社的旧址，走了一段再看地图，发现其实就是党部旁边的那栋楼，只是略加装饰变成了纽约家具设计中心，走进去一看卖的都是Versace的高档家具。今昔对比，不免唏嘘。

父亲嘱我买些关于蒋介石的书，结果发现各家书店此类书籍寥寥无几。或许与台湾“去蒋介石”“去中华民国”有关，对他的关注度已经消减，目之所及倒是大陆学者的相关著作更多，也有些是两岸作者联合撰写的成果。

四

2013年至2014年我集中完成了访谈部分，随后自己花了很长时间来做访谈录音的整理，并尽量让被访者确定最后的访谈稿，及至 2015 年初我的国家社科基金课题顺利结项，相关成果也陆续发表，虽然自我反思研究中仍存在深度访谈问题设置仍不理想、访谈技巧尚需提升、理论基础更待扎实等缺陷，但一个较为完整的研究总算落下尾声。

在那个炎炎夏日，我一次次怀揣着研究热情和好奇心出发，去向一个个充满善意的被访者寻求答案、聆听故事。我走街串巷，用步子丈量台湾，用心去感受日常，初初体会“有温度、有脉搏”的研究应该是什么样子。我后来的很多想法和观点，甚至更为长远的研究选题，坐在书斋是冒不出来的，它们来自他人的激发与点拨、来自路途中跃入眼帘击中人心的标语、来自青年白衫军因洪仲丘发出的呼号声，甚至来自陌生人群散发出来的共同气息……对于这一切，我都心存感念与感激。

我知道，我不是匆匆一瞥的过客，我会保持灵魂的炽热继续下去。

2016 年仲夏